安徽省教育厅2016年高等学校省级质量工程重大教改项目：
模拟法庭实践教学研究（2016jyxm1077）阶段性成果

2017年皖南医学院教学质量与教学改革工程项目：
法学专业综合改革试点（2017zygg01）阶段性成果

2018年安徽省高校人文社会科学重大研究项目：
多元化医疗纠纷解决机制的检视及深入路径研究（SK2018ZD016）阶段性成果

医事法学
典型案例解析

主　编　高玉玲

副主编　王冠男　王　翔　刘腾腾
　　　　宁金强　王远芳

安徽师范大学出版社
·芜湖·

图书在版编目（CIP）数据

医事法学典型案例解析 / 高玉玲主编 . — 芜湖 :安徽师范大学出版社，2018.7
ISBN 978-7-5676-3544-9

Ⅰ.①医… Ⅱ.①高… Ⅲ.①医药卫生管理－卫生法－案例－中国 Ⅳ.①D922.165

中国版本图书馆CIP数据核字（2018）第094431号

医事法学典型案例解析
高玉玲 主编

责任编辑:陈贻云
装帧设计:任　彤
出版发行:安徽师范大学出版社
　　　　　芜湖市九华南路189号安徽师范大学花津校区
网　　　址:http://www.ahnupress.com/
发 行 部:0553-3883578　5910327　5910310(传真)
印　　刷:江苏凤凰数码印务有限公司
版　　次:2018年7月第1版
印　　次:2018年7月第1次印刷
规　　格:700 mm × 1000 mm　1/16
印　　张:15.75
字　　数:260千字
书　　号:ISBN 978-7-5676-3544-9
定　　价:48.00元

前　言

　　"医"者,治也;"生"者,生命也;医生是拯救人生命的一种职业。可见,医生职业之神圣以及医疗责任之重大。由于医疗行为涉及患者之生命、健康等重大法益,故法律上需对医师资格的取得、医疗行业的职业管理进行严格规制。"法律是治国之重器,良法是善治之前提。"医疗秩序之维护、医疗安全之保障、医患关系之调整离不开法律。目前,我国已形成相对健全的医疗卫生法律制度,无论是在医疗机构及医师等主体方面,还是在输血、麻醉、手术等医疗行为方面,以及在与医疗行为相关的医疗产品、医疗器械、医疗设备等与人生命健康相关的产品方面均有相关的法律制度;同时,在传染病的防治、母婴保健等方面也构建了相对完备的法律、法规、规章以及诊疗规范体系。这些相关的法律规范为医疗行业治理提供了法律依据,但由于医疗行为的侵袭性、高风险性等特征,如何将医疗法律制度与民事、刑事以及行政法律制度相衔接,探索医患主体各方在医疗行为中的民事责任、刑事责任和行政责任有待进一步研究,医疗技术发展过程中引发的一些新问题也对现存的法律提出了挑战。本书正是基于对以上问题的探究,从医疗领域各个方面选择一些典型案例,结合民法、刑法、行政法等从法理上进行研析,对医疗诉讼纠纷中各主体责任的有无、大小等进行研判。

　　在选材上,本书力求案例的典型性,如在医疗主体资格方面,选取了司法实践中常出现的未取得医疗机构执业许可证行医行为的责任认定、以医生名义行医行为的法律责任认定、实习生医疗引发的法律问题、乡村医生执业资格取得问题、有执业证书但未在执业地点注册行医行为的责任认定问题等案例,分析了这些案例中的主体在行医时无资格或资格具有瑕疵时的法律责任认定,特别是刑事责任认定和行政责任认定的区分。在医疗行为是否规范以及由此而引发的法律纠纷及其处理方面,本书选取了司法实践中具有代表性的与患者生命权和健康权密切相关的案例进行解读,如错误出生引发的侵权责任或违约责任问题,侵犯患者的知情同意权和侵犯患者隐私权的法律责任认定问题,医疗技术过错责任的认定等问题。在医疗技术发展所带来的法律问题中,选择了司法实践争论较大的冷冻胚胎的法律地位、变性手术带来的法律问题、器官的法律地位、死亡的标准、代孕的法律性质等案例,这些案例反映的问题既是法律研究的前沿问题,也是法律研究的热点问题,本书通过具体的案例探究其中所涉及的法理。另外,本书还选择了有关医疗美容、医疗器械的临床试验、血液和血液制品、精神病人的强制医疗等方面的法律问题,通过典型案例并运用法理进行了详细的解读。

本书编者均为长期从事卫生法学和医事法学教学的教师,在长期的教学过程中,对这些问题有一定的思考。本书在具体案例的编排上,基本按照案情简介、不同观点、争论焦点、法律分析与本案评析等板块编写,同时结合相关法条进行了全方位的解析,为相关人员研析相关问题提供了参考,有助于提升学生的法律知识在医疗领域中的融会贯通能力。由于编者能力有限,书中难免会有疏漏之处,敬请读者谅解和赐教。

本书具体编写内容的安排如下:

高玉玲:第一章的第一、二、三、四、五部分,第二章的第一、三、四、五、六、七部分,第三章;

王冠男:第二章的第二部分,第四章的第一、二部分;

王翔:第四章的第三、四、五、六、七、八部分;

刘腾腾:第五章;

宁金强:第六章的第二、三、四、五、六、七部分;

王远芳:第一章的第六、七部分,第六章第一部分。

高玉玲

2018 年 2 月 28 日

目　　录

第一章　医疗主体法律制度

一、未取得医疗机构执业许可证行医行为责任的认定

【案情简介】

张某于2005年和2006年分别取得了医师资格证书与医师执业证书,2008年8月,张某在未取得医疗机构执业许可证的情况下,在自家开设诊所行医。2009年,张某在未对患者乙进行皮试的情况下即安排他人对乙进行输液治疗,后患者乙因药物过敏性休克死亡。公诉机关以非法行医罪向人民法院提起公诉。公诉机关认为:被告人张某未取得医疗机构执业许可证而行医,属于非法行医,其行为已触犯《中华人民共和国刑法》(以下简称《刑法》)第三百三十六条第一款的规定,应当以非法行医罪追究其刑事责任。

【不同观点】

观点一:被告人张某未取得医疗机构执业许可证非法行医,造成就诊人死亡,其行为已构成非法行医罪,依法应追究其刑事责任。

观点二:张某的行为不构成非法行医罪。首先,张某具有医师资格证书和医师执业证书,不符合非法行医罪的主体要件;其次,张某为受害人诊治的行为不存在故意或过失,受害人在注射后发生的过敏反应属于个人体质问题,其死亡属意外事件。张某未取得医疗机构执业许可证行医,不应定性为刑法意义上的非法行医,而应定性为行政法意义上的非法行医。

【争议焦点】

张某未取得医疗机构执业许可证行医,是否构成非法行医罪? 张某的行为是行政法意义上的非法行医还是刑法意义上的非法行医?

【法律分析】

1.非法行医罪的构成

非法行医罪是指未取得医生执业资格的人非法行医,情节严重的行为。构成非法行医罪,一般来说,要符合以下条件。

第一,非法行医罪的主体为一般主体,但限于没有取得医生执业资格的人,包括中国人、外国人和无国籍人。根据法律规定,在我国从事医疗行为的人员,必须是依据《中华人民共和国执业医师法》(以下简称《执业医师法》)的规定通过国家执业医师资格考试,取得执业医师资格证书,并按照法律规定进行注册并取得执业医师证书,依法在执业范围、地点、类别以及医疗机构的核准登记科目范围内从事医疗活动的人,包括依据《传统医学师承和确有专长人员医师资格考核考试办法》规定取得中医师执业资格的人员。依据2008年《最高人民法院关于审理非法行医刑事案件具体应用法律若干问题的解释》的规定,下列情形属于"未取得医生执业资格的人非法行医":未取得或者以非法手段取得医师资格从事医疗活动的;个人未取得《医疗机构执业许可证》开办医疗机构的;被依法吊销医师执业证书期间从事医疗活动的;未取得乡村医生执业证书,从事乡村医疗活动的;家庭接生员实施家庭接生以外的医疗行为的。而2016年12月12日最高人民法院审判委员会第1703次会议通过了《最高人民法院关于修改〈关于审理非法行医刑事案件具体应用法律若干问题的解释〉的决定》,删除了"个人未取得《医疗机构执业许可证》开办医疗机构的",即个人未取得《医疗机构执业许可证》开办医疗机构不属于《刑法》第三百三十六条第一款规定的"未取得医生执业资格证的人非法行医"。

没有取得执业医师资格的人非法行医,构成非法行医罪在理论界和实务界均没有争议。但在理论和实践中,对非法行医罪的主体认定,特别是"医生执业资格"的认定存在一定的分歧,主要有五种观点:第一种观点认为,医生执业资格和执业医师资格(包括执业医师资格和执业助理医师资格)并无大的不同,其目的都在于确定为患者行医看病的人应当具有国家认可的专业医学知识和技术,从而保护人民群众的身体健康,二者只是表述不同而已①。第二种观点认为,医生执业资格不同于医师资格或执业医师资格,而是医师资格和执业医师资格的统一,医疗行为不仅要求具有医学知识和技能,还要具有必要的设备和条件②。第三种观点认为,医生执业资格不仅要求医疗人员必须具有医师执业证书,而且其执业的医疗机构还必须具有医疗机构执业许可证③。第四种观点认为,取得医师执业资格的人超出执业地点、类别或范围行医的也可以成为非法行医罪的主体,即可以视为未取得医生执业资格④。第五种观点认为,非法行医罪中的医生执业资格不包含医生所在医疗机构的执业许可证,也不包含医生个人的医师执业证,医生执业资格实际上和医师资格(包括执业医师资格或执业助理医师资格)是等同的概念。在医生超越执业地点和执业范围行医的情况下,应以其是否超越了其所取得的医师资格证的大的医学类别(临床、口腔、中医、公共卫生等四大类)为根据来判断其是否应该被视为未取得医生执业资格⑤。笔者认为,医生执业资格不能等同于执业医师资格,在取得执业医师资格的条件下,如果不能取得或没有取得医师执业证书,仍然是非法行医,至于其执业的医疗机构是否取得医疗机构执业许可证应具体问题具体分析。如是个人未取得医疗机构执业许可证开办医疗机构的,依据2008年《最高人民法院关于审理非法行医刑事案件具体应用法律若干问题的解释》的规定,属于《刑法》第三百三十六条第一款规定的"未取得医生执业资格的人非法行医";但依据2016年12月12日最高人民法院审判委员会对该解释的修正,则不属于《刑法》第三百三十六条第一款规定的"未取得医生执业资格的人非法行医"。

第二,非法行医罪的客体,是国家对医疗卫生工作的管理制度以及就诊人的身体健康和生命安全。由于医疗行业是关系人民生命健康的特殊职业,

①参见黄太云:《周兆钧被控非法行医案[第283号]——如何正确把握非法行医罪的主体要件》,载中华人民共和国最高人民法院刑事审判第一庭、第二庭编:《刑事审判参考·2004年第1集》(总第36集),法律出版社,2004年版,第51页。

②参见张明楷:《刑法学》,法律出版社,2003年版,第854页。

③参见邵山:《论非法行医罪》,载《人民司法》,2000年第2期,第28-31页。

④参见余成刚:《新刑法研究与适用》,人民法院出版社,2000年版,第675页。

⑤参见严然:《非法行医罪之"医生执业资格"探析》,载《法治论坛》,2008年第3期,第154-161页。

国家对其管理非常严格,对医疗机构、医务人员、医疗设备、医疗器械等都制定相关的法律法规。对于医师,国家实行医师执业注册制度,并在法律中规定其执业规则、权利、义务以及法律责任;对于医疗机构,实行执业许可制,对医疗机构的设置、执业等也有严格的法律规定。

第三,非法行医罪的客观方面。首先,行为人具有非法行医的行为。所谓"行医"即以实施医疗行为为内容的业务活动。医疗行为是指出于医疗目的所实施的行为,包括疾病的治疗与预防、生育的处置、按摩、针灸等行为。非法行医即行为人违反法律规定擅自从事以治疗为目的的行为,通常表现为利用非法行医的手段推销产品、利用气功和迷信行医、非医疗机构超越服务范围进行医疗活动等。其次,非法行医行为必须达到情节严重的程度。何谓"情节严重"?《最高人民法院关于审理非法行医刑事案件具体应用法律若干问题的解释》第二条规定:"具有下列情形之一的,应认定为刑法第三百三十六条第一款规定的'情节严重':(一)造成就诊人轻度残疾、器官组织损伤导致一般功能障碍的;(二)造成甲类传染病传播、流行或者有传播、流行危险的;(三)使用假药、劣药或不符合国家规定标准的卫生材料、医疗器械,足以严重危害人体健康的;(四)非法行医被卫生行政部门行政处罚两次以后,再次非法行医的;(五)其他情节严重的情形。"

第四,主观方面,必须是故意,即明知自己不具有行医资格,而从事医疗业务活动。对于造成就诊人重病、死亡等严重后果,行为人则是过失或间接故意,即其应当预见非法行医行为有可能造成就诊人死亡、伤害的严重后果,因为疏忽大意而没有预见,或者已经预见而轻信能够避免,或者已经预见到可能发生上述后果而放任危害结果的发生。

2.关于行政法上的非法行医与刑法上的非法行医的关系问题

无论是行政法上的非法行医还是刑法上的非法行医肯定都是违反法律规定的行为,但刑法与行政法毕竟是不同类型的法律,其调整的对象是不同的。作为构成犯罪的非法行医行为,一定是违反了刑事法律、应受刑事惩罚且具有严重社会危害性的行为。而行政法上的非法行医行为,虽然也为法律所禁止,但其社会危害性未达到一定程度,不是刑法中禁止的行为,因而行政法上的非法行医行为不一定是刑法上的非法行医行为,如《医疗机构管理条例》第二十四条规定:"任何单位或者个人,未取得《医疗机构执业许可证》,不得开展诊疗活动。"第四十四条规定:"违反本条例第二十四条规定,未取得《医疗机构执业许可证》擅自执业的,由县级以上人民政府卫生行政部门责令其停止执业活动,没收非法所得和药品、器械,并可以根据情节处以1万元以下的罚款。"这里医疗机构的非法行医行为就是行政法上的非法行医行为,而不属于刑法上的非法行医行为。

但作为刑法的上非法行医行为一定构成行政法上的非法行医行为,因而有学者提出我国刑法中的非法行医罪是行政犯[①]。行政犯的形成以违反行政法律法规为前提,犯罪行为的认定以相关行政法律法规为基本参考依据。刑法对此类违反行政法律法规的行为进行刑事处罚的目的在于督促与维护相关行政法律法规的实施,是刑法作为其他部门法保障法地位的具体体现。从《执业医师法》与《刑法》等法律的规定上来分析,我国《执业医师法》对非法行医的行为做了详尽的规定,如第三十九条规定:"未经批准擅自开办医疗机构行医或非医师行医的,由县级以上人民政府卫生行政部门予以取缔,没收其违法所得及其药品、器械,并处十万元以下的罚款;对医师吊销其执业证书;给患者造成损害的,依法承担赔偿责任;构成犯罪的,依法追究刑事责任。"《刑法》第三百三十六条也对非法行医罪做出了具体规定,非法行医罪的具体认定必须以《刑法》的相关规定为前提。《刑法》第三百三十六条非法行医罪的规定和《执业医师法》第三十九条等相关法律条款相衔接,构成了对非法行医行为进行规制的法律体系。

【本案评析】

因该案发生在2009年,所以依据2008年4月28日最高人民法院审判委员会第1446次会议通过的《最高人民法院关于审理非法行医刑事案件具体应用法律若干问题的解释》第一条的规定,"个人未取得《医疗机构执业许可证》开办医疗机构的",应认定为《刑法》第三百三十六条第一款规定的"未取得医生执业资格的人非法行医",故被告人张某的行为符合非法行医罪的主体条件,且造成了患者乙死亡的严重后果,符合非法行医罪的构成要件,应以非法

①参见易建国、王昭振:《非法行医罪的主观罪过问题新探》,载《武汉理工大学学报》(社会科学版),2007年第2期,第232-236页。

行医罪论。且张某的行为不仅违反了《执业医师法》第十四条、第三十九条的规定,同时也违反了《医疗机构管理条例》第二十四条、第四十四条,以及《医疗机构管理条例实施细则》第七十七条的规定,应受到相应的行政处罚。因而其行为既是刑法上的非法行医行为,也是行政法上的非法行医行为,不仅要追究张某非法行医罪的责任,当地的卫生行政部门还应将其诊所予以取缔,没收其违法所得并罚款。但若该案发生在2016年12月以后,则按照2016年12月12日最高人民法院审判委员会第1703次会议通过的《最高人民法院关于修改〈关于审理非法行医刑事案件具体应用法律若干问题的解释〉的决定》的规定,张某的行为不构成非法行医罪,但按照《执业医师法》和《医疗机构管理条例》的相关规定,仍构成行政法上的非法行医,应追究其违法行为的行政责任。

【相关法律】

1.《中华人民共和国刑法》

第三百三十六条　未取得医生执业资格的人非法行医,情节严重的,处三年以下有期徒刑、拘役或者管制,并处或者单处罚金;严重损害就诊人身体健康的,处三年以上十年以下有期徒刑,并处罚金;造成就诊人死亡的,处十年以上有期徒刑,并处罚金。

2.《最高人民法院关于审理非法行医刑事案件具体应用法律若干问题的解释》(2008年4月28日最高人民法院审判委员会第1446次会议通过)

第一条　具有下列情形之一的,应认定为刑法第三百三十六条第一款规定的"未取得医生执业资格的人非法行医":

(一)未取得或者以非法手段取得医师资格从事医疗活动的;

(二)个人未取得《医疗机构执业许可证》开办医疗机构的;

(三)被依法吊销医师执业证书期间从事医疗活动的;

(四)未取得乡村医生执业证书,从事乡村医疗活动的;

(五)家庭接生员实施家庭接生以外的医疗行为的。

3.《最高人民法院关于审理非法行医刑事案件具体应用法律若干问题的解释》(根据2016年12月12日最高人民法院审判委员会第1703次会议通过的《最高人民法院关于修改〈关于审理非法行医刑事案件具体应用法律若干问题的解释〉的决定》修正)

第一条　具有下列情形之一的,应认定为刑法第三百三十六条第一款规定的"未取得医生执业资格的人非法行医":

(一)未取得或者以非法手段取得医师资格从事医疗活动的;

(二)被依法吊销医师执业证书期间从事医疗活动的;

(三)未取得乡村医生执业证书,从事乡村医疗活动的;

(四)家庭接生员实施家庭接生以外的医疗行为的。

第二条　具有下列情形之一的,应认定为刑法第三百三十六条第一款规定的"情节严重":

(一)造成就诊人轻度残疾、器官组织损伤导致一般功能障碍的;

(二)造成甲类传染病传播、流行或者有传播、流行危险的;

(三)使用假药、劣药或不符合国家规定标准的卫生材料、医疗器械,足以严重危害人体健康的;

(四)非法行医被卫生行政部门行政处罚两次以后,再次非法行医的;

(五)其他情节严重的情形。

4.《中华人民共和国执业医师法》

第十四条　医师经注册后,可以在医疗、预防、保健机构中按照注册的执业地点、执业类别、执业范围执业,从事相应的医疗、预防、保健业务。

未经医师注册取得执业证书,不得从事医师执业活动。

第三十九条　未经批准擅自开办医疗机构行医或者非医师行医的,由县级以上人民政府卫生行政部门予以取缔,没收其违法所得及其药品、器械,并处十万元以下的罚款;对医师吊销其执业证书;给患者造成损害的,依法承担赔偿责任;构成犯罪的,依法追究刑事责任。

5.《医疗机构管理条例》

第二十四条　任何单位或者个人,未取得《医疗机构执业许可证》,不得开展诊疗活动。

第四十四条　违反本条例第二十四条规定,未取得《医疗机构执业许可证》擅自执业的,由县级以上人民政府卫生行政部门责令其停止执业活动,没收非法所得和药品、器械,并可以根据情节处以1万元以下的罚款。

6.《医疗机构管理条例实施细则》

第七十七条　对未取得《医疗机构执业许可证》擅自执业的,责令其停止执业活动,没收非法所得和药品、器械,并处以三千元以下的罚款;有下列情形之一的,责令其停止执业活动,没收非法所得和药品、器械,处以三千元以上一万元以下的罚款:

(一)因擅自执业曾受过卫生计生行政部门处罚;

(二)擅自执业的人员为非卫生技术专业人员;

(三)擅自执业时间在三个月以上;

(四)给患者造成伤害;

(五)使用假药、劣药蒙骗患者;

(六)以行医为名骗取患者钱物;

(七)省、自治区、直辖市卫生计生行政部门规定的其他情形。

二、以医生名义行医行为法律责任的认定

【案情简介】

赵甲伙同王某等多人,于2011年共同出资在某市设立门诊部,该门诊部未在卫生行政主管部门登记备案注册,亦未取得医疗机构经营许可证。该门诊部下设科室、挂号、收费、药房等多个部门,对外宣称是"专家、教授坐诊"。赵甲等人以"行医"为名,对由"医托"诱骗来的病人进行所谓"诊疗",通常是根据病人所带钱财的多少进行开药,并通过开具高价的中药和中成药的手段,骗取前来就诊病人的钱财,前后共骗取被害人钱财90多万元。赵甲在该门诊部担任某科室医生,负责冒充某大医院的专家、教授等。该案经过侦查后,某区检察院提起公诉,请问:赵甲的行为构成何罪?

【不同观点】

观点一：赵甲的行为构成非法行医罪。赵甲未取得医生执业资格，却为了营利目的冒充医学专家、教授非法行医，且情节严重。

观点二：赵甲的行为构成诈骗罪。赵甲以非法占有为目的，伙同他人采取虚构事实、隐瞒真相的手段，骗取他人钱财，数额特别巨大，符合诈骗罪的构成要件。

【争议焦点】

赵甲行为构成何罪？

【法律分析】

1. 诈骗罪的构成

诈骗罪是指以非法占有为目的，用虚构事实或者隐瞒真相的办法，骗取数额较大的公私财物的行为。诈骗罪侵犯的客体是公私财物所有权，诈骗罪侵犯的对象仅限于国家、集体或个人的财物，而不是骗取其他非法利益，如果侵犯的客体不是或者不限于公私财产所有权，则不构成诈骗罪；诈骗罪的犯罪主体是一般主体，凡达到法定刑事责任年龄、具有刑事责任能力的自然人均能构成本罪；诈骗罪的主观方面表现为直接故意，并且具有非法占有公私财物的目的；诈骗罪的客观方面表现为使用欺诈方法骗取数额较大的公私财物的行为。诈骗行为的突出特点是行为人设法使被害人在认识上产生错觉，以致其"自觉地"将自己所有的或持有的财物交付给行为人或者放弃自己的所有权，或者免除行为人交还财物的义务[①]。首先，构成诈骗罪要求行为人实施了欺诈行为，即虚构事实或隐瞒真相，不管是虚构、隐瞒过去的事实，还是现在的事实或将来的事实，只要具有上述内容的，就是一种欺诈行为。欺诈的目的是使对方做出财产处分，如果欺诈内容不是使相对人做出财产处分的，则不是诈骗罪的欺诈行为；欺诈的手段、方法多种多样，既可以是语言欺诈，也可以是动作欺诈。其次，欺诈行为使对方产生错误认识，即在欺诈行为与对方处分财产之间，必须是基于对方的错误认识。如果对方不是因欺诈行

---

① 参见高铭暄、马克昌：《刑法学》，北京大学出版社/高等教育出版社，2010年版，第573页。

为产生错误认识而处分财产,就不成立诈骗罪。最后,成立诈骗罪还要求被害人陷入错误认识之后做出财产处分。财产处分包括处分行为与处分意思,财产处分表现为直接交付财产,或者承诺行为人取得财产,或者承诺转移财产性利益。同时,诈骗罪的成立还需达到数额较大,即行为人因为欺诈行为获得大量财产,从而使被害人的财产受到损害。根据2011年2月21日最高人民法院审判委员会第1512次会议、2010年11月24日最高人民检察院第十一届检察委员会第49次会议通过的《最高人民法院最高人民检察院关于办理诈骗刑事案件具体应用法律若干问题的解释》((法释〔2011〕7号)第一条的规定,"诈骗公私财物价值三千元至一万元以上、三万元至十万元以上、五十万元以上的,应当认定为刑法第二百六十六条规定的'数额较大'、'数额巨大'、'数额特别巨大'。"

2.非法行医罪的构成

非法行医罪是指未取得医生执业资格的人非法行医,情节严重的行为。尽管非法行医罪和以医生名义行医的诈骗罪主体一般都是不具有医生执业资格的人,而且在客观方面,两罪中的行为人根本不懂医疗知识,却号称自己精通医术,实施了牟取就诊人钱财的行为,但这两种犯罪行为具有本质的不同:第一,主体不同。非法行医罪的主体是特殊主体,即没有取得医生执业资格的人;而诈骗罪的主体为一般主体,即年满16周岁能够负完全刑事责任能力的人。虽然非法行医罪中的行为人和冒充医生实施诈骗犯罪的行为人一般均不具有医生执业资格,也没有取得国家认可的行医资格,但非法行医罪中的行为人通常具有一定的医学知识,而以行医为名实施诈骗犯罪的行为人可能缺乏基本的医疗常识。第二,主观方面不同。非法行医罪表现为间接故意或过失,即行为人明知自己行医是非法的而仍予以实施。而诈骗罪表现为直接故意,且诈骗罪主要是以非法占有为目的,骗取他人钱财,谋取非法财产是其犯罪的主要动机。实践中,行为人非法行医一般以牟利为目的,但是否以牟利为目的,并不影响非法行医罪的构成。第三,犯罪客观方面的具体表现也不同。非法行医罪中的行为人主要是利用受害人治病的心理,谎称自己有医师执业资格,而诈骗罪中的行为人则是使用骗术,即以虚构事实或者隐瞒真相的欺骗方法,使财物所有人、管理人产生错觉,信以为真,从而"自愿"

地交出财物。尽管两者都实施了非法行医的行为,但非法行医罪中的行为人一般有相对固定的行医场所,而以行医为名的诈骗罪,犯罪行为人一般没有固定场所,多以走街串巷的游医形式出现;非法行医罪中的行为人为了行医往往购买了医疗必需的相应设备、器材等,而以行医为名实施的诈骗罪,行为人往往不会投资购买相应的设备[①]。第四,客体不同。非法行医罪侵犯的是国家对医疗机构的管理制度和公众的生命健康安全,而诈骗罪侵犯的客体是单一的,即公私财产的所有权。

【本案评析】

本案中,赵甲等人在没有取得医疗机构执业许可证的门诊部执业,其行为违反了《执业医师法》和《医疗机构管理条例》的规定,在主体上虽然符合非法行医罪的主体要件,但其在主观上具有非法占有的目的,客观上表现为伙同他人采取虚构事实、隐瞒真相的手段,骗取他人钱财,且数额特别巨大,其行为应构成诈骗罪。因为非法行医罪不仅要求主体是不具有医生执业资格的人,而且该罪还是"情节犯",即必须达到"情节严重"。"情节严重"是非法行医罪成立与否的关键,未及"情节严重"的程度,即使具有非法行医的行为也不属于非法行医罪。而实践中,"情节严重"的幅度实难掌控,无论是以非法行医时间的长短、受过行政处罚次数,还是以牟取非法利益的数额等为标准,均难以准确界定非法行医是否情节严重。一般多是在加重情节下,即严重损害就诊人身体健康甚至造成就诊人死亡的情况下,才被发现、被追究刑事责任。该案中的赵甲等虽不具有医师执业资格,但并没有严重损害就诊人的身心健康,只是骗取了大量钱财,"情节严重"很难判定,所以难以认定为非法行医罪,但其行为却完全符合诈骗罪的构成要件。

也有学者认为行为人赵甲冒充专家、教授的身份骗取钱财的行为定为招摇撞骗罪更为妥当。诈骗罪和招摇撞骗罪虽然都是使用骗术,获取非法利益,但本案定为诈骗罪更有利于对行为人的惩治。因为招摇撞骗罪是以骗取各种非法利益为目的,冒充国家工作人员,进行招摇撞骗,其所骗取的不仅包括财物,还包括工作、职位、地位、荣誉等,属于妨害社会管理秩序罪。当犯罪

---

① 参见高铭暄、马克昌:《刑法学》,北京大学出版社/高等教育出版社,2010年版,第573页。

分子冒充国家工作人员骗取公私财物时,既侵犯了受害人的财产权利,又损害了国家机关的威信和正常活动,属于牵连犯,如果骗取财物数额不大,却严重损害了国家机关的威信,应按招摇撞骗罪论处;反之,则应定为诈骗罪。本案中赵甲等人骗取的"数额特别巨大",所以应按诈骗罪处置。

【相关法律】

1.《中华人民共和国执业医师法》

第三十九条 未经批准擅自开办医疗机构行医或者非医师行医的,由县级以上人民政府卫生行政部门予以取缔,没收其违法所得及其药品、器械,并处十万元以下的罚款;对医师吊销其执业证书;给患者造成损害的,依法承担赔偿责任;构成犯罪的,依法追究刑事责任。

2.《中华人民共和国刑法》

第三百三十六条 未取得医生执业资格的人非法行医,情节严重的,处三年以下有期徒刑、拘役或者管制,并处或者单处罚金;严重损害就诊人身体健康的,处三年以上十年以下有期徒刑,并处罚金;造成就诊人死亡的,处十年以上有期徒刑,并处罚金。

第二百六十六条 诈骗公私财物,数额较大的,处三年以下有期徒刑、拘役或者管制,并处或者单处罚金;数额巨大或者有其他严重情节的,处三年以上十年以下有期徒刑,并处罚金;数额特别巨大或者有其他特别严重情节的,处十年以上有期徒刑或者无期徒刑,并处罚金或者没收财产。本法另有规定的,依照规定。

3.《最高人民法院最高人民检察院关于办理诈骗刑事案件具体应用法律若干问题的解释》

第一条 诈骗公私财物价值三千元至一万元以上、三万元至十万元以上、五十万元以上的,应当分别认定为刑法第二百六十六条规定的"数额较大""数额巨大""数额特别巨大"。

第八条 冒充国家机关工作人员进行诈骗,同时构成诈骗罪和招摇撞骗罪的,依照处罚较重的规定定罪处罚。

三、有执业证书但未在执业地点注册行医行为如何认定

【案情简介】

王某于2006年9月取得执业医师资格,2008年2月取得医师执业证书。2011年3月,王某在甲医院注册,但未在该院执业。2010年9月以来,王某在乙医院执业但其未在乙医院注册,乙医院也未取得医疗机构执业许可证。在乙医院执业期间,王某使用B超机,先后给多名孕妇做胎儿性别鉴定。2011年3月,王某又使用B超机非法为孕妇李某某鉴定胎儿性别,在确定胎儿为女婴后,给李某某做了终止妊娠手术,并收取李某某终止妊娠手术费、胎儿性别鉴定费等。2011年8月,某县人民检察院以王某犯非法进行节育手术罪向某县人民法院提起公诉。王某的行为是否构成犯罪?王某和乙医院要承担何种法律责任?

【不同观点】

观点一:王某在乙医院执业但其未在乙医院注册,乙医院也未取得医疗机构执业许可证,王某先后给多名孕妇做胎儿性别鉴定,并为孕妇做终止妊娠手术,构成非法进行节育手术罪。

观点二:王某具有执业医师资格证书与医师执业证书,虽在未取得医疗机构执业许可证的机构内执业,但王某不具备非法进行节育手术罪的犯罪主体资格,不构成非法进行节育手术罪。

【争议焦点】

具有执业医师资格证书与医师执业证书的医生,在未取得医疗机构执业许可证的机构内执业,且医师执业证书未在该医疗机构注册,其是否可以成为非法进行节育手术罪的主体?其行为是否构成非法进行节育手术罪?

【法律分析】

非法进行节育手术罪是指未取得医生执业资格的人擅自为他人进行节育复通手术、假节育手术、终止妊娠手术或者摘取宫内节育器,情节严重的行

为。要构成本罪,须具备四个要件:

第一,本罪的主体为一般主体,但须是没有取得医生执业资格的人。未取得医生执业资格的人,是指根据《执业医师法》的规定,未依法取得医师执业证的人。如果已经取得医生执业资格的人实施破坏计划生育的行为,不构成本罪。医生除了具有执业证书外,一般认为从事节育手术的人员还应依照《计划生育技术服务管理条例》《计划生育技术服务管理条例实施细则》《执业医师法》与《关于医师执业注册中执业范围的暂行规定》的规定取得从事计划生育手术的计划生育技术服务人员合格证、具有以计划生育专业或妇产科专业注册取得的医师执业证书、并在具有计划生育技术服务机构执业许可证的医疗机构执业。

第二,本罪在主观方面表现为故意,即行为人明知自己无权为他人实施计划生育手术,但为了牟取不法利益或者基于其他考虑而实施。

第三,本罪的客体是国家的计划生育制度和就诊人的生命健康安全。擅自为他人进行节育复通手术、假节育手术、终止妊娠手术或者摘取宫内节育器,是指在没有经过审查批准,没有取得生育证的情况下实施的,是对计划生育制度的违反和破坏。由于该行为是由不具有医师资格的人实施的,行为人缺乏基本的医学知识,可能会致使就诊人遭受重大痛苦或者严重损害就诊人生命健康。

第四,本罪在客观方面表现为擅自为他人进行节育复通手术、假节育手术、终止妊娠手术或者摘取宫内节育器,情节严重的行为。行为人只要实施其中一种行为,即可构成本罪。但行为人的行为必须达到"情节严重"的程度,所谓"情节严重",一般是指多次为他人进行节育复通等手术,致使多人超计划生育的;非法为他人进行节育手术致人伤残的;非法进行节育手术严重妨害计划生育工作的;等等。

【本案评析】

该案中王某的行为不构成非法进行节育手术罪。首先,王某不具备该罪的主体资格。该罪要求的主体须是没有取得医生执业资格的人,尽管王某在未取得医疗机构执业许可证的场所执业,也未在该执业场所注册,但在这之前,王某已经取得医师资格证书和医师执业证书。其次,该罪在客观方面的表现形式是为他人进行节育复通手术、假节育手术、终止妊娠手术、摘取宫内节育器的行为。而该案中王某主要是使用B超机，先后为多名孕妇做胎儿性别鉴定，为一名妇女做了终止妊娠手术。最后，要构成该罪，必须达到"情节严重"的程度。司法实践中，"情节严重"一般是指长期或多次为妇女进行上述手术造成妇女怀孕或者流产的，非法获利较多的，经行政处罚仍然非法从事上述活动的，在当地造成恶劣影响的。而王某仅为一人做过终止妊娠手术的行为，不属"情节严重"。因而王某的行为不构成非法进行节育手术罪。但当地的卫生行政部门应依据《执业医师法》第十四条、第十七条和第三十七条的规定追究王某的行政责任，依据《医疗机构管理条例》第十五条、第二十四条和第四十四条的规定追究乙医院相应的行政责任。

【相关法律】

1.《中华人民共和国刑法》

第三百三十六条 未取得医生执业资格的人擅自为他人进行节育复通手术、假节育手术、终止妊娠手术或者摘取宫内节育器，情节严重的，处三年以下有期徒刑、拘役或者管制，并处或者单处罚金；严重损害就诊人身体健康的，处三年以上十年以下有期徒刑，并处罚金；造成就诊人死亡的，处十年以上有期徒刑，并处罚金。

2.《中华人民共和国执业医师法》

第十四条 医师经注册后，可以在医疗、预防、保健机构中按照注册的执业地点、执业类别、执业范围执业，从事相应的医疗、预防、保健业务。

第十七条 医师变更执业地点、执业类别、执业范围等注册事项的，应当到准予注册的卫生行政部门依照本法第十三条的规定办理变更注册手续。

第三十七条 医师在执业活动中，违反本法规定，有下列行为之一的，由县级以上人民政府卫生行政部门给予警告或者责令暂停六个月以上一年以下执业活动；情节严重的，吊销其执业证书；构成犯罪的，依法追究刑事责任。

（一）违反卫生行政规章制度或者技术操作规范，造成严重后果的；

（二）由于不负责任延误急危患者的抢救和诊治，造成严重后果的；

（三）造成医疗责任事故的；

（四）未经亲自诊查、调查，签署诊断、治疗、流行病学等证明文件或者有

关出生、死亡等证明文件的;

（五）隐匿、伪造或者擅自销毁医学文书及有关资料的;

（六）使用未经批准使用的药品、消毒药剂和医疗器械的;

（七）不按照规定使用麻醉药品、医疗用毒性药品、精神药品和放射性药品的;

（八）未经患者或者其家属同意,对患者进行实验性临床医疗的;

（九）泄露患者隐私,造成严重后果的;

（十）利用职务之便,索取、非法收受患者财物或者牟取其他不正当利益的;

（十一）发生自然灾害、传染病流行、突发重大伤亡事故以及其他严重威胁人民生命健康的紧急情况时,不服从卫生行政部门调遣的;

（十二）发生医疗事故或者发现传染病疫情,患者涉嫌伤害事件或者非正常死亡,不按照规定报告的。

3.《医疗机构管理条例》

第十五条　医疗机构执业,必须进行登记,领取《医疗机构执业许可证》。

第二十四条　任何单位或者个人,未取得《医疗机构执业许可证》,不得开展诊疗活动。

第四十四条　违反本条例第二十四条规定,未取得《医疗机构执业许可证》擅自执业的,由县级以上人民政府卫生行政部门责令其停止执业活动,没收非法所得和药品、器械,并可以根据情节处以1万元以下的罚款。

四、乡村医生执业资格取得

【案情简介】

原告聂某某是江西省共产主义劳动大学某分校七九届卫生专业毕业生,1982年,经有关卫生主管部门考核,聂某某取得乡村医士资格证和医疗机构执业许可证后开始行医。2002年7月30日,原告的医疗机构执业许可证到期后,原告向某县卫生局提交了相关资料并缴纳了相关费用。2004年,该县卫生局认为原告不符合《乡村医生从业管理条例》第十条规定的乡村医生执业注册条件,收缴了原告的医疗机构执业许可证副本,并回复原告不能为其颁发乡村医生资格证与医疗机构执业许可证。此后,原告一直上访无果。2010年,聂某某向法院提起诉讼,要求被告该县卫生局及时为其补办乡村医生资格证,颁发乡村医疗机构执业许可证,并赔偿其相关损失。

【不同观点】

观点一:原告符合《乡村医生从业管理条例》第十条规定的乡村医生执业注册条件,被告应为其办理乡村医生执业注册。

观点二:原告不符合《乡村医生从业管理条例》第十条规定的乡村医生执业注册条件,被告不应为其办理乡村医生执业注册。

【争议焦点】

《乡村医生从业管理条例》第十条规定的乡村医生执业注册条件应如何理解?

【法律分析】

我国实行乡村医生执业注册制度。为了保护患者的生命安全,国家对乡村医生的执业资格进行了一定的限制。《乡村医生从业管理条例》第十条规定,在《乡村医生从业管理条例》公布前的乡村医生,必须取得县级以上地方人民政府卫生行政主管部门颁发的乡村医生证书,并依法向县级人民政府卫生行政主管部门申请乡村医生执业注册,取得乡村医生执业证书后,才能继续在村医疗卫生机构执业,但要申请乡村医生执业证书必须具备以下条件之一:(1)已经取得中等以上医学专业学历的;(2)在村医疗卫生机构连续工作20年以上的;(3)按照省、自治区、直辖市人民政府卫生行政主管部门制定的培训规划,接受培训取得合格证书的。对上述三个条件应如何理解呢?第一,何为中等以上医学专业学历?一般认为,是指已经取得省级教育行政部门认可的中等以上医学专业学历的,即该学历首先必须是医学专业学历,非医学专业的学历是不被认可的,其次该学历必须是已经取得省级教育行政部门认可。2004年,《卫生部关于对<乡村医生从业管理条例>实施中有关问题的批复》规定,对于在"撤村改居"前已经按照《乡村医生从业管理条例》的规定取得执业证书的乡村医生,在执业证书有效期内可在注册的执业地点继续执业;有效期满,不再进行注册。对这部分乡村医生,卫生行政部门应当加强管理,可以鼓励其通过正规医学教育取得符合《执业医师法》规定的医学专业学历,按照《执业医师法》及有关规定参加医师资格考试。第二,如果不具备前述学历条件,有长期的医疗实际经验也可,为此《乡村医生从业管理条例》规定在不具备学历教育的前提下,如果在村医疗卫生机构连续工作20年以上的也可申请乡村医生执业注册。这一规定首先要求工作时间不得少于20年,其次要求必须是连续,而且工作地点必须是村医疗机构。《卫生部关于对<乡村医生从业管理条例>实施中有关问题的批复》规定:村医疗卫生机构是指向农村居民提供预防、保健和一般医疗服务的村卫生室(所、站)、村社区卫生服务站,属于非营利性医疗卫生机构。第三,如果既不具备学历条件,也没有长期的医疗实际经验,则必须按照省、自治区、直辖市人民政府卫生行政主管部门制定的培训规划接受培训,并取得合格证书。须注意的是,这个培训计划是专门的、特定的,不是随意参加其他的培训课程可以代替的,而且培训、考试是有特定时间要求的,依据《乡村医生从业管理条例》第十一条的规定:培训和考试应当在《乡村医生从业管理条例》施行后 6 个月内完成。经培训但考试不合格的,县级人民政府卫生行政主管部门应当组织对其再次培训和考试,但不参加再次培训或者再次考试仍不合格的,不得申请乡村医生执业注册。

【本案评析】

作为本案原告的聂某某是否具备乡村医生执业注册的三个条件之一呢?首先,就学历条件来说,相关规定中的要求是已经取得省级教育行政部门认可的中等以上医学专业学历,而原告聂某某是江西省共产主义劳动大学某分校七九届卫生专业毕业生,江西省对该学历是如何认定的呢?江西省教育厅《关于审定我省共产主义劳动大学分校毕业生学历问题的通知》第九条规定:"凡一九七二年至一九八三年各县共大和由县共大改办的地区共大分校毕业生入学文化程度为初中毕业学制二年者,可以承认为职业高中毕业。"根据该规定,聂某某不具备中等以上医学专业学历条件。其次,原告是否满足"在村医疗卫生机构连续工作20年以上"的条件呢？聂某某1982年经有关卫生主管部门考核,取得乡村医士资格证和医疗机构执业许可证后开始行医,2002年7月,原告的医疗机构执业许可证到期,应当是符合"连续工作20年以上"的条件的,这有村委会有关证据证明。最后,关于第三个条件,聂某某中间虽然参加过学习,但并未参加该省卫生厅组织的业务培训考试,并未取得相关培训合格证书,不符合《乡村医生从业管理条例》第十条第(三)项规定的条件。既然原告符合《乡村医生从业管理条例》第十条规定的三项条件中的第二项,是否意味着该县卫生局必须为其办理执业注册呢？不一定,因为《乡村医生从业管理条例》调整的对象是尚未取得执业医师资格或者执业助理医师资格,经注册在村医疗卫生机构从事预防、保健和一般医疗服务的乡村医生。《乡村医生从业管理条例》公布后进入村医疗卫生机构从事预防、保健和医疗服务的人员,应当具备执业医师资格或者执业助理医师资格。所以各省份对当时的乡村医生执业注册也限定了一定的条件,即必须是在岗的医生。2004年原告所在市卫生局下发了《关于乡村医生注册工作中的几个问题》,该文件第一条规定:"本次乡村医生注册对象的首要条件是在岗乡村医生。不得乘机把不在岗的乡村医生、无证行医者等不符合条件者纳入乡村医生注册范围。"卫生部、江西省卫生厅及聂某某所在的市卫生局文件明确本次乡村医生注册对象是经注册的在岗乡村医生,而原告聂某某在2002年7月后便没有取得执业许可证,不属于经注册的在岗的乡村医生范围。江西省卫生厅针对2004年不符合直接注册条件的乡村医生开展了卫生管理培训,并分别于2004年、2005年进行了全国统一的执业考试,并对考试合格人员给予办理执业注册,但原告聂某某一直未参加省里组织的统一培训及考试,也未取得合格证书,故其诉讼请求不能得到法院的支持。

【相关法律】

《乡村医生从业管理条例》

第十条　本条例公布前的乡村医生,取得县级以上地方人民政府卫生行政主管部门颁发的乡村医生证书,并符合下列条件之一的,可以向县级人民政府卫生行政主管部门申请乡村医生执业注册,取得乡村医生执业证书后,继续在村医疗卫生机构执业:

(一)已经取得中等以上医学专业学历的;

(二)在村医疗卫生机构连续工作20年以上的;

(三)按照省、自治区、直辖市人民政府卫生行政主管部门制定的培训规划,接受培训取得合格证书的。

第十一条　对具有县级以上地方人民政府卫生行政主管部门颁发的乡村医生证书,但不符合本条例第十条规定条件的乡村医生,县级人民政府卫生行政主管部门应当进行有关预防、保健和一般医疗服务基本知识的培训,并根据省、自治区、直辖市人民政府卫生行政主管部门确定的考试内容、考试范围进行考试。

前款所指的乡村医生经培训并考试合格的,可以申请乡村医生执业注册;经培训但考试不合格的,县级人民政府卫生行政主管部门应当组织对其再次培训和考试。不参加再次培训或者再次考试仍不合格的,不得申请乡村医生执业注册。

本条所指的培训、考试,应当在本条例施行后6个月内完成。

五、医疗机构的设置及执业许可

【案情简介】

原告是经浙江省某县卫生局核准登记、准予执业的村卫生室,设置在该县某镇某村,从事预防保健、内科、外科等医疗诊治活动。2009年2月20日,第三人姜某向该县卫生局提出申请,请求批准其在该镇某路设置医疗诊所,该县卫生局经过审查后给予批准,并于2009年2月28日核发了设置医疗机构批准书。2009年3月15日,第三人姜某持设置医疗机构批准书、房屋产权证明、租房协议、诊所建筑设计平面图、仪器设备清单、资信证明、身份证件、资格证书等申请材料向该县卫生局申请执业登记。该县卫生局经审查核实,认为姜某的申请符合《医疗机构管理条例》等相关规定,准予许可,并于2009年5月向第三人姜某颁发了医疗机构执业许可证。原告认为第三人姜某开设的诊所与其距离太近,只有160米左右,该县卫生局的许可行为违反了医疗机构设置规划,且该许可行为与其有重大利益关系,侵犯其合法权益,存在程序违法等情况。2009年8月,原告某村卫生室向法院提起行政诉讼,请求法院判决撤销该县卫生局于2009年5月向第三人姜某颁发的医疗机构执业许可证。

【不同观点】

观点一:某县卫生局的许可行为合法,符合《医疗机构管理条例》等法律规定,应予维持。

观点二:某县卫生局的许可行为不合法,应撤销其行政许可行为。第三人开设的诊所与原告距离太近,不符合医疗机构设置标准,而医疗机构执业许可的前提是医疗机构设置许可,既然医疗机构设置许可行为不合法,则执业许可也不合法,所以依法应予撤销。

【争议焦点】

本案是否属于行政诉讼的范围?第三人姜某的诊所的设置是否符合法律的规定?医疗机构的设置许可与执业许可是何关系,是一项行政许可,还是两项行政许可?

【法律分析】

1.医疗机构设置许可的条件

首先,医疗机构的设置应当符合医疗机构设置规划。县级以上地方人民政府卫生行政部门应当根据本行政区域内的人口、医疗资源、医疗需求和现有医疗机构的分布状况,依据卫生部制定的《医疗机构设置规划指导原则》制定本行政区域医疗机构设置规划。机关、企业和事业单位可以根据需要设置医疗机构,并纳入当地医疗机构的设置规划。医疗机构的设置规划应遵循公平性、可及性、整体效益、分级管理、公有制为主导、中西医并重的原则。为此,卫生部颁发了《医疗机构设置规划指导原则》,各省在此基础上颁布医疗机构设置规划的指导性意见。为了保证医疗服务的整体效益和可及性,国家要求医疗机构设置时应遵循服务半径适宜、交通便利、布局合理、易于为群众服务的原则。而各省则根据自身的情况,规定医疗机构设置时的服务半径,如云南省规定,原则上城市500米直径范围内不得重复设置同类别的医疗机构,而且各市区域内一、二、三级医疗机构的比例以 15∶4∶1 为宜,一、二、三级医疗机构拥有的床位数比例以 5∶3∶2 为宜;浙江省规定,原则上城市(包括县市)政府所在地的城镇以外的区域如需要设置医疗机构,以现行设置的医疗机构为基础,其服务半径应在 0.3 公里以上或者服务人口超过 3000—5000 人。此外,为了保障医疗安全,法律中规定医疗机构设置申请人必须具有相应民事行为能力和业务能力,且不得有违法犯罪行为,如《医疗机构管理条例实施细则》第十二条规定:"有下列情形之一的,不得申请设置医疗机构:(一)不能独立承担民事责任的单位;(二)正在服刑或者不具有完全民事行为能力的个人;(三)发生二级以上医疗事故未满五年的医务人员;(四)因违反有关法律、法规和规章,已被吊销执业证书的医务人员;(五)被吊销《医疗机构执业许可证》的医疗机构法定代表人或者主要负责人;(六)省、自治区、直辖市政府卫生计生行政部门规定的其他情形。"

其次,医疗机构的设置应符合医疗机构的基本标准。《医疗机构基本标准(试行)》规定了各类医院、妇幼保健院、乡镇和街道卫生院、门诊部、诊所、卫生所(室)、医务室、中小学卫生保健所、村卫生室(所)、专科疾病防治院(站、所)、急救中心(站)、临床检验中心、护理院(站)等设置时应具备的人员、房屋、资金、设备、规章制度等方面的要求。如诊所设置的基本要求是:至少设有诊室、处置室、治疗室;至少有 1 名取得医师资格后从事 5 年以上临床工作的医师和 1 名护士;建筑面积不少于 40 平方米,每室必须独立;相关的设备、规章制度和资金等。《医疗机构基本标准(试行)》对于不同类型的诊所还有一些特殊的要求。

2.医疗机构执业许可的条件

医疗机构执业,必须进行登记,领取医疗机构执业许可证。医疗机构进行执业登记必须符合法律规定的条件,并向批准其设置的卫生行政部门申请办理,机关、企业和事业单位设置的为内部职工服务的门诊部、诊所、卫生所(室)的执业登记,由所在地的县级人民政府卫生行政部门办理。卫生行政部门自受理执业登记申请之日起 45 日内,根据《医疗机构管理条例》和医疗机构的基本标准进行审核,决定是否予以登记。执业登记时应注明医疗机构的名称和地址、主要负责人、所有制形式、诊疗科目和床位、注册资金等事项。审查时如果发现存在以下情形的,不予登记:不符合设置医疗机构批准书核准的事项;不符合医疗机构基本标准;投资不到位;医疗机构用房不能满足诊疗服务功能;通讯、供电、上下水道等公共设施不能满足医疗机构正常运转;医疗机构规章制度不符合要求;消毒、隔离和无菌操作等基本知识和技能的现场抽查考核不合格等。

【本案评析】

1.本案是否属于行政案件的受案范围

《最高人民法院关于适用〈中华人民共和国行政诉讼法〉的解释》第一条规定:"公民、法人或者其他组织对行政机关及其工作人员的行政行为不服,依法提起诉讼的,属于人民法院行政诉讼的受案范围。"本案中,原告某村卫生室与第三人姜某开设的诊所距离较近,该县卫生局给第三人姜某颁发医疗机构执业许可证的行为对原告的经营活动可能会产生影响,原告与被诉的颁证行为存在法律上的利害关系,其对被告的颁证行为不服,提起行政诉讼,属于行政案件的受案范围。

2.第三人姜某的诊所的设置是否符合法律规定

医疗机构的设置应当符合医疗机构设置规划和医疗机构基本标准。县级以上地方卫生行政部门负责医疗机构设置的审批,审批时必须依据当地医疗设置规划。第三人姜某诊所设置的条件基本符合法律规定,有争议的是其与原告的距离太近,只有160米左右,是否违反了当地医疗机构设置规划呢?根据浙江省卫生厅《医疗机构设置规划指导意见》第三条第三项的规定,城市(包括县市)政府所在地的城镇以外的区域如需要设置医疗机构,以现行设置的医疗机构为基础,其服务半径应在0.3公里以上或者服务人口超过3000—5000人。该案中,第三人姜某诊所所在地距离原告卫生室的最短距离仅160米左右,且属于政府所在地城镇以外区域,不符合该省的医疗机构设置规划。根据《医疗机构管理条例实施细则》第二十条第一款的规定,笔者认为该诊所的设置不符合规定。

3.该县卫生局颁发执业许可证的行为是否合法,医疗机构设置许可与执业许可的关系

一种观点认为:医疗机构设置许可与医疗机构执业许可是一项行政许

可,作为医疗机构执业许可的前提的医疗机构设置许可不合法,所以医疗机构执业许可也不合法。持该观点者认为,《中华人民共和国行政许可法》实施后,卫生部的卫生许可项目中将医疗机构设置审批和医疗机构执业登记合并为一项行政许可,《医疗机构管理条例》第九条规定:"单位或者个人设置医疗机构,必须经县级以上地方人民政府卫生行政部门审查批准,并取得设置医疗机构批准书,方可向有关部门办理其他手续。"依据该条的规定,取得设置医疗机构批准书是执业登记的前置程序。《医疗机构管理条例实施细则》也规定,在执业登记审查时仍要对设置医疗机构批准书核准的事项如医疗机构的类别、规模、选址和诊疗科目等事项进行审查,对不符合设置医疗机构批准书核准事项的,不予登记。

另一种观点认为:医疗机构设置许可与医疗机构执业许可是两种不同的行政许可行为,应分别审核批准。医疗机构设置许可是否合法不影响医疗机构执业许可的合法性。第三人姜某申请诊所执业登记的条件只要符合法律规定,则该县卫生局的执业许可就是合法的,尽管设置医疗机构批准书也是医疗机构执业许可应具备的条件之一,但执业登记审查时,只需要对设置医疗机构批准书核准的事项进行形式审查。至于医疗机构设置是否符合服务半径要求等设置规划,属于医疗机构设置许可时审查的范围。

笔者赞同第二种观点,医疗机构设置许可与医疗机构执业许可系两项不同的行政许可,只要该县卫生局在进行执业许可登记时符合法律规定,则该执业许可是合法的。《医疗机构管理条例》第十六条规定:"申请医疗机构执业登记,应当具备下列条件:(一)有设置医疗机构批准书;(二)符合医疗机构的基本标准;(三)有适合的名称、组织机构和场所;(四)有与其开展的业务相适应的经费、设施、设备和专业卫生技术人员;(五)有相应的规章制度;(六)能够独立承担民事责任。"第三人姜某在申请执业登记时递交了相应的材料,其材料经审查也是符合法定要求的,所以该县卫生局的执业许可行为是符合法律规定的。

【相关法律】

1.《医疗机构管理条例》

第六条　县级以上地方人民政府卫生行政部门应当根据本行政区域内

的人口、医疗资源、医疗需求和现有医疗机构的分布状况,制定本行政区域医疗机构设置规划。

机关、企业和事业单位可以根据需要设置医疗机构,并纳入当地医疗机构的设置规划。

第七条　县级以上地方人民政府应当把医疗机构设置规划纳入当地的区域卫生发展规划和城乡建设发展总体规划。

第八条　设置医疗机构应当符合医疗机构设置规划和医疗机构基本标准。

医疗机构基本标准由国务院卫生行政部门制定。

第九条　单位或者个人设置医疗机构,必须经县级以上地方人民政府卫生行政部门审查批准,并取得设置医疗机构批准书,方可向有关部门办理其他手续。

第十五条　医疗机构执业,必须进行登记,领取《医疗机构执业许可证》。

第十六条　申请医疗机构执业登记,应当具备下列条件:

(一)有设置医疗机构批准书;

(二)符合医疗机构的基本标准;

(三)有适合的名称、组织机构和场所;

(四)有与其开展的业务相适应的经费、设施、设备和专业卫生技术人员;

(五)有相应的规章制度;

(六)能够独立承担民事责任。

第十七条　医疗机构的执业登记,由批准其设置的人民政府卫生行政部门办理。

2.《医疗机构管理条例实施细则》

第九条　县级以上地方卫生计生行政部门按照《医疗机构设置规划指导原则》规定的权限和程序组织实施本行政区域《医疗机构设置规划》,定期评价实施情况,并将评价结果按年度向上一级卫生计生行政部门和同级人民政府报告。

第十二条　有下列情形之一的,不得申请设置医疗机构:

(一)不能独立承担民事责任的单位;

（二）正在服刑或者不具有完全民事行为能力的个人；

（三）发生二级以上医疗事故未满五年的医务人员；

（四）因违反有关法律、法规和规章，已被吊销执业证书的医务人员；

（五）被吊销《医疗机构执业许可证》的医疗机构法定代表人或者主要负责人；

（六）省、自治区、直辖市政府卫生计生行政部门规定的其他情形。

有前款第（二）、（三）、（四）、（五）项所列情形之一者，不得充任医疗机构的法定代表人或者主要负责人。

第十三条　在城市设置诊所的个人，必须同时具备下列条件：

（一）经医师执业技术考核合格，取得《医师执业证书》；

（二）取得《医师执业证书》或者医师职称后，从事五年以上同一专业的临床工作；

（三）省、自治区、直辖市卫生计生行政部门规定的其他条件。

第二十条　县级以上地方卫生计生行政部门依据当地《医疗机构设置规划》及本细则审查和批准医疗机构的设置。

申请设置医疗机构有下列情形之一的，不予批准：

（一）不符合当地《医疗机构设置规划》；

（二）设置人不符合规定的条件；

（三）不能提供满足投资总额的资信证明；

（四）投资总额不能满足各项预算开支；

（五）医疗机构选址不合理；

（六）污水、污物、粪便处理方案不合理；

（七）省、自治区、直辖市卫生计生行政部门规定的其他情形。

第二十七条　申请医疗机构执业登记有下列情形之一的，不予登记：

（一）不符合《设置医疗机构批准书》核准的事项；

（二）不符合《医疗机构基本标准》；

（三）投资不到位；

（四）医疗机构用房不能满足诊疗服务功能；

（五）通讯、供电、上下水道等公共设施不能满足医疗机构正常运转；

（六）医疗机构规章制度不符合要求；

（七）消毒、隔离和无菌操作等基本知识和技能的现场抽查考核不合格；

（八）省、自治区、直辖市卫生计生行政部门规定的其他情形。

六、医疗机构执业许可证的校验与注销

【案情简介】

杨某系某区卫生院聘请的下属某卫生所的负责人。2010年6月，杨某接到该区卫生院的通知，让其将卫生所的医疗机构执业许可证正本和杨某本人的医师资格证原件交给该卫生院，由该卫生院将"两证"及相关资料呈报该区卫生局校验。后该区卫生局没有归还"两证"，也没有按期公布校验结果。2013年，该区卫生局以该卫生所未按法律规定进行校验为由，发布了关于撤销该卫生所的通告和医疗机构注销公告。杨某认为该区卫生局在校验时遗失其医师资格证和注销卫生所医疗机构执业许可证的行为违法，于2014年10月向法院提起行政诉讼，要求该区卫生局赔偿其45万元的损失。杨某的诉讼请求能否得到法院的支持？

【不同观点】

观点一：杨某的诉讼请求不应得到法院的支持，应该驳回其起诉。因为被告该区卫生局遗失杨某医师资格证的行为不是行政扣押行为，故其不是行政复议的对象，也不属于行政诉讼的受案范围。且杨某医师资格证的遗失与其所称损失无法律及事实上的因果关系，对于该区卫生局注销卫生所医疗机构执业许可证的行为，杨某不具有诉讼主体资格。

观点二：杨某的诉讼请求应该得到法院的支持，因为该区卫生局校验时遗失杨某医师资格证，并且该区卫生局注销卫生所医疗机构执业许可证的行为违法，因而应当赔偿杨某无证停止执业期间的损失。

观点三：杨某的诉求应该部分得到法院的支持，因为该区卫生局校验时遗失杨某医师资格证的行为违反了《医疗机构管理条例》等相关规定，杨某基于医师资格证遗失所产生的公告费、交通费等实际产生的费用应给予赔偿，但杨某要求该区卫生局赔偿其在没有注册期间和注销医疗机构期间的损失缺乏依据。

【争议焦点】

被告该区卫生局是否应该承担损害赔偿责任？

【法律分析】

1.医疗机构的校验

医疗机构校验是指卫生行政部门依法对医疗机构的基本条件和执业状况进行检查、评估、审核，并依法作出相应结论的过程。医疗机构执业许可证应按规定的期限进行校验，床位不满100张的医疗机构，每年校验1次；床位在100张以上的医疗机构，每3年校验1次。逾期不校验医疗机构执业许可证仍从事诊疗活动的，由县级以上人民政府卫生行政部门责令其限期补办校验手续；拒不校验的，吊销其医疗机构执业许可证。医疗机构进行校验时应依法经过校验申请、受理、审查和作出校验结论四个阶段。首先，医疗机构应当于校验期满前3个月向登记机关申请校验，并提交法律规定的材料。其次，登记机关对医疗机构提交的校验申请材料进行审核后，根据情况作出是否受理的处理意见。再次，医疗机构受理后应依法进行审查，审查包括书面审查和现场审查两部分。书面审查是登记机关就校验申请材料、日常监督管理和不良执业行为记分情况等书面材料进行审查。该审查是由登记机关组织有关专家或者委托有关机构对医疗机构基本标准符合情况、医疗质量和医疗安全保障措施的落实情况以及执行情况等进行审查。存在以下情况的医疗机构必须进行现场审查：①2个校验期内未曾进行现场审查的；②医疗机构在执业登记后首次校验的；③暂缓校验后再次校验的；④省、自治区、直辖市人民政府卫生行政部门规定的其他情形。最后，登记机关应当在受理校验申请之日起30日内完成校验审查，作出校验结论，校验结论包括校验合格和暂缓校验。登记机关作出校验合格结论时，应当在医疗机构执业许可证副本上加盖校验合格章；作出暂缓校验结论时，应当确定暂缓校验期。卫生行政部门应当将医疗机构校验结论通过媒体网络等方式在管辖区域内予以公示。

　　暂缓校验是指登记机关对校验过程中存在问题的医疗机构暂时停止校验。医疗机构有下列情形之一的,登记机关应当作出暂缓校验结论,下达整改通知书,并根据情况,给予1～6个月的暂缓校验期:①校验审查所涉及的有关文件、病案和材料存在隐瞒、弄虚作假情况;②不符合医疗机构基本标准;③限期整改期间;④停业整顿期间;⑤省、自治区、直辖市人民政府卫生行政部门规定的其他情形。暂缓校验期内,医疗机构不得发布医疗服务信息和广告;未设床位的医疗机构不得执业;除急救外,设床位的医疗机构不得开展门诊业务、收治新病人,在暂缓校验期内还应当对存在的问题进行整改。暂缓校验期满后,医疗机构应于5日内向卫生行政部门提出再次校验申请,期满后规定时间内未提出再次校验申请的,由卫生行政部门注销其医疗机构执业许可证。

2.医疗机构执业许可证的注销

　　医疗机构执业许可证注销指使医疗机构执业许可证作废的行为,即取消注册登记事项的行为。注销的发生通常有三种情形:第一种是因医疗机构歇业、或因合并而终止的注销。第二种是医疗机构执业条件已经不具备,应予以注销。这主要是指医疗机构执业许可证有效期届满后未按照规定申请许可延续和卫生行政部门不受理延续申请或者不准予延续的;医疗机构不按规定申请校验,且在限期内仍不申请补办校验手续的;医疗机构暂缓校验期满后,再次校验不合格的;医疗机构暂缓校验期满后,在规定时间内未提出再次校验申请的。第三种是由于违法而被吊销执业证书。因违法而被吊销执业证书的情形包括:出卖、转让、出借医疗机构执业许可证,情节严重的;医疗机构的诊疗活动超出登记范围情节严重的;逾期不校验医疗机构执业许可证仍从事诊疗活动、由县级以上人民政府卫生行政部门责令其限期补办校验手续,拒不校验的;使用非卫生技术人员从事医疗卫生技术工作情节严重的。

【本案评析】

1.该案是否属于行政诉讼的受案范围

　　《中华人民共和国行政诉讼法》(以下简称《行政诉讼法》)第十二条规定了行政诉讼的受案范围,其中第三项规定"申请行政许可,行政机关拒绝或者在法定期限内不予答复,或者对行政机关作出的有关行政许可的其他决定不服的",第十二项规定"认为行政机关侵犯其他人身权、财产权等合法权益的"。本案中杨某对该区卫生局做出的注销其医疗机构执业许可证的行为不服,而且校验过程中该区卫生局将其执业医师资格证丢失了一段时间,侵犯了杨某的财产权益,故该案属于行政诉讼的受案范围。

2.杨某是否具备行政诉讼主体资格

《行政诉讼法》第二十五条规定:"行政行为的相对人以及其他与行政行为有利害关系的公民、法人或者其他组织,有权提起诉讼。"即在行政诉讼中提起诉讼的人一定与行政行为具有利害关系,只有受到具体行政行为侵害的人才具有诉讼主体资格。在本案中,杨某的医师资格证申请校验时,被该区卫生局遗失,该行为应该属于被告该区卫生局在行使具体行政行为时具有过错。为当事人办理许可证并在规定时间内完成是被告该区卫生局的行政行为的一部分,根据《医疗机构管理条例实施细则》有关登记与校验的规定,被告该区卫生局应当在收取原件核对无误后及时返还原件,而被告该区卫生局却在非因正当行政执法需要情况下,未及时归还原告的医师资格证原件,并导致原告的医师资格证遗失,且造成原告的损失,故杨某就被告遗失其医师资格证的行为有权提起诉讼。但杨某对于被告该区卫生局注销卫生所医疗机构执业许可证的行为,则无权提起诉讼,因为杨某只是该卫生所的负责人,卫生所的所有事项都要通过该区卫生院进行,卫生所对外不具有独立承担民事责任的能力,所以杨某虽然作为卫生所的负责人,但其不具有该行为的诉讼主体资格。

3.该区卫生局是否应该承担行政赔偿责任,如何承担?

对于该区卫生局在本案中应该责任的承担,笔者同意前述第三种观点,即该区卫生局应该承担行政赔偿责任,但不是全部,而是部分。《中华人民共和国国家赔偿法》第四条第四款规定,行政机关及其工作人员在行使行政职权时由于违法造成受害人财产损害的,受害人有取得赔偿的权利。即行政赔偿需同时符合以下条件:首先,前提是行政机关及其工作人员的违法行为,如果行政机关及其工作人员的行为合法则不存在国家赔偿问题;其次,该违法行为必须造成了一定损害,如没有损害则不需要赔偿;最后,该行政违法行为和损害结果之间具有因果关系。本案中,被告该区卫生局作为卫生监督行政机关,在办理校验过程中,非因正当行政执法需要,未及时归还原告的医师资格证,明显违反了《医疗机构管理条例实施细则》有关登记与校验的规定(只能收取有关证照的复印件,应在与原件核对无误后及时返还原件)。由于被告遗失杨某的医师资格证,原告杨某在报刊中登了遗失声明公告,并回原籍申请补办注册医师资格证,其间产生公告费、交通费、注册费等直接的经济损害,被告该区卫生局应该予以赔偿。至于原告杨某要求被告该区卫生局赔偿其因无证停止执业造成的损失,由于无证据证实,不能得到法律的支持。

【相关法律】

1.《医疗机构管理条例》

第二十二条　床位不满100张的医疗机构,其《医疗机构执业许可证》每年校验1次;床位在100张以上的医疗机构,其《医疗机构执业许可证》每3年校验1次。校验由原登记机关办理。

第二十三条　《医疗机构执业许可证》不得伪造、涂改、出卖、转让、出借。

《医疗机构执业许可证》遗失的,应当及时申明,并向原登记机关申请补发。

第四十五条　违反本条例第二十二条规定,逾期不校验《医疗机构执业许可证》仍从事诊疗活动的,由县级以上人民政府卫生行政部门责令其限期补办校验手续;拒不校验的,吊销其《医疗机构执业许可证》。

2.《医疗机构管理条例实施细则》

第三十五条　床位在一百张以上的综合医院、中医医院、中西医结合医院、民族医医院以及专科医院、疗养院、康复医院、妇幼保健院、急救中心、临床检验中心和专科疾病防治机构的校验期为三年;其他医疗机构的校验期为一年。

医疗机构应当于校验期满前三个月向登记机关申请办理校验手续。

办理校验应当交验《医疗机构执业许可证》,并提交下列文件:

(一)《医疗机构校验申请书》;

(二)《医疗机构执业许可证》副本;

(三)省、自治区、直辖市卫生计生行政部门规定提交的其他材料。

第三十六条　卫生计生行政部门应当在受理校验申请后的三十日内完

成校验。

第三十七条 医疗机构有下列情形之一的,登记机关可以根据情况,给予一至六个月的暂缓校验期:

(一)不符合《医疗机构基本标准》;

(二)限期改正期间;

(三)省、自治区、直辖市卫生计生行政部门规定的其他情形。

不设床位的医疗机构在暂缓校验期内不得执业。

暂缓校验期满仍不能通过校验的,由登记机关注销其《医疗机构执业许可证》。

第七十八条 对不按期办理校验《医疗机构执业许可证》又不停止诊疗活动的,责令其限期补办校验手续;在限期内仍不办理校验的,吊销其《医疗机构执业许可证》。

3.《中华人民共和国国家赔偿法》

第四条 行政机关及其工作人员在行使行政职权时有下列侵犯财产权情形之一的,受害人有取得赔偿的权利:

(一)违法实施罚款、吊销许可证和执照、责令停产停业、没收财物等行政处罚的;

(二)违法对财产采取查封、扣押、冻结等行政强制措施的;

(三)违法征收、征用财产的;

(四)造成财产损害的其他违法行为

第六条 受害的公民、法人和其他组织有权要求赔偿。

受害的公民死亡,其继承人和其他有扶养关系的亲属有权要求赔偿。

受害的法人或者其他组织终止的,其权利承受人有权要求赔偿。

第七条 行政机关及其工作人员行使行政职权侵犯公民、法人和其他组织的合法权益造成损害的,该行政机关为赔偿义务机关。

七、实习生医疗引发的法律问题

【案情简介】

2008年2月,聂某因四肢麻木、双下肢长期无力到某医院就医,后双方因治疗方式及治疗措施产生争议,聂某出院,出院诊断结果为:中枢神经系统感染,中毒性脑病。聂某于2009年6月起诉至人民法院。诉讼中,聂某提出本次医疗行为涉及非法行医,因其在被告医院诊疗期间,吴某等七名医学院的实习生在该院临床实践,参与了对聂某的诊疗活动,参与开具了部分医嘱,故聂某要求法院认定医院存在非法行医行为。问:该案中七名医学实习生参与临床医疗的行为是否为非法行医? 其医疗行为性质的认定对医院以及相关当事人责任的认定有何影响?

【不同观点】

观点一:七名医学实习生参与临床医疗的行为是非法行医,刑法上构成非法行医罪,民事上应承担一般的民事侵权责任。

观点二:七名医学实习生参与临床医疗的行为不是非法行医,刑法上不构成非法行医罪,民事上应承担医疗损害赔偿责任。

【争议焦点】

医学实习生参加临床医疗的行为是否构成非法行医行为?

【法律分析】

1.非法行医行为的定义

《执业医师法》第十四条第二款规定:"未经医师注册取得执业证书,不得从事医师执业活动。"《医疗机构管理条例》和《医疗机构管理条例实施细则》也要求行医者须通过医师执业技术考核,取得医师执业证书,否则不得开展诊疗活动。只有通过了执业医师资格考试,取得执业医师资格,并经过注册取得了医师执业证书后,方可从事医师执业活动。在《执业医师法》中,还要求医师必须在注册规定的执业范围、执业地点内执业,必须遵守执业规则。

所以笔者认为:广义上的非法行医行为应包括一切违反法律规定的非法行医行为,既包括行政法上的非法行医行为,也包括刑法上的非法行医行为。而狭义的非法行医行为主要是指刑法意义上的非法行医行为,也就是《刑法》第三百三十六条所规定的构成非法行医罪的行为,即未取得医生执业资格的人非法行医,情节严重的行为。

2.实习生或试用期毕业生医疗行为的性质

实习生或试用期的医学毕业生通常有两种:一种是未取得医师资格证书,也未取得医师执业证书的人员;第二种是取得了医师资格证书,但没有取得医师执业证书的人员。在医疗实践中经常出现这两种人员从事医疗行为,其行为是否构成非法行医行为,引起较大的争议,也是司法实践中的难题。笔者认为,医学实习生或试用期医学毕业生的医疗行为是否为非法行医行为,关键是看其行为是否在带教老师的指导下进行,如果是在带教老师的指导下进行的医疗行为,则应是合法的行为。反之,如果自行其是,脱离带教老师指导和监督,则是非法行医行为。2008年,为了规范医学教育临床实践活动的管理,保护临床实践过程中患者、教师和学生的合法权益,保证医学教育教学质量,教育部和卫生部联合制定了《医学教育临床实践管理暂行规定》,其中规定了临床教学基地及相关医疗机构、带教老师、实习学生、患者的权利和义务。如第十二条规定:"医学生在临床带教教师的监督、指导下,可以接触观察患者、询问患者病史、检查患者体征、查阅患者有关资料、参与分析讨论患者病情、书写病历及住院患者病程记录、填写各类检查和处置单、医嘱和处方,对患者实施有关诊疗操作、参加有关的手术。"第十三条规定:"试用期医学毕业生在指导医师的监督、指导下,可以为患者提供相应的临床诊疗服务。"可见,医学生和试用期的医学毕业生在带教老师的监督、指导下,可以介入相应的医疗行为,其医疗行为不构成非法行医的行为。但是需注意的是,必须在带教老师的监督指导下进行,不得单独进行,为此《医学教育临床实践管理暂行规定》第十四条规定:"医学生和试用期医学毕业生参与医学教育临床诊疗活动必须由临床带教教师或指导医师监督、指导,不得独自为患者提供临床诊疗服务。临床实践过程中产生的有关诊疗的文字材料必须经临床带教教师或指导医师审核签名后才能作为正式医疗文件。"只要是在带教老师指导下的诊疗行为,应该视为临床带教老师医疗职务行为的一部分,应由医疗机构和医务人员承担责任。该暂行规定第十七条规定:"医学生和试用期医学毕业生在临床带教教师和指导医师指导下参与医学教育临床实践活动,不承担医疗事故或医疗纠纷责任。"但如果是个人行为,则依法应当承担责任,"医学生和试用期医学毕业生未经临床带教教师或指导医师同意,擅自开展临床诊疗活动的,承担相应的责任。"

司法实践中,经常出现此类情况。2002年6月,河北省人大常委会法制工作委员会就当地发生的"见习医生的行为是否构成非法行医罪"请示全国人大常委会法制工作委员会,全国人大常委会法制工作委员会给予的答复是:"根据执业医师法的规定,高等学校医学专业本科毕业的人员,应当在执业医师指导下在医疗单位试用一年,才能参加国家统一考试取得执业医师资格。因此,医学院校本科毕业生,分配到医院担任见习医生,在试用期内从事相应的医疗活动,不属于非法行医。"2005年9月,卫生部针对河南省卫生厅《关于医学生毕业后暂未取得医师资格从事诊疗活动有关问题的函》(豫卫函监督〔2005〕5号)反映的情况进行了批复(卫政法发〔2005〕357号):"医学专业毕业生在毕业第一年后未取得医师资格的,可以在执业医师指导下进行临床实习,但不得独立从事临床活动,包括不得出具任何形式的医学证明文件和医学文书。医疗机构违反规定安排未取得医师资格的医学专业毕业生独立从事临床工作的,按照《医疗机构管理条例》第四十八条的规定处理;造成患者人身损害的,按照《医疗事故处理条例》处理。未取得医师资格的医学专业毕业生违反规定擅自在医疗机构中独立从事临床工作的,按照《执业医师法》第三十九条的规定处理;造成患者人身损害的,按照《医疗事故处理条例》第六十一条的规定处理。"可见,相关法律、政策等精神是一致的,即一般情况下,实习生或试用期医学生的医疗行为是不能作为非法行医行为处理的。因为该实习医生是国家正规医学院毕业生,分配到医院工作,受医院直接指派从事医院门诊行医工作,其行为是职务行为,不是个人行为。从刑法理论上来说,非法行医罪应是非法行医人主观上明知自己不具备行医资格和能力,却故意违法行医并造成严重后果的行为。医学实习生主观上没有非法行医的故意,因此不构成非法行医罪。

3.对责任认定问题的影响

医学实习生或试用期医学毕业生的行医行为如果不是在带教老师指导下的独自行为,且情节严重,应按照非法行医罪处理;在民事上,因为其行为主体是一般人员,而非医务人员的医疗行为,只能按照一般的民事侵权案件来处理。反之,如果见习生或试用期医学毕业生的医疗行为是在带教老师指导下从事的行为,则其行为可以看作是职务行为,如果造成人员伤亡等严重后果,刑法上可以按照医疗事故罪而不是非法行医罪来追究,民事上应作为特殊侵权行为的一种,即医疗人员在医疗行为中的过错,造成患者损害,医疗机构或医务人员应承担医疗损害侵权责任。

【本案评析】

本案中,吴某等七人系某医学院在读医学本科生,在某医院从事临床实践,是《医学教育临床实践管理暂行规定》中所称的医学实习生。该医院也是吴某等人所就读大学的临床教学基地,负责组织医学生的临床教学实践活动,为实施临床教学实践活动和完成教学任务提供必要的条件。根据《医学教育临床实践管理暂行规定》第十二条、第十三条、第十四条的规定,医学生在临床带教教师的监督、指导下,可以接触观察患者、询问患者病史、检查患者体征、查阅患者有关资料、参与分析讨论患者病情、书写病历及住院患者病程记录、填写各类检查和处置单、医嘱和处方,对患者实施有关诊疗操作、参加有关的手术。吴某等医学实习生在医疗实践期间一直是在具有执业医师资质的临床带教老师的指导下参与医学教育临床诊疗活动。本案中,原告聂某没有证据证明吴某等人是在没有带教老师指导下独自从事医疗行为,尽管在原告就医期间确实存在吴某等人开具部分医嘱而无上级医师再签名的情况,但仅属于没有认真执行《病历书写规范》中对于病历书写者要求的规定,不应属于非法行医。但是如果医疗机构在诊疗过程中存在过错,则应承担相应的医疗损害赔偿责任。

【相关法律】

1.《中华人民共和国执业医师法》

第十三条　国家实行医师执业注册制度。取得医师资格的,可以向所在地县级以上人民政府卫生行政部门申请注册。

第十四条　医师经注册后,可以在医疗、预防、保健机构中按照注册的执业地点、执业类别、执业范围执业,从事相应的医疗、预防、保健业务。未经医师注册取得执业证书,不得从事医师执业活动。

2.《医学教育临床实践管理暂行规定》

第十二条　医学生在临床带教教师的监督、指导下,可以接触观察患者、询问患者病史、检查患者体征、查阅患者有关资料、参与分析讨论患者病情、书写病历及住院患者病程记录、填写各类检查和处置单、医嘱和处方,对患者实施有关诊疗操作、参加有关的手术。

第十三条　试用期医学毕业生在指导医师的监督、指导下,可以为患者提供相应的临床诊疗服务。

第十四条　医学生和试用期医学毕业生参与医学教育临床诊疗活动必须由临床带教教师或指导医师监督、指导,不得独自为患者提供临床诊疗服务。临床实践过程中产生的有关诊疗的文字材料必须经临床带教教师或指导医师审核签名后才能作为正式医疗文件。

第十七条　医学生和试用期医学毕业生在临床带教教师和指导医师指导下参与医学教育临床实践活动,不承担医疗事故或医疗纠纷责任。

医学生和试用期医学毕业生未经临床带教教师或指导医师同意,擅自开展临床诊疗活动的,承担相应的责任。

第二章 医疗行为及医疗损害责任法律制度

一、医疗机构未经核准登记使用第三种技术行为的法律责任

【案情简介】

朱某因患口腔癌于2013年7月在某市某医院住院治疗,该院对其实施了自体细胞免疫治疗技术。该院试用的此种技术未经卫生部医疗技术临床应用能力技术审核,属于自行开展治疗的临床应用技术(第三类医疗技术)。后患者朱某于2013年12月18日病故,朱某之父要求严惩该医院和医生。纠纷发生后,双方委托该市医学会进行了医疗事故鉴定,鉴定结论是:不属于医疗事故,患者死亡与医方医疗行为无因果关系。该案中医院和医生应承担何种法律责任?

【不同观点】

观点一:医疗机构违反了第三类技术的临床应用规则,应给予医院罚款,并吊销执业证书的处罚。

观点二:医院和医生只是在应用第三类医疗技术的程序上违反了法律规定,应责令其改正和停止该类行为的执业。

【争议焦点】

该案能否运用《医疗机构管理条例》第四十七条、《医疗机构管理条例实

施细则》第八十条第二款的规定给予医院处罚？能否运用《执业医师法》第三十七条的规定对该案中的执业医师进行处置？

【法律分析】

1.医疗技术临床应用的分类管理制度

根据医疗技术的安全性和有效性对医疗技术进行分类,通常可以分为三类:第一类医疗技术是指安全性、有效性确切,医疗机构通过常规管理在临床应用中能确保其安全性、有效性的技术;第二类医疗技术是指安全性、有效性确切,涉及一定伦理问题或者风险较高,卫生行政部门应当加以控制管理的医疗技术;第三类医疗技术是涉及重大伦理问题、风险高、安全性和有效性尚需经规范的临床试验研究进一步验证、需要使用稀缺资源或国务院卫生行政部门规定的其他需要特殊管理的医疗技术,这类医疗技术需要卫生行政部门加以严格控制管理。不同类别的医疗技术临床应用实行不同的管理制度。第一类医疗技术的临床应用由医疗机构根据功能、任务、技术能力实施严格管理;第二类医疗技术的临床应用管理工作由省级卫生行政部门负责,其目录由省级卫生行政部门根据本辖区情况制定并报国务院卫生行政部门备案,不得将国务院卫生行政部门废除或者禁止使用的医疗技术列入本行政区医疗技术目录;第三类医疗技术的临床应用管理工作由国务院卫生行政部门负责,其目录由国务院卫生行政部门制定并公布,国务院卫生行政部门可以根据临床应用实际情况对目录进行调整。

2.第三类医疗技术

第三类医疗技术由于其风险高,属于卫生行政部门加以严格控制管理的医疗技术。范围包括:第一,涉及重大伦理问题,安全性、有效性尚需经规范的临床试验研究进一步验证的医疗技术。包括克隆治疗技术、自体干细胞和免疫细胞治疗技术、基因治疗技术、中枢神经系统手术戒毒、立体定向手术治疗精神病技术、异基因干细胞移植技术、瘤苗治疗技术等。第二,涉及重大伦理问题,安全性、有效性确切的医疗技术。包括同种器官移植技术、变性手术等。第三,风险性高,安全性、有效性尚需验证或者安全性、有效性确切的医疗技术。包括利用粒子发生装置等大型仪器设备实施毁损式治疗技术,放射性粒子植入治疗技术,肿瘤热疗治疗技术,肿瘤冷冻治疗技术,组织、细胞移植技术,人工心脏植入技术,人工智能辅助诊断治疗技术等。第四,其他需要特殊管理的医疗技术。包括基因芯片诊断和治疗技术,断骨增高手术治疗技术,异种器官移植技术等。为保证该项技术应用的安全性,保障患者的生命安全,法律规定第三类医疗技术在首次应用于临床前,必须经过卫生部组织的安全性、有效性临床试验研究、论证及伦理审查,并实行第三方技术审核制度。经相应的卫生行政部门审定后30日内到核发其医疗机构执业许可证的卫生行政部门办理诊疗科目项下的医疗技术登记。经登记后医疗机构方可在临床应用相应的医疗技术。卫生行政部门应当在医疗机构执业许可证副本备注栏注明相应专业诊疗科目及其项下准予登记的医疗技术,并及时向社会公告。

3.违反第三类医疗技术应用的法律责任

根据《医疗技术临床应用管理办法》第四十八条规定:"医疗机构违反本办法第三十四条规定,未经医疗机构诊疗科目项下医疗技术登记擅自在临床应用医疗技术的,由卫生行政部门按照《医疗机构管理条例》第四十七条的规定给予处罚。"第三十四条规定:"医疗机构开展通过临床应用能力技术审核的医疗技术,经相应的卫生行政部门审定后30日内到核发其《医疗机构执业许可证》的卫生行政部门办理诊疗科目项下的医疗技术登记。经登记后医疗机构方可在临床应用相应的医疗技术。"即临床技术的应用必须经审核登记,否则,应依据《医疗机构管理条例》第四十七条的规定处罚。《医疗机构管理条例》第四十七条规定:"违反本条例第二十七条规定,诊疗活动超出登记范围的,由县级以上人民政府卫生行政部门予以警告、责令其改正,并可以根据情节处以3000元以下的罚款;情节严重的,吊销其《医疗机构执业许可证》。"对此,《医疗机构管理条例实施细则》第八十条对各种违法情形的处理进一步细化,规定除急诊和急救外,医疗机构诊疗活动超出登记的诊疗科目范围,情节轻微的,给予警告处分;对于超出登记的诊疗科目范围的诊疗活动累计收入在三千元以下,或给患者造成伤害的,则给予责令其限期改正,并可处以三千元以下罚款的处分;对于超出登记的诊疗科目范围的诊疗活动累计收入三千元以上,或者给患者造成伤害或者有省、自治区、直辖市卫生行政部门规定的其他情形的,可给予三千元罚款,并吊销医疗机构执业许可证的处罚。《医疗技术临床应用管理办法》第五十条第二项规定:医疗机构违反第三类医疗技术首次应用临床的规定,擅自临床应用新的第三类医疗技术的,医疗卫生行政部门应当立即责令医疗机构改正;造成严重后果的,依法追究医疗机构主要负责人和直接责任人员责任。《执业医师法》第三十七条规定了执业医师违法的十二种情形,对于"违反卫生行政规章制度或者技术操作规范,造成严重后果的",可由县级以上人民政府卫生行政部门给予警告或者责令暂停六个月以上一年以下执业活动;情节严重的,吊销其医师执业证书;构成犯罪的,依法追究刑事责任。

【本案评析】

该案中,医院给朱某进行的自体细胞免疫治疗,属于卫生部公布的第三类医疗技术,该类技术的临床应用必须经卫生部指定的技术审核机构审核,再经卫生部审定,并到颁发其执业许可证的卫生行政部门办理医疗技术登记,在医疗机构执业许可证副本备注栏注明准予登记的医疗技术,方可用于临床。但该医院试用该技术却没有经过审核登记,违反了《医疗技术临床应用管理办法》第十四条、第二十一条、第三十四条的规定,应依据《医疗技术临床应用管理办法》第四十八条、第五十条,以及《医疗机构管理条例》第四十七条和《医疗机构管理条例实施细则》第八十条第二款的规定予以处罚。有学者认为《医疗机构管理条例》的"诊疗科目登记"与《医疗技术临床应用管理办法》规定的"技术登记"完全相同,实际上,"诊疗科目登记"不能等同于"技术登记",其内涵和外延并不相同。该案由于经鉴定不属于医疗事故,所以医疗机构的情节应属于轻微,依法可予以医疗机构"责令限期改正"的行政处罚;同时,由于医生的行为违反了卫生法律法规的规定,但情节轻微,应依法给予警告的行政处罚。

【相关法律】

1.《医疗技术临床应用管理办法》

第十四条 属于第三类的医疗技术首次应用于临床前,必须经过卫生部组织的安全性、有效性临床试验研究、论证及伦理审查。

第四十八条 医疗机构违反本办法第三十四条规定,未经医疗机构诊疗科目项下医疗技术登记擅自在临床应用医疗技术的,由卫生行政部门按照《医疗机构管理条例》第四十七条的规定给予处罚。

第五十条 医疗机构出现下列情形之一的,卫生行政部门应当立即责令其改正;造成严重后果的,依法追究医疗机构主要负责人和直接责任人员责任:

(一)临床应用卫生部废除或者禁止使用的医疗技术的;

(二)违反本办法第十四条规定擅自临床应用新的第三类医疗技术的;

(三)临床应用未经医疗技术临床应用能力技术审核的医疗技术的;

(四)未按照本办法第四十条规定向卫生行政部门报告医疗技术临床应用情况的;

(五)未按照本办法第四十一条规定立即停止医疗技术临床应用的;

(六)未按照本办法第四十四条规定重新申请医疗技术临床应用能力技术审核,或者擅自临床应用需要重新进行医疗技术临床应用能力技术审核的医疗技术的;

(七)违反本办法其他规定的。

第五十一条 医疗机构准予医务人员超出其专业能力开展医疗技术给患者造成损害的,医疗机构承担相应的法律和经济赔偿责任;未经医疗机构批准,医务人员擅自临床应用医疗技术的,由医务人员承担相应的法律和经济赔偿责任。

2.《医疗机构管理条例》

第二十七条 医疗机构必须按照核准登记的诊疗科目开展诊疗活动。

第四十七条 违反本条例第二十七条规定,诊疗活动超出登记范围的,由县级以上人民政府卫生行政部门予以警告、责令其改正,并可以根据情节处以3000元以下的罚款;情节严重的,吊销其《医疗机构执业许可证》。

3.《中华人民共和国执业医师法》

第三十七条 医师在执业活动中,违反本法规定,有下列行为之一的,由县级以上人民政府卫生行政部门给予警告或者责令暂停六个月以上一年以下执业活动;情节严重的,吊销其执业证书;构成犯罪的,依法追究刑事责任:

(一)违反卫生行政规章制度或者技术操作规范,造成严重后果的;

（二）由于不负责任延误急危患者的抢救和诊治，造成严重后果的；

（三）造成医疗责任事故的；

（四）未经亲自诊查、调查，签署诊断、治疗、流行病学等证明文件或者有关出生、死亡等证明文件的；

（五）隐匿、伪造或者擅自销毁医学文书及有关资料的；

（六）使用未经批准使用的药品、消毒药剂和医疗器械的；

（七）不按照规定使用麻醉药品、医疗用毒性药品、精神药品和放射性药品的；

（八）未经患者或者其家属同意，对患者进行实验性临床医疗的；

（九）泄露患者隐私，造成严重后果的；

（十）利用职务之便，索取、非法收受患者财物或者牟取其他不正当利益的；

（十一）发生自然灾害、传染病流行、突发重大伤亡事故以及其他严重威胁人民生命健康的紧急情况时，不服从卫生行政部门调遣的；

（十二）发生医疗事故或者发现传染病疫情，患者涉嫌伤害事件或者非正常死亡，不按照规定报告的。

二、非治疗性医学美容中的美感标准认定

【案情简介】

22岁的陈小姐皮肤白皙，面容姣好，五官端正，身段苗条，外形条件非常优秀，一直都受到很多人的夸奖，是众人眼中的"女神"。一次偶然的机会，和陈小姐同一办公室的同事王某在浏览新闻时发现，当地正在举办某知名选美比赛的地方选拔赛，如能顺利入围则可参加全国大赛，获奖者可获得丰富的奖金，并能获得参加国际大赛的资格，主办方另外还向获奖者个人承诺了极具诱惑力的未来发展机会。王某看到该消息后，出于热心，马上就向陈小姐介绍，并在无意中说了几句："小陈啊，我觉得以你的外表，去参加这个比赛一定能进入决赛，拿个大奖，不过到了全国比赛，竞争可就太激烈了，你什么都好，就是

眼睛这里，单眼皮不好看。"原来，陈小姐的眼睛较小，单眼皮，虽然顾盼之间也颇有神采，但与我国传统审美观中的"浓眉大眼""杏核圆眼"并不相符。同事王某无意中的言语让陈小姐颇为烦恼，开始认为自己的单眼皮是唯一的美中不足，不禁萌生了医疗美容的初步想法。后陈小姐果然顺利地通过了地方选拔，进入了全国大赛。考虑到全国级比赛竞争激烈，陈小姐聘请了一位美容顾问张某，以求在全国比赛中获得成功。张某在综合评估了陈小姐的条件后，也向其提出了眼睛小、单眼皮不符合大众审美的意见，并建议其进行医疗美容。陈小姐在张某的多次劝说之下，加上自己本身也有该想法，最终决定在比赛前进行双眼皮手术。张某热情地向陈小姐介绍了甲整形医院，并陪同陈小姐前去咨询。甲整形医院院长郭某详细地向陈小姐介绍了该医院和自己的资质，并向其表示，双眼皮成形术，又称"重睑术"，是目前整形美容外科最常见的手术之一，技术纯熟，风险度低，且该医院使用韩式微创法，操作简便，伤口小，术后恢复期短，效果自然。陈小姐大为心动，向郭某表示自己是为了选美比赛才进行该手术，希望术后效果能达到自己的预期目的，郭某明确表示可以达到从视觉上增大眼轮廓，增添立体感的效果，但是否能在选美比赛中获奖，则要考虑多种因素，医院无法保证。双方协商后，陈小姐一次性支付了手术费等共计人民币28888元，郭某则为陈小姐尽快安排并亲自进行了手术。双方在手术协议书中还写明"医疗美容手术具有特殊性，可能术后效果不能达到100%满意，请谨慎考虑"，陈小姐在该协议上签名确认。术后，陈小姐发现虽然自己的单眼皮改变为双眼皮，视觉效果上眼轮廓也较术前增大，立体感明显增强，但双眼弧度不理想，并未如郭某所说的自然。陈小姐担心这会影响自己的比赛，便向郭某提出要进行矫正手术，达到自己理想的效果，郭某予以拒绝，认为手术已经达到了医院承诺的效果，且医院在术前的手术协议书中早就予以声明。最终因为比赛赛程时间安排紧张，陈小姐未能及时联系到其他医院进行矫正手术就参加了全国比赛，惨遭淘汰，使得陈小姐精神上感到非常痛苦，伤心不已。双方就相关赔偿事宜进行了多次协商，均未能达成一致，陈小姐为了维护自己的权利，向法院起诉了郭某及甲医院，要求二被告退还手术费28888元，并赔偿其损失。

【不同观点】

观点一:陈小姐认为郭某及甲医院应当全部退还自己交纳的手术费28888元并赔偿后续的矫正手术费用,或者免费为自己进行矫正;除此之外,郭某及甲医院还应对自己在全国选美比赛中惨遭淘汰的结果负相关责任,不仅要赔偿自己为参加比赛所付出的交通费等实际经济损失,还要赔偿相关的精神损失。

为了支持自己的诉讼请求,陈小姐向法院提出了如下理由:(一)自己外形优秀,完全符合社会一般大众对美的认定,本来并没有整形的必要,之所以进行医疗美容手术,纯粹是考虑到选美比赛的需要。因此,在进行手术前,自己对该手术效果的要求和期望是高于一般审美标准的,也明确向郭某及甲医院提出了该要求。医疗美容手术本质上并非对患者的疾病进行治疗,而是帮助美容者在外形上进行提升,追求更富美感的效果。既然甲医院提供该项服务,就应当满足美容者的不同要求,否则就是没有履行自己的相关义务。(二)郭某一方面声称重睑术是当前医疗美容行业中最普遍的一种手术,普及度高,技术纯熟,显然并非一种高难度的手术,另一方面却向自己收取了28888元的高昂手术费用。自己在与郭某后期的协商中,也进行了相应的市场调查,发现甲医院的收费标准比当地其他整形医院的收费平均标准要高出至少50%。以重睑术为例,当地的平均收费标准仅为8000元左右。既然郭某及甲医院收取了高价的费用,就应该提供对等的高价值医疗美容服务。(三)自己术前签订的手术协议书,系甲医院的"霸王条款",该协议上的条款均系甲医院单方面提供,美容者没有改动的权利,自己没有别的选择,若不签字确认则无法在甲医院进行手术,因此这份协议书并非自己内心的真实意思表示,也不能作为甲医院的免责理由。(四)郭某及甲医院明知自己要进行选美比赛,时间安排紧张,却一再拒绝给自己进行矫正手术,导致损害扩大化。虽然在比赛结束后,自己还可以联系其他医疗机构进行矫正,但明显已经失去了最佳矫正时间,因此,对后续医疗费用及扩大的损失,郭某及甲医院应当予以承担。(五)郭某及甲医院在手术过程中明显没有尽到应尽的注意义务,双眼弧度不理想是在手术中就可以发现的问题,郭某及甲医院没有注意到属于重大过错,使得双方签订的医疗美容服务合同目的没能实现,显然构成了违约,需要承担违约责任。

观点二：郭某及甲医院认为自己并没有任何过错，也如约定履行了合同义务，不应承担任何责任。郭某及甲医院也提出了相应的答辩理由：(一)医疗美容手术确非一种治疗性的手术，而是帮助美容者实现外形上的改变。美感的标准本质上是一种主观判断，因人而异。陈小姐本人认为的"浓眉大眼""杏核圆眼"比"丹凤眼"要更富美感，恰恰说明了这一点，即每个人对美的判断标准是不一样的。在医疗美容行业，美容者和医师之间难以在美感标准上达到完全一致，这并非偶然现象。医师认为满意的美容效果，美容者未必就会接受，因而发生纠纷，实属正常。陈小姐认为本院必须提供完全符合其要求的医疗美容服务，在客观上是无法百分百做到的，可以说在整个医疗美容行业也没有医院可以做到。在本案中，虽然以社会大众的一般常识来看，选美比赛的美感标准要高于普通美感标准，但本院也在术前对陈小姐进行过解释，并没有承诺过选美级别的手术效果。(二)本院的收费标准是一种市场经济下的定价行为，即使超过当地的平均收费标准，也是符合法律和行政法规规定的。医疗美容行业中，同一种手术的收费标准可能天差地别，以重睑术为例，有埋线法、压线法、切开法等多种手术方法，因技术难度、术后恢复、创口大小等方面的不同，相应的收费自然不同。郭某也向陈小姐说明过，采用韩式微创法的手术费用较高，但恢复时间短，有利于陈小姐及早投入选美比赛赛程中，陈小姐当时并未表示异议。而且陈小姐一次性支付两万多元的手术费用，正是说明了其对本院的认可，否则大可不必一次性付款。(三)手术协议书是双方在自愿平等的情况下签订的，陈小姐的签字确认是其真实的意思表示，所谓的"霸王条款"只是指该协议书条款由本院提前拟定，再由美容者签字确认，这是为了节约时间的通常做法，也就是常用的格式合同。如果陈小姐对该协议书的内容不认可，完全可以放弃签字，另外选择一家医疗机构进行手术。(四)对于陈小姐要求的矫正手术，本院认为实无必要进行。陈小姐术后恢复良好，手术部分已经完全愈合，眼轮廓增大，眼部立体感较术前明显增强，已经达到了手术的预期效果。如按陈小姐要求强行进行二次矫正，反而会破坏原本的手术效果，可能造成继发感染、继发并发症甚至出现瘢痕。出于对美容者的健康负责，本院才一再拒绝陈小姐的要求，绝非推卸责任。(五)陈小姐提出的双眼弧度不理想,并没有实际的医学标准依据,也未进行相关的医疗美容损害鉴定。本院在手术过程中严格按照要求操作,医护人员谨慎完成该项手术,已尽到注意义务。且根据陈小姐在本案中的一贯陈述,其所述的双眼弧度不理想应当是指未达到选美比赛中评委的要求,归根到底是陈小姐认为本院的手术未让其在选美比赛中成功,关于这一点,本院院长郭某早在手术前就对其进行过告知,选美比赛的结果受多种因素影响,本院在手术效果上只能承诺眼轮廓视觉效果增大,不可能承诺其选美比赛获奖,因此,陈小姐的诉讼请求纯属无稽之谈。

【争议焦点】

甲医院对美容者陈小姐进行的手术是否达到了预期美容效果,即是否达到了更富美感的标准?

【法律分析】

爱美之心,人皆有之。人类对美的追求可以说由来已久,从未停止,特别是女性,更重视自身形象,寻求外表的完美。在我国,从 20 世纪 80 年代初开始,借着改革开放的春风,医疗美容行业的发展速度非常惊人。2013 年,国际美容整形外科学会公布的数据显示,如果按整形手术总量统计,美国以每年 311 万人次高居榜首,中国则以每年 105 万人次位居第三。而很多人心目中的"整容大国"韩国只有 65 万人次,才位居第七。根据国际美容整形外科学会对排名前 25 位国家与地区整形外科医生和手术进行的调查,中国的整形手术数量已经占据了全球整形手术总数的 12.7%。

据不完全统计,2014 年中国整形美容行业产值已达到 5100 亿元,整形人次已超过 743 万。如此庞大的市场需求,再加上现代医学技术的光速发展,我国的医疗美容行业虽然起步晚,却是后发先至,一鸣惊人。这几十年来,我国医疗美容行业有了质的提升、量的突破,带来了巨大经济利润,却也带来了许多法律问题。

为了保证医疗美容行业的健康有序发展,保护美容者的合法权益,卫生部早在 2002 年就颁布了《医疗美容服务管理办法》及相关配套文件,旨在从法律层面对医疗美容行业进行规范。这些法律法规在实施中也取得了可喜的成果,比如明确规定医疗美容行业从业人员的基本准入条件,就在全国大范围内禁止了无资质者参与该行业,从源头上降低了医疗美容纠纷的发生概率。然而,由于没有更高位阶的相关法律规定,再加上医疗美容行业自身的特殊性,我们仍然遗憾地看到医疗美容纠纷类案件数量逐年上升。

那么,医疗美容到底特殊在什么地方呢?我们这里讨论的所谓医疗美容,不同于化妆、皮肤护理等生活美容手段,是指为了满足人主观上对于美感的需求,在维持身体各器官及组织功能运作正常的前提下,而通过手术、医学仪器及药物等方式,进行改变或改善人体外观上色泽、形态及美观等的医疗行为。该定义和我国《医疗美容服务管理办法》第二条规定的基本涵盖范围有所不同,实际上指的是非治疗性医学美容。

理论上一般也认为,医学美容包括了治疗性医学美容和非治疗性医学美容。治疗性医学美容系指身体因先天或后天因素(如遗传性疾病或事故所造成的伤害)造成组织构造的毁损而影响器官正常运作或其功能有所减损或造成人体外观上的缺陷,而必须通过手术、药物及物理等手段,将其矫正或处理使其恢复正常的生理功能或外观。大概可分为:先天性畸形,烧烫伤及其造成的畸形,因肿瘤切除手术所造成的脸、乳房、肢体或身体其他部位的重建,面部外伤及肢体的软组织受伤,因治疗疾病所为的医疗行为而造成的疤痕等。而非治疗性医学美容系指为满足个人主观上对于美感的需求,而通过手术、医学仪器及药物等方式,进行改变或改善非因外力因素所造成的人体外观上色泽、形态及美观等的医疗行为,且其人体外观上色泽、形态及美观并不影响身体各组织正常运作。

由此可见,治疗性医学美容虽然在客观上也有提升美感的功能,但其从本质上来说,仍然是一种诊疗性的医疗行为,目的在于恢复就医者的生理功能或外观,使其达到一般人的健康标准。在治疗性医学美容中,对美感标准的认定通常是无关紧要的,或者说,主要以身体组织、器官的正常健康运作为首要目的。就医者所追求的手术效果是可以医学标准明确化的,自主权空间小,医患双方之间几乎不会因美感标准而发生法律纠纷。

但在非治疗性医学美容中,情况就大为不同。进行非治疗性医学美容者通常为无疾病、伤痛或残缺的健康人,仅是为追求主观上的美丽而接受容貌或身体形态的修整与再塑。他们期待的是立竿见影、锦上添花,即要求在术后立即达到更富美感的手术效果。这个群体严格来说不是就医者,而是追求"完美"的美容者。医疗机构、医护人员的角色也发生了彻底的改变。因此,在非治疗性医学美容中,医患关系更类似于医疗美容服务的提供者和接受者,双方在协同合作的前提下共同完成对完美形象的追求。在这种关系中,美容者拥有极大的自主决定权,并受到多种因素影响,往往会形成各种复杂的求医目的。如果美容者没有得到医方的足够尊重,没有实现自己的期望,则极易发生医疗纠纷。在生活实践中我们也发现,有个别美容者出于病态的心理,往往向医方提出异于常规的美容效果,如整容成"猫女""芭比娃娃"等类似要求。比较极端的例子如在流行电影文化的影响下,青少年要求进行耳部顶端尖化的整形手术,其视觉效果类似于电影中的"精灵"角色。这虽然是一种少见的现象,却也从侧面反映了非治疗性医学美容与诊疗性的医疗行为的不同之处。

众所周知,在一般的医疗合同中,通常是不对医疗效果进行约定的。按照民法理论,合同债务可分为结果债务和手段债务。一般的医疗合同债务更适合被定性为手段债务。这就意味着,医疗合同是否违约,不能以疾病是否痊愈、患者是否恢复一般健康状态、器官组织是否正常运作为判断标准,而只需考察医方医疗行为的谨慎、恰当即可。这一点在治疗性医学美容中也是当然适用的。例如对烧伤的治疗,不能以患者皮肤恢复原状为合同目的之达成,而应考察医方是否使用了在当时环境下必要、合适的诊疗手段。这是考虑到一般的医疗行为是由医护人员作为专业中间人,通过诊疗来帮助就医者克服疾患、伤痛等,这是一个高度复杂的过程,伴随着不可预测的风险,因此一般的医疗合同不能以治愈为标准,否则无疑会扩大医方的法律责任,增加医疗风险。

但对非治疗性医学美容合同债务而言,其更适合被定性为结果债务。假设绝对禁止医方和美容者在合同中对医疗效果进行约定,那么非治疗性医学美容也就失去了美感的判断环节,也就谈不上美容的意义。比如隆鼻术中,术后效果应为达到医方承诺的鼻梁较术前有效增高,才符合"更富美感"的追求。若未能达到该效果,美容者就可以向医方追究其违约责任,这样的约定才能更有效地明确合同双方的权利义务,彰显非治疗性医学美容的本质特性,有利于在实践中解决纠纷。实践中我们也发现,绝大多数整形医疗机构发布的医疗广告中都有对美容效果的具体展示,以吸引美容者。

这就产生了一个难题:在非治疗性医学美容合同中,必须对美容效果进行约定,可是这种约定却不一定可以量化,因为美感标准的认定受到社会背景、文化程度、民族种族、职业习惯、教育水平、心理认知等诸多因素的影响,无法单纯地从生理上进行评判。例如,在东方文化圈中,以皮肤白皙为美,在西方文化圈中就以小麦色皮肤为美;东方以笑不露齿为美,西方则认为露齿而笑是自信的标志。尽管在经典的辩论中,"美"到底是一种主观印象还是一种客观现象并无定论,可是从生活中,我们却能毫无障碍地体会到"情人眼里出西施",蒙娜丽莎的微笑在艺术家的眼中惊为天人,在老百姓的眼中却是波澜不惊。可见,对美感标准的认定,想摆脱主观的心理要素,实在是难以做到。

有鉴于此,在实践中,我们就需要判断医方和美容方在医疗合同中约定的到底是何种医疗美容,方能区别对待,进而确定双方对美容效果的约定,合理解决此种纠纷。在这个判断过程中,应当以社会大众审美主流观点作为参考。

【本案评析】

结合本案的事实来看,陈小姐身体健康,显然并没有进行治疗性医学美容的必要性。陈小姐在郭某所在的甲医院进行重睑术,这是一个典型的非治疗性医学美容手术。双方作为合同当事人,有各自的权利和义务,争议正是由于对重睑术的美容效果要求不同、美感标准不一致引发的。

陈小姐从个人角度出发,认为自己已经符合主流审美要求,只是为了在选美比赛中获胜,才选择进行医疗美容。陈小姐虽然向郭某及甲医院明确表示了这一点,但医院方也向陈小姐明确表示无法保证达到比赛获胜的效果,这也就说明双方此时并未达成协商一致。之后从陈小姐的行为来看,她不仅一次性支付人民币28888元的手术费用,还在手术协议书上签字确认,实际上也就是认可了医院方提出的手术效果标准,是对医院方要约的承诺。双方在合同中约定的"更富美感",就是指在视觉效果上,单眼皮改变为双眼皮,眼轮廓较术前增大,立体感增强。这一标准虽然无法具体数据化,但依据社会一般民众的目测判断,术前术后简单对比,即可清晰辨别。故医院方已经履行了相应的合同义务,陈小姐以双眼弧度未达到选美比赛要求为理由,要求医院方承担违约责任,是无法得到法律支持的。

而且在本案中,陈小姐提出的美感认定标准,是以选美比赛为背景提出的抽象标准,这是一种超出常规的美感要求,也是一种无法量化明确的要求。正如我们前面所说,美容者虽然拥有较大的自主决定权,但医院方在约定不明确的情况下,只能以大众主流审美观点为基础,适当调整,尽量尊重美容者,向美容者的要求靠齐。这种不得已的做法,大幅度地提高了医疗美容手术的风险性。在这个前提下,即使医院方尽到最大的注意、谨慎义务,使用合适、恰当的医疗手段,也难以规避全部风险,保证完成美容者要求的美容效果。从法理上来说,结合我国合同法的规定,要求院方承担违约责任是没有依据的。

综上所述,医疗美容中的美感标准认定,往往需要通过医疗美容合同中的明确约定来作为判断的依据。当然比较妥善的做法就是一旦发生医疗美容纠纷,在处理过程中通过医疗美容损害鉴定来判断是否达到了约定的手术效果。值得一提的是,从我国目前的医疗美容损害鉴定行业发展现状来看,此种鉴定需要综合运用医学、美学、心理学甚至社会学的知识,需要医学美容专家、法医学专家、心理学家甚至司法精神病专家多方会诊方能做出具有权威性的鉴定结论。一个兼具客观性、科学性、公正性的鉴定结论才能作为医疗美容损害赔偿的基本依据,这在实践中要求是很高的,目前来说还较难做到。

【相关法律】
《医疗美容服务管理办法》

第二条　本办法所称医疗美容,是指运用手术、药物、医疗器械以及其他具有创伤性或者侵入性的医学技术方法对人的容貌和人体各部位形态进行的修复与再塑。

第二十条　执业医师对就医者实施治疗前,必须向就医者本人或亲属书面告知治疗的适应症、禁忌症、医疗风险和注意事项等,并取得就医者本人或监护人的签字同意。未经监护人同意,不得为无行为能力或者限制行为能力人实施医疗美容项目。

第二十八条　美容医疗机构和医疗美容科室发生医疗纠纷或医疗事故,按照国家有关规定处理。

第三十一条　外科、口腔科、眼科、皮肤科、中医科等相关临床学科在疾病治疗过程中涉及的相关医疗美容活动不受本办法调整。

三、错误出生侵权责任问题

【案情简介】

张某与王某系夫妻关系,张某怀孕后(孕周18周)到甲医院进行唐氏综合征筛查,该医院的筛查结果为:高风险。后张某又到乙医院做产前筛查,乙医院的筛查结果为:低风险。同时,乙医院在报告单备注中作出提示:低风险报告表示胎儿发生此类先天异常的可能性比较小,并不能完全排除这种异常或其他异常的可能性;高风险报告表示胎儿发生该种先天异常的可能性比较大。张某随后将其之前在甲医院的检查结果告知乙医院的当事医生,但医生并未告知其结果误差风险,也未建议张某做进一步检查。6个月后,张某产下一男婴王某某,经鉴定张某之子符合唐氏综合征的临床诊断,残疾等级为一级。司法鉴定机关认为:"乙医院在已知晓孕妇张某于外院行唐氏筛查检查存在高风险结论的前提下,在对孕妇进行唐氏筛查复查以及需要扩大检查范围来降低漏诊畸形患儿的医疗行为过程中,存在未尽到高度注意的义务;在复查结果与外院结果不一致的情况下,未向病人重点告知风险,存在告知不足。该过错和告知不足与患儿王某某的唐氏综合征无直接因果关系,但与导致缺陷儿出生的后果存在直接因果关系。"故张某和王某向法院提起医疗损害责任诉讼,要求乙医院赔偿医疗费、误工费、交通费、残疾赔偿金、护理费、后期治疗费、鉴定费、精神损害抚慰金等共计120万元。

【不同观点】

观点一:乙医院的行为不构成侵权,因为婴儿的残疾与医院的医疗行为之间并没有直接的因果关系。

观点二:乙医院的行为侵犯原告的优生优育权,应赔偿其精神损害抚慰金。

观点三:乙医院的行为侵犯原告生育知情权和优生优育权,应赔偿其医疗费、误工费、鉴定费、交通费、后续治疗费、康复费、精神损害抚慰金等各项费用,在具体赔偿数额的确定上,应考虑医院的过错参与度。

【争议焦点】

乙医院是否应承担错误出生的侵权责任? 如承担侵权责任,其请求权基础是什么? 其诉讼主体是谁? 赔偿范围如何确定?

【法律分析】

1.错误出生的概念和种类

错误出生的概念和种类学理上有不同的界定。有的学者从广义角度进行了界定,认为错误出生是指由父母(单独或共同)提起的,因其生育自主权或堕胎选择权受到侵害而要求具有医疗过失的医生和医疗机构赔偿因非计划儿或非期待儿的出生而导致损害的诉讼。该定义中包含了错误怀孕,认为错误出生应包括下列五种情形:①在孕前遗传咨询中,由于咨询医生对可能的遗传性基因疾病作出了不恰当的诊断和误导,导致父母作出生育决定并生下先天残障的非期待儿;②在避孕措施咨询中,由于咨询医生的不恰当判断和指导,导致父母避孕失败并生下非计划儿;③在绝育手术中(如输卵管或输精管结扎手术),由于手术医生的不正确操作或误导性意见,导致手术后的夫妇在误信无须采取其他避孕措施的情况下再次怀孕并生下非计划儿;④在流产手术中,由于医生手术不当致流产失败,导致非计划儿的出生;⑤在孕期检查中,由于经检医生的漏诊、误诊或误导性指导意见,导致父母未能及时选择终止妊娠而生下残障的非期待儿[①]。但目前较多的学者采取了狭义上的定

---

①参见王洪平、苏海健:《"错误出生"侵权责任之构成——一个比较法的视角》,载《烟台大学学报》(哲学社会科学版),2008年第3期,第34-39页。

义,并将其与错误怀孕相区分,认为错误出生应是指在产前医疗服务中,由于医生的过失未诊断出胎儿潜在的缺陷,或者医生进行了错误的诊断和告知,导致胎儿父母误认为胎儿是健康的而最终生下患有先天缺陷的孩子,父母因此失去避孕和终止妊娠的机会,婴儿父母可基于此提起损害赔偿诉讼[1]。其一般包括两种情形:一是在孕前遗传基因检测中,由于检测医生对可能的遗传性基因疾病做出了错误的诊断,导致父母作出生育决定并生下患有遗传性疾病的婴儿;二是在产前检查中,由于医生的诊断或告知失误,导致父母未能及时选择终止妊娠而生下患有先天缺陷的婴儿[2]。错误出生案件与一般医疗损害责任案件的区别在于:在一般医疗损害责任案件中,患者的损害是医疗机构过错造成的;而在错误出生案件中,孩子的缺陷是先天性的,不是由于医生的过错行为造成的,医生的过错主要在于违反告知义务而致使父母丧失了终止妊娠的机会。

2.错误出生侵权的请求权基础

错误出生侵权案件由于不存在侵犯母亲生命权、健康权的情形,也不存在侵犯错误出生儿的生命权和健康权的情形,那么医疗机构承担侵权责任的法律依据是什么? 即侵犯婴母或婴儿的何种民事权益? 这一点必须明确,否则很难依照《中华人民共和国侵权责任法》(以下简称《侵权责任法》)追究医疗机构的侵权责任。目前理论和实践中有三种观点:第一种观点认为,其请求权的基础主要是残疾儿父母的生育选择权,尽管生育选择权不属于我国《侵权责任法》第二条第二款明确列举的18种典型民事权利,但应属于受我国民法保护的"其他人身、财产权益"范畴,这在《中华人民共和国母婴保健法》(以下简称《母婴保健法》)、《中华人民共和国母婴保健法实施办法》、《产前诊断技术管理办法》等法律规定中可以推断出[3]。如《母婴保健法》第十四条规定了医疗保健机构有"为孕妇、产妇提供卫生、营养、心理等方面的咨询和指

①参见杨立新、王丽莎:《错误出生的损害赔偿责任及适当限制》,载《北方法学》,2011年第2期,第13-22页。
②参见田野、焦美娇:《从法院裁判看错误出生损害赔偿》,载《西北工业大学学报》(社会科学版),2014年第2期,第4-11页。
③参见田野、焦美娇:《从法院裁判看错误出生损害赔偿》,载《西北工业大学学报》(社会科学版),2014年第2期,第4-11页。

导以及产前定期检查等医疗保健服务"的义务,《中华人民共和国母婴保健法实施办法》规定了公民享有母婴保健的知情选择权,而医师在特定情形下有告知说明的义务,即"医师发现或者怀疑育龄夫妻患有严重遗传性疾病的,应当提出医学意见;限于现有医疗技术水平难以确诊的,应当向当事人说明情况",目的是满足其生育选择权,即"育龄夫妻可以选择避孕、节育、不孕等相应的医学措施",这在《中华人民共和国母婴保健法实施办法》第十七条第二款有所体现。医生因误诊而没有履行告知义务,影响了怀孕夫妻采取相应的医学措施避免残疾婴儿的出生,是对其生育选择权的侵犯。

第二种观点认为,其请求权基础为优生优育权,优生优育权是在《母婴保健法》和《中华人民共和国人口与计划生育法》(以下简称《人口与计划生育法》)中规定的,设定这一权利的内在价值取向是促进生育质量和提高人口素质,以实现家庭幸福、民族繁荣与社会进步[1]。《人口与计划生育法》第二条第二款规定:"国家采取综合措施,控制人口数量,提高人口素质。"《母婴保健法》第一条的立法目的中也明确规定:"为了保障母亲和婴儿健康,提高出生人口素质,根据宪法,制定本法。"可见,提高人口素质是我国应予维护的一项基本公共政策。为了实现该公共政策,《母婴保健法》等相关法律规定了在产前诊断中,如发现"胎儿患严重遗传性疾病的","有严重缺陷的","因患严重疾病,继续妊娠可能危及孕妇生命安全或者严重危害孕妇健康的",应当提出终止妊娠的建议。这一规定从另一侧面反映了胎儿的父母有终止妊娠的权利,即享有优生优育的选择权,这是法律提供给公民用于落实国家提高人口素质政策的法律保障手段。

第三种观点认为,可以以人身自由权作为请求权的基础来进行保护,因为错误出生不管是不当怀孕还是不当出生都是对夫妻生育自由的侵犯[2]。该观点认为人身自由权是我国宪法规定的基本权利,精神自由应纳入人身自由权保护的范围之内。在医疗活动中,由于医疗机构或其工作人员的过失,不管是导致本不想怀孕的夫妻再次怀孕,还是导致夫妻不愿看到的缺陷婴儿诞生,都是对夫妻自由选择机会的剥夺,侵犯了夫妻双方在生育这一重大问题

---

①参见张红:《错误出生的损害赔偿责任》,载《法学家》,2011年第6期,第54-66页。

②参见韩祥波:《探寻"错误出生案"的请求权基础》,载《求索》,2013年第11期,第175-177页。

上的意思决定自由。而生育自由的选择当属精神自由的范围,生育自由的选择完全可以包含在人身自由权的语义之内。故对于错误出生案以人身自由权被侵害作为请求权的基础是适当的,生育自由权完全可以包含在民法人身自由权的含义之中。

综上,三种观点尽管提出了以不同的请求权作为基础,但是其权利基础均为孩子父母享有的优生优育权,关键是优生优育权是否为我国侵权法所保护的权利? 目前,既有学者从国家提高人口质量的公共政策、优生优育权的人格自主性格、医方勤勉义务之强化等学理角度论证优生优育权应系侵权法所保护的权利,同时我国司法实践中也有从侵犯优生优育权的角度判决医疗机构承担责任的案例。

3.错误出生的诉讼主体

错误出生侵权诉讼中应以谁作为诉讼主体,直接关系到相关主体的诉讼请求能否得到法院支持。《中华人民共和国民事诉讼法》(以下简称《民事诉讼法》)第一百一十九条第一项规定:"原告是与本案有直接利害关系的公民、法人和其他组织。"在错误出生案件中,原告如何确定? 目前主要有四类主体:缺陷孩子的母亲,缺陷孩子的母亲与父亲,有缺陷的孩子,缺陷孩子、母亲和父亲。首先,对孩子母亲的损害赔偿请求权,无论是大陆法系国家还是英美法系国家,几乎没有例外地予以承认。因为母亲是残疾孩子的直接孕育者,是错误出生损害结果发生的直接承受者,其所遭受的生理和心理伤害,以及物质财产损失是显而易见的,故认为母亲理所当然享有损害赔偿请求权[1]。其次,对于有缺陷的孩子是否可以享有诉讼主体资格,享有损害赔偿请求权,有一定的争议。从法理上看,将胎儿视为母体一部分的观点已经过时,承认胎儿的一定主体地位符合人道与文明社会的基本价值取向,更有利于保护胎儿[2]。《中华人民共和国民法总则》(以下简称《民法总则》)有限地承认了胎儿的民事主体地位,其中第十六条规定:"涉及遗产继承、接受赠与等胎儿利益保护的,胎儿视为具有民事权利能力。但是胎儿娩出时为死体的,其民事权利能力自始不存在。"但孩子作为错误出生之诉的主体资格一般不被法律认

---

[1] 参见周云涛、赵红玉:《论错误出生损害赔偿权的法律适用》,载《法律适用》,2010年第9期,第77-80页。

[2] 参见张红:《错误出生的损害赔偿责任》,载《法学家》,2011年第6期,第54-66页。

可,因为孩子的残疾是先天性因素造成的,与医疗机构的过错不存在因果关系。医疗机构的过错只与其错误出生有关,若父母一旦终止妊娠胎儿的生命将不复存在,谈何损害赔偿? 因而大部分国家不予认可。再次,对于孩子的父亲能否作为损害赔偿的请求权主体,在不同的请求权基础中,父亲的法律地位不一样。在医疗服务合同纠纷案件中,父亲的诉讼地位一般不为法律所承认,因父亲并不是医疗服务合同的当事人。但在优生优育权受侵犯的案件中,法律对父亲的请求权是予以认可的,因为生育权不仅是女方的权利,也是男方所享有的权利,《人口与生育计划法》第十七条规定:"公民有生育的权利,也有依法实行计划生育的义务,夫妻双方在实行计划生育中负有共同的责任。"在胎儿的生长发育过程中,父亲虽不直接承担生理上的孕育工作,但孩子的生长发育与其息息相关,孩子出生后,对孩子的抚养教育是夫妻双方的法定义务,残疾儿的出生不仅为母亲带来了精神上的负担和财产上的损失,也为父亲增加了财产和精神上的负担。在我国目前的诉讼实践中,以夫妻双方作为共同诉讼主体较为多见。从比较法上看,承认在错误出生案件中父母基于其优生优育权或堕胎权被侵害而产生的、因抚养残障婴儿而额外支出的赔偿请求权,已渐成一种趋势[1]。

4.错误出生的赔偿范围

《侵权责任法》第十六条规定:"侵害他人造成人身损害的,应当赔偿医疗费、护理费、交通费等为治疗和康复支出的合理费用,以及因误工减少的收入。造成残疾的,还应当赔偿残疾生活辅助具费和残疾赔偿金。造成死亡的,还应当赔偿丧葬费和死亡赔偿金。"在错误出生侵权责任纠纷案件中,残疾儿父母主张的损害赔偿范围也是历来争论的焦点,有的学者主张赔偿的范围为特别医疗费用、特别抚养费用以及父母双方的精神损害费用[2],也有的学者认为错误出生损害赔偿的范围不仅包括精神损害抚慰金,还包括物质损失中的特别损害费用、残疾赔偿金、死亡赔偿金及一般抚养费用[3],还有的学者

---

[1] 参见张红:《错误出生的损害赔偿责任》,载《法学家》,2011年第6期,第54-66页。

[2] 参见周云涛、赵红玉:《论错误出生损害赔偿权的法律适用》,载《法律适用》,2010年第9期,第77-80页。

[3] 参见田野、焦美娇:《从法院裁判看错误出生损害赔偿》,载《西北工业大学学报》(社会科学版),2014年第2期,第4-11页。

认为应对错误出生的财产损害和精神损害给予赔偿,但应予以适当限制①。在我国目前的理论和实践中,对于父母优生优育权遭受侵害可以主张精神损害抚慰金,这点基本上可以达成共识。因为生育一个天生残障的婴儿对于父母而言,无疑是一种精神痛苦。但是对于财产损害赔偿的范围,存在较大的争议。

【本案评析】

在本案中,乙医院的行为符合医疗损害侵权责任的构成要件,应承担对张某和王某的医疗损害赔偿责任。第一,乙医院实施了侵犯原告优生优育选择权的行为。根据《母婴保健法》《中华人民共和国母婴保健法实施办法》等规定,乙医院具有履行产前检查和产前诊断的法定义务,在胎儿患严重遗传性疾病或有严重缺陷的其他重大疾病时,乙医院有向孕妇告知说明、并提出终止妊娠的医学建议的义务,而孕妇根据医生的建议有是否终止妊娠的优生优育选择权。而本案中,乙医院在了解到张某的唐氏筛查结果与甲医院不一样的情况下,没有及时向张某和王某告知正常情况下唐氏筛查结果难以避免的存在一定的误差,也未建议其进一步检查,如羊水穿刺、胎儿染色体检查等,存在告知不完善之过错;正是由于其未充分告知的过错影响了张某和王某作出是否终止妊娠的决定,因而侵犯了二人的优生优育选择权。第二,乙医院的行为造成了原告张某和王某的财产损害和精神损害。在该起案件中,损害的事实并不是指缺陷婴儿的出生,而是指孕妇生育选择权和知情权被侵害,进而导致其生下先天缺陷的孩子,造成其精神痛苦和额外的抚养费、医疗费等费用。第三,乙医院具有过错。乙医院作为医疗单位,在给原告张某做产前检查时,未能遵循医学规范要求仔细认真多方位观察,及时发现胎儿异常,依法进行产前诊断。尽管在目前优生优育产前筛查中,产前诊断医疗工作风险极大,唐氏筛查由于受到整体医学水平的限制,其误差率最高达30% ~ 40%,另外,关于孕周的确定方法,目前国家没有统一的规定,也是影响唐氏筛查结果准确率的因素之一,但这些并不影响对乙医院的过错判定,因为其违反法定的充分告知义务。第四,乙医院的侵权行为与原告张某和王某

---

① 参见杨立新、王丽莎:《错误出生的损害赔偿责任及适当限制》,载《北方法学》,2011年第2期,第13-22页。

的损害后果之间具有因果关系。正是乙医院未充分告知,致使原告张某因信赖其错误的检查报告结果而丧失对胎儿缺陷采取诊疗措施或终止妊娠的机会,造成不可挽回的损失。

本案中,在具体赔偿费用的确定上,笔者认为:对于因为残疾儿的错误出生给张某夫妻造成的精神损害应予赔偿;对于以张某名义发生的医疗费、误工费、交通费,因为和乙医院的过错之间没有因果关系,乙医院不负赔偿责任;对于张某之子发生的医疗费、残疾赔偿金、后期治疗费、护理费等费用,虽然和乙医院所做的产前唐氏筛查之间没有因果关系,但和残疾儿的错误出生之间具有因果关系,而残疾儿的错误出生导致家庭的额外开支,该部分费用乙医院可在一定的范围内适当承担,具体承担额度要考虑其过错参与度。

【相关法律】

1.《中华人民共和国母婴保健法》

第十四条　医疗保健机构应当为育龄妇女和孕产妇提供孕产期保健服务。

孕产期保健服务包括下列内容:

(一)母婴保健指导:对孕育健康后代以及严重遗传性疾病和碘缺乏病等地方病的发病原因、治疗和预防方法提供医学意见;

(二)孕妇、产妇保健:为孕妇、产妇提供卫生、营养、心理等方面的咨询和指导以及产前定期检查等医疗保健服务;

(三)胎儿保健:为胎儿生长发育进行监护,提供咨询和医学指导;

(四)新生儿保健:为新生儿生长发育、哺乳和护理提供医疗保健服务。

第十七条　经产前检查,医师发现或者怀疑胎儿异常的,应当对孕妇进行产前诊断。

第十八条　经产前诊断,有下列情形之一的,医师应当向夫妻双方说明情况,并提出终止妊娠的医学意见:

(一)胎儿患严重遗传性疾病的;

(二)胎儿有严重缺陷的;

(三)因患严重疾病,继续妊娠可能危及孕妇生命安全或者严重危害孕妇健康的。

2.《中华人民共和国母婴保健法实施办法》

第四条 公民享有母婴保健的知情选择权。国家保障公民获得适宜的母婴保健服务的权利。

第十七条 医疗、保健机构应当为育龄妇女提供有关避孕、节育、生育、不育和生殖健康的咨询和医疗保健服务。医师发现或者怀疑育龄夫妻患有严重遗传性疾病的,应当提出医学意见;限于现有医疗技术水平难以确诊的,应当向当事人说明情况。育龄夫妻可以选择避孕、节育、不孕等相应的医学措施。

第二十条 孕妇有下列情形之一的,医师应当对其进行产前诊断:

(一)羊水过多或者过少的;

(二)胎儿发育异常或者胎儿有可疑畸形的;

(三)孕早期接触过可能导致胎儿先天缺陷的物质的;

(四)有遗传病家族史或者曾经分娩过先天性严重缺陷婴儿的;

(五)初产妇年龄超过35周岁的。

3.《产前诊断技术管理办法》

第二条 本管理办法中所称的产前诊断,是指对胎儿进行先天性缺陷和遗传性疾病的诊断,包括相应筛查。

产前诊断技术项目包括遗传咨询、医学影像、生化免疫、细胞遗传和分子遗传等。

第十六条 对一般孕妇实施产前筛查以及应用产前诊断技术坚持知情选择。开展产前筛查的医疗保健机构要与经许可开展产前诊断技术的医疗保健机构建立工作联系,保证筛查病例能落实后续诊断。

第二十三条 对于产前诊断技术及诊断结果,经治医师应本着科学、负责的态度,向孕妇或家属告知技术的安全性、有效性和风险性,使孕妇或家属理解技术可能存在的风险和结果的不确定性。

第二十四条 在发现胎儿异常的情况下,经治医师必须将继续妊娠和终止妊娠可能出现的结果以及进一步处理意见,以书面形式明确告知孕妇,由孕妇夫妻双方自行选择处理方案,并签署知情同意书。若孕妇缺乏认知能力,由其近亲属代为选择。涉及伦理问题的,应当交医学伦理委员会讨论。

4.《中华人民共和国人口与计划生育法》

第二条　我国是人口众多的国家,实行计划生育是国家的基本国策。

国家采取综合措施,控制人口数量,提高人口素质。

国家依靠宣传教育、科学技术进步、综合服务、建立健全奖励和社会保障制度,开展人口与计划生育工作。

第十七条　公民有生育的权利,也有依法实行计划生育的义务,夫妻双方在实行计划生育中负有共同的责任。

5.《中华人民共和国侵权责任法》

第二条　侵害民事权益,应当依照本法承担侵权责任。

本法所称民事权益,包括生命权、健康权、姓名权、名誉权、荣誉权、肖像权、隐私权、婚姻自主权、监护权、所有权、用益物权、担保物权、著作权、专利权、商标专用权、发现权、股权、继承权等人身、财产权益。

第三条　被侵权人有权请求侵权人承担侵权责任。

第十六条　侵害他人造成人身损害的,应当赔偿医疗费、护理费、交通费等为治疗和康复支出的合理费用,以及因误工减少的收入。造成残疾的,还应当赔偿残疾生活辅助具费和残疾赔偿金。造成死亡的,还应当赔偿丧葬费和死亡赔偿金。

第十八条　被侵权人死亡的,其近亲属有权请求侵权人承担侵权责任。被侵权人为单位,该单位分立、合并的,承继权利的单位有权请求侵权人承担侵权责任。

被侵权人死亡的,支付被侵权人医疗费、丧葬费等合理费用的人有权请求侵权人赔偿费用,但侵权人已支付该费用的除外。

第二十二条　侵害他人人身权益,造成他人严重精神损害的,被侵权人可以请求精神损害赔偿。

第五十四条　患者在诊疗活动中受到损害,医疗机构及其医务人员有过错的,由医疗机构承担赔偿责任。

四、错误出生的违约责任之诉

【案情介绍】

原告姜某与孙某是夫妻关系,姜某从妊娠早期直至足月分娩出婴儿孙甲,按时到当地妇幼保健院进行产前检查,共做了12次产前检查(其中包括3次产前超声检查,分别是孕14周、30周和38周)。原告姜某足月产下男婴孙甲,孙甲被诊断为先天性心脏病(卵圆孔未闭、动脉导管未闭)、唇裂、耳道畸形。后姜某、孙某和孙甲共同将该地妇幼保健院起诉至法院,追究其医疗服务合同中的违约责任,要求该妇幼保健院赔偿孙甲因残疾就医的医疗费、误工费、交通费、住宿费、住院伙食补助费、残疾赔偿金、精神损害抚慰金、护理费、特殊教育费、残疾辅助器皿费,以及姜某的精神损害抚慰金、产前检查和生育费,孙某的精神损害抚慰金共计250多万元。有关司法鉴定机构的鉴定结论为:"该地妇幼保健院对孕妇姜某产前检查过程中存在过错,该过错行为与残疾儿孙甲的出生有一定的因果关系,医疗过错在不良医疗后果中的参与度为25%。"请问该案中,该地妇幼保健院是否承担违约责任? 法院该如何判决?

【不同观点】

观点一:该地妇幼保健院没有按照医学常规进行产前检查诊断,构成违约行为,应承担违约责任。

观点二:该地妇幼保健院的行为不构成违约,不应承担违约责任。

观点三:该地妇幼保健院的行为构成侵权,应承担侵权责任。

【争议焦点】

该案能否追究该地妇幼保健院的违约责任? 如何追究该地妇幼保健院的违约责任? 该类案件的性质如何确定?

【法律分析】

1.医疗服务合同的设立

合同是当事人之间设立、变更和终止民事权利义务关系的法律行为,要约和承诺一般是合同成立的两个必经程序。医疗服务合同是指医院对患者提供疾患的诊察、治疗、护理等医疗行为,患者支付报酬的合同①。在医疗服务合同成立过程中,一般认为患者或其家属为要约方,医疗机构为承诺方,但对于患者的何种行为属于要约行为,存在一定的争议,有的采取"到院时说",认为患者是医疗需求中的弱势方,其正处于生命、身体或健康遭遇危害而积极寻求医疗提供者协助的情形,此时患者进入医疗机构则为要约;有的采取"等候诊疗说",即患者进入医院候诊室等候诊疗行为是要约,因该行为已间接推知其订约的意思表示。但大部分学者认为患者挂号的行为是要约,该挂号无论是至窗口以书面或口头形式挂号,还是以电话、传真、网络等形式挂号,都应认为是要约的意思表示,该挂号经医疗机构承诺,则医疗服务合同成立。但在紧急医疗情形下,患者情况紧急并未挂号,但需紧急治疗时,急诊就医的行为应视为要约之意思表示,医疗服务者提供救治行为视为承诺②。

2.医疗服务合同的性质

医疗服务合同的性质具有复杂性和综合性的特征。关于医疗服务合同的法律性质,理论上有很多不同的观点,有委任契约说、准委任契约说、雇佣契约说、承揽契约说、混合契约说等不同的观点③。国外的学者对此也有较大的分歧,在德国法和英美法上,通常认为医疗契约为雇佣契约;日本学者的通说将其解释为准委任契约;我国台湾地区的法学界和实务界通说为委任契约;在我国学术界,不少学者认为应将其定性为准委任契约或委托合同中典型的无名合同。笔者认为,医疗契约其实是一个综合性的契约,其中不仅包括委任关系,而且还包括买卖、租赁、雇佣、赠与等关系,可以作为一个独立的合同加以规定。一般来说,在门诊医疗活动中,医疗契约主要表现为委任和买卖契约的混合,委任契约是患者方将医疗事务(包括诊断、处方、手术、调剂、护理、检验、康复等事务)交与医方处理,买卖契约主要是指医疗机构和患者的药品交易行为。患者在住院期间的医疗契约,是委任、买卖、租赁与雇佣契约的混合。在住院期间的委任契约表现为患者委托医师提供诊疗护理等

---

①参见杨立新:《疑难民事纠纷司法对策》(第二集),吉林人民出版社,1994年版,第138页。

②参见黄丁全:《医事法新论》,法律出版社,2013年版,第73-75页。

③参见黄丁全:《医事法新论》,法律出版社,2013年版,第75-80页。

服务;买卖契约表现为患者向医院购置药品、医疗器材、血液、餐盒等;租赁契约表现为患者在住院期间向医院租赁一些日常生活用品,如住房、床、水瓶等;雇佣契约是有的特殊患者雇佣医院护士担任患者住院期间的特聘护士。在医疗活动中,还存在一种特殊的契约,如患者接受实验性医疗的契约,这种契约其实是委任契约和赠与契约的混合,患者委托医院提供实验性医疗的契约是委任契约,而医院免费为患者提供实验性医疗或患者免费受赠器官等情形则是赠与①。区分医疗服务合同的不同性质,有助于医疗纠纷的法律准确适用,有助于当事人利益的维护。

3.医疗服务合同的特征

医疗服务合同具有不同于一般合同的特征。第一,强制性的特征。首先,医疗服务提供者的缔约自由受到限制,在一般的合同订立中,是否订立合同以及如何订立合同,当事人有选择的自由,但在医疗服务合同中,患者有选择医疗机构和医生的权利,而医疗机构和医生没有选择患者的权利,其无权拒绝患者求医的缔约请求,即医疗机构具有强制缔约的义务。遇有危急患者的场合,无论是从医学伦理角度还是依据法律之规定,医生都负有强制诊疗的义务,这在《执业医师法》《医疗机构管理条例》等法律中均有规定,如《执业医师法》第二十四条规定:"对危急患者,医师应当采取紧急措施及时进行诊治;不得拒绝急救处置。"其次,对于特殊的患者,基于公共利益,法律也赋予患者强制治疗义务,排除了契约自由,患者没有选择是否就医的自由,患者之所以接受治疗并非出于自由意思,而是具有义务性和强制性,应属于公权力的行使,如对于"非典"患者、甲类和乙类传染病患者、精神病患者、吸毒者,在《中华人民共和国传染病防治法》(以下简称《传染病防治法》)和《强制戒毒办法》中都规定了对他们可以实行强制隔离治疗措施。第二,医疗服务合同内容基本不是来源于双方的约定,更多地体现为法定性。因为合同订立时双方并没有就合同的内容进行约定,双方的权利义务通常依照法律规定,合同内容应属于法律上的默示条款②。如医师的诊疗义务、告知说明义务、保密义

①参见高玉玲:《医患法律关系的性质——医疗纠纷解决的法律依据》,载《中国卫生事业管理》,2004年第10期,第615-617页。

②参见屈茂辉、彭赛红:《论医疗服务合同》,载《中南工业大学学报》(社会科学版),1999年第3期,第255-258页。

务、转诊义务等,都是由法律明文规定。合同内容的法定性与合同订立时合同内容的不确定性有关,因为在合同订立时,无论是医方还是患者方,都无法预见疾病程度、治疗范围、治疗方案、治疗时间、治疗费用等事项,医疗服务的内容只能随着诊疗的情况,由医师行使医疗裁量权而确定,当然,在医疗方式上,患者有选择的自由。而且医疗服务合同的内容非常复杂,它包括检查、诊断、治疗、手术、注射、护理等多项内容,在住院医疗中还包括了提供饮食、住宿、药品买卖、休闲养生等多种服务内容,医疗服务合同是一种非典型合同,和典型合同相比,在具体法律的适用上,存在一定的疑难。第三,医疗服务合同与患者人身利益直接相关。医疗服务合同本以医疗服务即诊断治疗行为为客体,主要调整的是双方当事人之间的财产法律关系。但这种诊断治疗行为是在患者的人身上实施的,目的是为了恢复其生命与健康,因而医疗服务合同关系具有很强的人身性,并完全可能演化为以人身关系为主,财产关系反而退居其次[①]。正是由于医疗服务合同的这种特殊性,使得医疗服务合同发生纠纷时常出现违约责任和医疗侵权责任的竞合现象,而且在患者受到人身伤害的案件中,以医疗损害责任作为诉由的占绝大多数。

4.医疗侵权责任与违约责任的竞合问题

错误出生损害赔偿请求权究竟是一种侵权责任请求权,还是违约责任请求权,在学界存在争论。在医患双方之间订立医疗服务合同的情形下,医疗机构由于未完全履行合同义务而构成债务的不履行,从而应当承担违约责任,同时医疗机构的违约行为也侵犯了患者的生命权、健康权、身体权从而构成侵权行为。因此,在以医疗损害为事由提起的民事赔偿诉讼中,通常存在着违约责任与侵权责任竞合的现象[②]。在医患纠纷中,医疗机构与患者之间一般应形成医疗服务合同关系,医疗服务合同关系的成立是构成医疗损害侵权责任的前提。如果患者损害后果发生时,医疗服务合同尚未成立,那么医院与患者之间一般不产生医疗损害责任的侵权关系。在出现侵权责任和违约责任竞合的情形下,受害人可以选择。由于违约损害赔偿责任和侵权损害

---

① 参见李运华:《医疗服务合同的特征分析及立法调整建议》,载《中国卫生事业管理》,2002年第11期,第668-669页。

② 参见时诚:《医疗损害违约责任与侵权责任的竞合理论之重构——以〈民法总则〉第186条为研究对象》,载《荆楚理工学院学报》,2017年第3期,第72-76页。

赔偿责任在归责原则、构成要件、赔偿范围、举证责任等方面存在较大的差异性,受害人选择适用侵权责任还是违约责任,将直接决定损害赔偿的范围、举证责任分配等问题。如在赔偿范围上,违约责任一般对非财产损害不予救济,且赔偿范围受可预见性规则的限制;而侵权责任的损害赔偿范围则不仅包括财产损失,还包括人身损害和精神损害赔偿,不仅包括直接损失,间接损失亦在其列,且不受可预见性规则的限制。在归责原则上,违约责任适用严格责任归责原则,而医疗损害侵权责任适用过错责任归责原则。

【本案评析】

1.该地妇幼保健院应承担违约损害赔偿责任

首先,本案中该地妇幼保健院存在违约行为。原告姜某到被告妇幼保健院经过挂号这一缔约程序后,双方之间就产生一种平等有偿的医疗服务合同关系。在医疗服务合同关系中,患者授权医院来检查诊断其身体状况,因此医院应根据诚实信用原则尽到一个善良管理人应尽的注意义务,向患者及时告知诊疗情况,以最佳的方式对患者提供详尽的检查诊断和治疗。医院如果未尽到自己的合同义务和法定的义务就可以认定其违约,追究其违约责任。而本案中被告妇幼保健院在原告妊娠30周才安排原告做相应的产前超声检查,错过了发现胎儿畸形的最佳时期,违背了卫生部《超声产前诊断技术规范》中"对孕妇进行产前检查的医院应在孕妇妊娠16周~24周进行常规超声检查"的规定,且在第二次超声检查中发现胎儿股骨小于正常的情况下,没有按照规定及时告知原告姜某,具有主观上的过错。这种过错行为既违反了医疗机构依照医疗服务合同约定提供合理诊疗的义务,也严重侵害了胎儿父母的知情权,致使其健康生育选择权无法正当行使,构成侵权责任。在两种责任竞合下,依据《中华人民共和国合同法》(以下简称《合同法》)第一百二十二条的规定:"因当事人一方的违约行为,侵害对方人身、财产权益的,受损害方有权选择依照本法要求其承担违约责任或者依照其他法律要求其承担侵权责任。"本案中当事人选择了要求妇幼保健院承担违约责任。其次,该地妇幼保健院的行为造成了原告的损害。被告妇幼保健院在进行产前医学检查过程中因未尽勤勉和忠诚义务导致检查结论失实,从而使原告姜某信赖该项检查结果而生育缺陷婴儿,额外地增加了抚育、护理及治疗费用,蒙受纯粹财产上的损失,构成加害给付。最后,原告的损害与被告妇幼保健院的违约行为之间具有因果关系,所以被告妇幼保健院应当根据《合同法》第一百零七条的规定承担相应的违约损害赔偿责任。

2.关于本案的诉讼主体问题

本案是医疗服务合同纠纷诉讼,合同的当事人是姜某和妇幼保健院。根据合同相对性的原理,合同只在双方当事人之间发生法律效力,而姜某的丈夫孙某和儿子孙甲不是合同的当事人,因而不具有原告主体资格,在诉讼中,可以作为无独立请求权的第三人。

3.关于本案的赔偿问题

关于赔偿范围,目前存在两种意见:第一种意见认为,以被告妇幼保健院不适当履行义务造成姜某的实际损失为限,该项实际损失仅限于产前检查费一项,因为产前检查费是被告履行医疗服务合同的对价,住院分娩治疗费是助产医疗服务合同的对价,属另一合同关系,不应列入赔偿范围。残疾儿生活护理费及治疗费已超出合同履行利益的范畴,不应列入赔偿范围。第二种意见认为,被告的违约行为虽表现为不适当履行义务,但由于该履行瑕疵最终导致合同目的落空,构成根本违约,因而直接造成具有连锁合同性质的助产医疗服务合同的履行利益损失,且该损失在被告可预见范围内,故应当作为原告所受履行利益损失予以赔偿。此外,被告的根本违约行为还直接导致了缺陷婴儿的出生,由此额外增加了原告对残疾儿的护理费、治疗费,该费用性质应属于纯粹财产上损害,构成加害给付,且具有可预见性,应在合理范围内予以适当赔偿。

笔者同意第二种意见,该案由于是违约损害赔偿,故对于姜某夫妇主张的精神损害不予赔偿,只赔偿因妇幼保健院违约造成的财产损失,但在具体确定赔偿额时,应根据其确定性、可预见性和合理性规则予以限制,并同时考虑损益同销、过失相抵等规则。

【相关法律】

1.《中华人民共和国合同法》

第一百零七条　当事人一方不履行合同义务或者履行合同义务不符合约定的,应当承担继续履行、采取补救措施或者赔偿损失等违约责任。

第一百一十二条　当事人一方不履行合同义务或者履行合同义务不符合约定的,在履行义务或者采取补救措施后,对方还有其他损失的,应当赔偿损失。

第一百一十三条　当事人一方不履行合同义务或者履行合同义务不符合约定,给对方造成损失的,损失赔偿额应当相当于因违约所造成的损失,包括合同履行后可以获得的利益,但不得超过违反合同一方订立合同时预见到或者应当预见到的因违反合同可能造成的损失。

经营者对消费者提供商品或者服务有欺诈行为的,依照《中华人民共和国消费者权益保护法》的规定承担损害赔偿责任。

第一百二十二条　因当事人一方的违约行为,侵害对方人身、财产权益的,受损害方有权选择依照本法要求其承担违约责任或者依照其他法律要求其承担侵权责任。

2.《超声产前诊断技术规范》

四、技术程序

1.对孕妇进行产前检查的医院应在孕妇妊娠16-24周进行常规超声检查,主要内容应包括:胎儿生长评估和胎儿体表及内脏结构发育的检查。具体操作步骤应按医院超声检查的诊疗常规进行。如疑有胎儿生长发育异常,应立即转诊到经许可开展产前诊断技术的医疗保健机构进行进一步检查诊断。

五、侵犯患者知情同意权的法律责任

【案情简介】

1998年5月16日至5月28日,曹某前往某妇幼保健院生产,5月21日在该院行"子宫下段剖宫产手术+右侧卵巢囊肿切除术"。手术同意书显示:需做剖宫产,同时也标明了术中术后可能发生麻醉意外、术中大出血及损伤周围脏器、术后感染等事项。病理活检报告显示:右卵巢浆液性囊腺瘤,输卵管未见异常。出院记录记载:术中见右侧卵巢有5×5×6㎝囊肿,行切除术。2012年3

月,曹某因身体不适,前往广州某医院住院治疗,该院检查报告显示:左侧附件囊肿,右侧后侧输卵管缺失(手术或外伤),右侧后天性卵巢缺如(手术或外伤)。经司法鉴定中心鉴定,右侧输卵管缺失的伤残等级为10级,右侧卵巢缺如的伤残等级也为10级。后曹某以没有经过其同意切除右侧输卵管和卵巢侵犯其知情权为由将该妇幼保健院告上法庭,要求其赔偿医疗费、误工费、护理费、住院伙食补助费、交通费、营养费、残疾赔偿金、精神损害抚慰金、律师费、鉴定费等各项费用。而该妇幼保健院称:其对患者的诊疗符合医疗常规和规范,对于卵巢良性肿瘤,"年轻、单侧良性肿瘤应行患侧附件或卵巢切除术或卵巢肿瘤剥出术,保留对侧正常卵巢",这在国家"十五"规划教材《妇产科学》(第6版)有着明确的表述。且医生在术前已经履行了术中可能发现有卵巢囊肿的告知义务,至于到底是切除右侧卵巢、输卵管还是别除囊肿,在方案的选取上,作为基层医院无法判断孰优孰劣,对患者的诊治符合当时的医疗水平,故不应承担赔偿责任[①]。

【不同观点】

观点一:医生在手术过程中对手术方案的选取具有自由裁量权,该妇幼保健院的手术本身没有过错,不应承担损害赔偿责任。

观点二:该妇幼保健院的行为侵犯了曹某的知情权和选择是否手术的权利,应承担损害赔偿责任。

【争议焦点】

本案争议的焦点是该妇幼保健院没有告知曹某而将其右侧卵巢及输卵管一并切除的行为是否侵犯了原告曹某的知情权,妇幼保健院是否应承担损害赔偿责任?

【法律分析】

1.患者的知情同意权与医师的告知说明义务

患者知情同意权是指为尊重患者之自己决定权,医生于实施侵袭性医疗行为前,应就医疗侵袭行为之内容、方法、程度、范围、所伴随之危险性及不实

[①]参见广东省广州市中级人民法院民事判决书,(2014)穗中法民一终字第539号。

施该医疗行为之预后等患者做决定所必要之信息,向患者作出应有的说明,患者根据医生说明的情报自己决定是否采取该医疗行为①。即医生要实施医疗行为,必须事先告知患者,让患者知情,并征得患者的同意,如果医生未经患者同意,不得实施侵袭性的医疗行为,除非患者丧失辨认或控制能力而无法同意或者患者主动放弃同意权。因而也有学者将其定义为:具有意思能力的临床患者知晓与其相关的医疗信息并自行决定诊疗计划的权利②。知情同意权形成的基础是患者的医疗自主权,体现着患者的人格尊严。因为在个人生活领域,人性尊严是个人生命和自由发展人格不可或缺的权利,而人的自决权是人格自由及人性尊严的核心③。即每个人都应有机会依己意决定自己的未来,凡是与自我人格发展与形塑有关的部分,个人应有自决权,在此部分原则上排斥他决、他律或他治④。在医疗行为中,患者的自主权表现在对自身疾病了解的情况下有选择治疗方式的权利,这种对治疗方式的自主决定权,主要表现在侵袭性医疗行为中的"知情同意"上,即对侵袭性的医疗行为必须有患者的授权,这种授权在医疗实务中主要通过签订知情同意书来实现,如手术知情同意书、麻醉知情同意书、输血知情同意书等,知情同意是阻却医疗违法的事由。患者的知情同意权将患者从被动的医疗关系中解放出来,自主决定自己的身体和健康,保障了患者的人格权和身体权⑤。

知情同意包含"知情"和"同意"两个方面。"知情"又包含着医生的说明和患者的知晓,"同意"则包含着患者的接受和拒绝。"知情"是"同意"的基础,"同意"是"知情"的延续,"知情"和"同意"相辅相成、不可分离⑥。其实知情同意权不仅是"知情"和"同意"两个方面,而应由知情、理解、同意三个要素构

①参见姜春玲:《论患者的知情同意权——判例调查基础上的理论与立法检讨》,载《南京大学法律评论》,2006年秋季号,第114页。

②参见马特:《民事视域下知情同意权的权利基础及规则建构》,载《江淮论坛》,2014年第3期,第132-137页。

③参见黄丁全:《医事法新论》,法律出版社,2013年版,第206页。

④参见李震山:《人性尊严与人权保障》,元照出版有限公司,2001年版,第285-286页。

⑤参见金玄卿:《韩国的医师说明义务与患者知情同意权》,载《法学家》,2011年第3期,第153-163页。

⑥参见冯军:《病患的知情同意与违法——兼与梁根林教授商榷》,载《法学》,2015年第8期,第108-125页。

成,而且理解是知情同意权实施的最重要因素,它包括了解权、被告知权、选择权、拒绝权和同意权①。如果医务人员在医疗活动中虽然将情况告诉了患者,但是告诉不全面或使用医学专业术语告诉,患者不理解,这种情形下患者的知情同意权将很难实现。如何使患者在"知情+理解"的基础上做出同意的决定,涉及医生充分告知标准的确定。美国对医生是否充分履行告知义务有三个标准:第一是理性(有判断能力)的医生标准,第二是理性(有判断能力)的病人标准,第三是具体的病人标准(也叫主观病人标准)。目前,美国大部分司法机构更倾向于理性有判断能力人能理解的标准,也就是医生的说明足够让任何一个有判断能力的人作出理性的自愿决定的标准。对此,我国法律没有直接规定,可以借鉴美国的做法,采用一个有理性判断能力的人能理解的标准②。

为了保证患者知情同意权的实现,法律中规定了医师的告知说明义务,如我国的《侵权责任法》《医疗事故处理条例》《执业医师法》《医疗机构管理条例》以及《医疗机构管理条例实施细则》都明确规定了在医疗活动中医师的告知说明义务。医师承担的告知说明义务是为了保障患者对自己身体、健康的处分权的实现。正是有了医师的告知说明义务,患者才能够在形式上与医师处于平等的地位。医师的告知说明义务扭转了先前不平等的医患关系,使得患者成为医患法律关系中平等的主体。医师的告知说明义务既有法律上的规定,也有民事合同作为依据,通常的医患关系是基于医疗合同而发生,医师对患者承担治疗、告知、说明、保密等义务,而其中的说明义务就属于治疗义务的附随义务,而附随义务源于民法中的诚实信用原则③。在医疗行为中,患者的知情同意权与医师的告知说明义务相对应,知情同意权的实现有赖于医师告知说明义务的履行,而医师告知说明义务的未履行和未完全履行必然引发医患之间侵犯知情同意权的法律责任。医师的告知说明是患者知情理解的前提,而患者知情权的实现,又是同意权行使的前提,故知情同意权实现的

---

① 参见何颂跃:《医疗纠纷与损害赔偿新释解》,人民法院出版社,2002 年版,第 82 页。

② 参见高玉玲:《关于完善患者知情同意权的几点法律思考》,载《医学与哲学》,2003 年第 6 期,第 41–42 页。

③ 参见金玄卿:《韩国的医师说明义务与患者知情同意权》,载《法学家》,2011 年第 3 期,第 153–163 页。

核心是医师的告知说明义务的履行。因此医师在实施医疗行为时,必须向患者进行充分告知,除非无法告知、告知没有意义或者患者主动免除医师的告知义务。如果缺乏医师的说明和患者的同意,医疗行为就无法成立。医师的说明义务和患者的知情同意权可以类比为医疗行为成立的要约和承诺,医师进行的说明构成实施医疗行为的要约,而只有患者获得告知并同意时,作为医疗消费者的患者才对医疗行为进行了承诺,因此医疗行为的实施得以成立①。

2.知情同意权的法律构成

第一,知情同意权的主体。关于医患关系中知情同意权的主体,我国现行的法律规定中有四种模式:家属与单位任选模式,患者和家属(关系人)共享模式,患者和家属任选模式,患者模式②。《医院工作制度》规定"实行手术前必须由病员家属、或单位签字同意(体表手术可以不签字)",这是家属与单位任选模式;《医疗机构管理条例》第三十三条规定的知情同意权的主体是患者、家属或关系人的共享模式;《执业医师法》第二十六条规定的知情同意权的主体是患者或患者家属,即患者和家属的任选模式;《医疗事故处理条例》第十一条规定知情权的主体是患者,《侵权责任法》第五十五条、《病历书写基本规范》第十条均明确规定了知情同意权的主体为患者本人。这四种模式反映了我国法律中知情同意权的主体从重视家属、单位到同时重视患者、家属再到重视患者的变化过程,这种变化总体上是一个从家族主义到社群主义再到个人主义的发展过程③,符合患者自主权保护的需要。尽管这四种模式目前在相关的法律法规中均存在,但在法律有冲突的情况下,根据新法优先于旧法的原则,目前应适用《侵权责任法》和《病历书写基本规范》中的患者模式。即一般情形下,知情同意权的主体是患者本人;当患者是无民事行为能力人或限制民事行为能力人时,应当由其法定代理人签字;患者因病无法签

---

① 参见金玄卿:《韩国的医师说明义务与患者知情同意权》,载《法学家》,2011年第3期,第153-163页。

② 参见季涛:《谁是医疗关系中知情同意权的主体?》,载《浙江社会科学》,2010年第2期,第10-13页。

③ 参见季涛:《谁是医疗关系中知情同意权的主体?》,载《浙江社会科学》,2010年第2期,第10-13页。

字时,应当由其授权的人员签字。同时,《病历书写基本规范》规定了两种特殊情形下知情同意权的行使方式:一种是实行保护性医疗措施时,医师"应当将有关情况告知患者近亲属,由患者近亲属签署知情同意书,并及时记录";另一种是抢救生命垂危患者的紧急情形下,在无法取得患者、法定代理人或被授权人同意签字的情况下,可由医疗机构负责人或者授权的负责人签字。

第二,知情同意权的内容。患者知情同意权的内容法律没有直接规定,主要是通过医疗机构的告知说明法定义务的法律规定体现的。法律中医师的告知说明义务有两种:一种是一般的说明义务,即对患者病情、诊断及治疗措施的告知说明;另一种是实行手术、特殊检查、特殊治疗时的"医疗风险、替代医疗方案等"的告知说明义务。特殊检查与特殊治疗是指具有一定危险性,可能产生不良后果的诊断、治疗活动,以及临床试验性检查治疗和医疗费用可能对患者造成较大经济负担的检查和治疗①。对于其他告知说明义务的内容法律中采取了"等等"概括的表达方式,一般认为如果医疗行为与患者的人身权、健康权、财产权密切相关,医疗机构应告知患者,并征得患者的同意。也有学者认为,以取得患者同意为目的的说明包括诊断说明、经过说明、危险说明,其中诊断说明是患者自主决定的首要条件,医生对疾病治疗过程的说明包括疾病种类、后果、采用其他治疗方式的说明,这是患者行使知情同意权的基础和前提②,而危险说明是影响患者自主决定的重要条件。

第三,知情同意权的形式。目前我国医疗法律主要对手术治疗、特殊检查、特殊治疗、临床实验性治疗明确规定了必须采取书面形式。书面形式主要是通过知情同意书的方式体现的,法律对知情同意书的格式、规范、内容做了明确规定。如《病历书写基本规范》对手术同意书、麻醉同意书、输血治疗同意书、特殊检查和特殊治疗同意书的内容和要求进行了具体的规定。而对一般的医疗行为如门诊检查、病房查房、一般药物治疗、常规临床检查法律没有规定采取何种形式,即可以采取口头形式、书面形式或其他形式。

第四,知情同意的时间。知情同意必须在医疗行为实施前作出,因为医生为患者实施治疗,尤其是侵袭性的治疗,其行为由形式的不合法(如截断他

①参见王岳:《医事法》,对外经济贸易出版社,2013年版,第99-100页。
②参见金玄卿:《韩国的医师说明义务与患者知情同意权》,载《法学家》,2011年第3期,第153-163页。

人肢体)转化为实质上的合法,除了国家法律的许可和保障外,还需具备治疗目的和患者同意这两个方面的条件。也就是说如果患者不同意,那么医生的医疗行为应是非法的。所以,患者的知情同意是实施医疗行为的前提,必须在医疗行为实施前作出。当然,对于出现患者病危等紧急情况,无法取得患者或近亲属同意时,经医疗机构负责人批准可以实施相应的手术。这在国内外的法律中,均有类似规定,如美国法律规定在急诊情况下,医生可以不需要得到病人的知情同意即有治疗权,只要他这种行为符合在此种情况下的医疗惯例。在临床实践中,医疗机构一般都能遵循此规定,但有的医疗机构往往过分关注"患者的同意"而忽视了"患者的知情",故有时知情同意书的签订带有一定的形式化色彩,如以前有的医院签订手术同意书的时间常常被安排在病人即将被推上手术台的那一刻,这种情况下签订的手术同意书往往因为无视患者的知情权而发生医疗纠纷①。

3.知情同意权的例外

当患者的知情同意权与患者的生命权、社会公共利益发生冲突时,医疗机构可以不经患者同意依法为患者实施相应的诊疗行为。法律中知情同意权的例外主要包含三种情形:第一,实施保护性医疗时,可以不经患者知情同意。保护性医疗措施一般是指在医疗过程中某些特定情况下,为保护患者生命健康权益,在对患者进行治疗过程中医疗机构及其医务人员依法或医学原理所实施的"隐瞒"病情真相或相关医疗信息,以避免对患者造成不良后果或对治疗效果产生不利影响的医疗行为②。尽管该行为的实施与患者的知情同意权发生冲突,但却能最大限度地保护患者的生命健康权,因而为我国法律所认可,如1994年的《医疗机构管理条例实施细则》第六十二条规定:"因实施保护性医疗措施不宜向患者说明情况的,应当将有关情况通知患者家属。"1998年的《执业医师法》第二十六条也提出了医师执业中在履行告知义务时对患者保护的特殊要求,"医师应当如实向患者或者其家属介绍病情,但应注意避免对患者产生不利后果。"2002年的《医疗事故处理条例》第十一条和

---

①参见高玉玲:《知情同意权的法律构成要件浅析》,载《医学与社会》,2003年第3期,第50-51页。

②参见王安富、黄敏、李连宏:《论过度性医疗、保护性医疗与防御性医疗的法律界定》,载《医学与哲学》,2013年第5期,第67-69页。

2009年的《侵权责任法》第五十五条再次重申了告知说明中实施医疗保护性措施的规定。第二,实行紧急医疗行为时的例外。该规定基于紧急情形下患者生命权的保护,在无法取得患者或近亲属同意时,经医疗机构负责人批准可以实施相应的医疗措施。紧急情况下救助义务也符合医疗机构的救死扶伤功能,符合医疗机构在紧急情形下救助的法定义务,如《执业医师法》第二十四条规定"对急危患者,医师应当采取紧急措施及时进行诊治;不得拒绝急救处置",对于急救过程中造成的后果,《医疗事故处理条例》第三十三条规定"在紧急情况下为抢救垂危患者生命而采取紧急医学措施造成不良后果的",不属于医疗事故。第三,为了社会公共利益,可以不经患者同意。在涉及社会公共利益时,可以不必取得患者的同意①。这在《传染病防治法》中有所体现,如对于甲类、乙类传染病人的强制隔离和强制医疗措施,对于吸毒者的强制戒毒措施,都是基于公共利益安全的保障需要,不需征得患者同意,或即使患者不同意,医疗机构基于法律的规定和公共安全的需要,仍然可以实施强制医疗行为。

4.侵犯知情同意权责任的认定

侵权责任一般具备四个方面的构成要件:行为人实施了侵权行为,造成损害,侵权行为与损害结果之间具有因果关系,行为人主观上具有过错。侵犯知情同意权的责任构成一般也应具备这四个方面的要件。

首先,侵犯知情同意权责任中的侵权行为一般表现为以下几种:医疗机构对法定告知说明义务的违反,即对应当告知的信息未告知、未充分告知或虚假告知;对患者本人意志的违反即医疗行为未经其同意,超出其同意范围或者欺骗、引诱、胁迫其做出同意;术前未告知患者替代性治疗方案,术中擅自更改手术方案;未告知药品毒副作用;未及时履行转诊告知义务,致患者丧失最佳治疗时机等。无论何种违法方式,患者在此基础上做出的同意不生效力,即使治疗本身无瑕疵,侵权行为也即成立②。因而《侵权责任法》第五十五条第二款规定:"医务人员未尽到前款义务,造成患者损害的,医疗机构应当承担赔偿责任。"这里的"前款义务"是指第五十五条第一款的告知说明义务,

---

①参见赖红梅:《医疗损害法律问题研究》,法律出版社,2014年版,第26页。
②参见原永红、裴绪胜:《侵害患者知情同意权的损害赔偿研究》,载《法学杂志》,2009年第7期,第75—78页。

因而有学者认为,侵犯知情同意权的责任是与医疗技术损害责任、医疗产品责任处于并列地位的一个独立类型①。

其次,要有损害,即由于违反告知义务造成患者的人身伤亡、财产损失和精神损害。以杨立新教授为代表的学者主张"知情同意权受损说",其认为违反告知义务的医疗伦理损害责任侵害的是患者的知情权和自我决定权,损害事实主要不是人身损害事实(尽管也有人身损害事实),而是知情同意权、自我决定权等民事权利的损害。也有学者认为医疗伦理损害责任的赔偿主要是精神损害赔偿,且医疗机构因侵害患者知情同意权承担的精神损害赔偿应当是象征性的,其赔偿数额一般不应过高。至于造成的实际损失的赔偿,以及诊疗行为侵害人身权益直接造成的严重精神损害,则应当另行确定赔偿数额②。笔者赞同该观点,因为在侵犯知情同意权的损害中,患者的人身损害确定较为复杂,其往往与患者自身的疾病因素、医疗技术等因素联系在一起,特别是在医生没有尽到充分告知说明义务,或者医生的告知说明义务对患者自主决定同意权影响较小的情形下,人身损害的赔偿范围应进行一定的限制,主要给予精神损害赔偿。有的可能出现医疗机构虽然侵害了患者的知情同意权,但并未造成患者人身损害或者严重精神损害的情形,这种情形下患者虽然不能请求损害赔偿的救济方式,但依法可以适用"赔礼道歉"等其他侵权责任方式。

再次,医疗侵权行为与损害结果之间要具有因果关系。如果仅有损害事实,而没有医疗行为或者与医疗行为无关,则不存在医疗损害赔偿责任。在医疗活动中,医疗行为、患者自身的体质、患者自身病情的轻重度、患者自身或家属的延误或不配合治疗、医生的医疗技术水平等多种因素都可能引起损害事实的发生。因而医疗损害侵权与其他侵权责任相比,其因果关系的判定更为复杂,这是因为医疗行为本身具有众多的不确定性,通常存在无法得知"全部完整病因"的疾病或伤害,即使能够全然获知该病因,其病因之间的连

---

①参见王竹:《解释论视野下的侵害患者知情同意权侵权责任》,载《法学》,2011年第11期,第93-100页。

②参见王竹:《解释论视野下的侵害患者知情同意权侵权责任》,载《法学》,2011年第11期,第93-100页。

接,以及究竟从何时起确定行为和结果之间的因果关系都有一定的困难①。在侵犯知情同意权的案件中,如何判定因果关系更为复杂,受害人如何证明损害是由医生的告知瑕疵造成,而不是因患者自身的某种疾病或其他因素造成的,或者即使与医生的告知瑕疵有关,其原因力是多少也很难证明。在英美医疗损害责任领域,系采用优势证据原则,即医疗过失在患者的损害过失参与度超过50%的话,医疗机构要承担赔偿责任。我国台湾地区一般采取"相当因果关系说",即只须具备某一事实,依据社会共同经验,足以导致与损害事实同样的结果。这种学说在德国、希腊、奥地利和葡萄牙等大陆法系国家仍然处于主导性地位,在我国大陆地区目前的司法实践中,也常被运用。

最后,医疗机构具有过错。侵权法理论中,对于过错的内涵历来存在主观说和客观说两种。主观说认为过错是行为人应受谴责的主观意志状态,其评价的标准是道德上的正当与非正当。在主观说的理论体系中,过错的心理状态包括故意和过失。主观说认定过错的基本方法是判断行为人能否预见其行为的后果,客观说认为过错的本质是行为人违反了社会所要求的基本行为准则,其基本的裁判方法是将行为人的行为与法律所认可的行为准则之间进行比较,如果行为人之行为低于社会所要求的基本行为准则,就被认定为有过错②。大陆法系国家多采用主观说,英美法系国家多采用客观说,我国学者一般坚持主客观统一的观点③。在侵犯知情同意权的责任认定中,笔者认为应采用客观说为主的过错认定方法,即只要医疗机构及医务人员违反了法定的告知说明义务,即认为其有过错。在该类过错的举证责任上,应由医方承担自己无过错的举证责任,患者无须承担举证责任,因为法律一方面规定了医疗机构负有医疗法律规范规定的伦理性注意义务,同时依据法律的规定,医疗机构负有妥善保存自身已尽伦理性义务的证据,如知情同意书等各种病历性资料④。

---

①参见姜凤武:《医疗损害责任制度比较研究》,法律出版社,2013年版,第35-36页。

②参见石旭雯:《医疗过错的裁量因素》,载《西部法学评论》,2013年第4期,第74-75页。

③参见姜凤武:《医疗损害责任制度比较研究》,法律出版社,2013年版,第46页。

④参见廖焕国:《论医疗过错的认定——以医疗损害侵权责任的理解与适用为视点》,载《政治与法律》,2010年第5期,第18-27页。

【本案评析】

本案中,该妇幼保健院应承担一定的侵权损害赔偿责任。

第一,本案中该妇幼保健院实施了侵犯了曹某的知情权和选择是否手术的权利的行为。因为该医院在实施右侧卵巢囊肿切除术前,并没有告知曹某要将其右侧输卵管和右侧卵巢一并切除。根据《侵权责任法》第五十五条的规定,医务人员在诊疗活动中应当向患者说明病情和医疗措施,需要实施手术、特殊检查、特殊治疗的,医务人员应当及时向患者说明医疗风险、替代医疗方案等情况,并取得其书面同意,而该案中没有任何证据表明医务人员充分履行了该手术的告知义务,尽管医疗机构抗辩说在手术前告知曹某可能出现卵巢囊肿,但其并没有告知对该囊肿可能采取的医疗措施,侵犯了患者医疗措施选择的权利。第二,由于医疗机构的侵权行为,造成了患者的损害,该损害经过司法鉴定中心鉴定,曹某右侧输卵管缺失的伤残等级和右侧卵巢缺如的伤残等级均为10级。第三,曹某患者的损害和医疗机构的行为之间具有直接的因果关系。由于医疗行为具有侵袭性,特别是在手术、特殊检查、特殊治疗中,患者的知情同意是违法阻却事由,即医疗机构和医务人员在手术前应履行充分的告知、说明义务,如果医疗机构和医务人员没有该义务或履行义务不全面,则构成过失侵权,不会产生阻却违法的结果。该案中,尽管医疗机构主张其手术符合诊疗护理规范,但患者损害的结果是由于其违法的医疗行为造成的,两者之间存在因果关系。第四,医疗机构在本案中具有过错,该过错的判断标准是其违反了法定的告知说明义务,而这种过错标准的判定也符合《侵权责任法》第五十八条第一项规定的推定医疗机构有过错的情形,即"违反法律、行政法规、规章以及其他有关诊疗规范的规定"。尽管医疗机构以国家"十五"规划教材《妇产科学》(第6版)有对于"年轻、单侧良性肿瘤应行患侧附件或卵巢切除术或卵巢肿瘤剥出术,保留对侧正常卵巢"之表述作为其医生行使自由裁量权的依据,但却忽视了患者对医疗措施的知情权和选择权。故最终法院判决该妇幼保健院赔偿原告曹某残疾赔偿金、精神损害抚慰金和鉴定费用,对于其他的费用,由于原告没有相关的证据而没有获得法院支持。

【相关法律】

1.《中华人民共和国侵权责任法》

第五十五条 医务人员在诊疗活动中应当向患者说明病情和医疗措施。需要实施手术、特殊检查、特殊治疗的,医务人员应当及时向患者说明医疗风险、替代医疗方案等情况,并取得其书面同意;不宜向患者说明的,应当向患者的近亲属说明,并取得其书面同意。

医务人员未尽到前款义务,造成患者损害的,医疗机构应当承担赔偿责任。

第五十六条 因抢救生命垂危的患者等紧急情况,不能取得患者或者其近亲属意见的,经医疗机构负责人或者授权的负责人批准,可以立即实施相应的医疗措施。

2.《中华人民共和国执业医师法》

第二十六条 医师应当如实向患者或者其家属介绍病情,但应注意避免对患者产生不利后果。

医师进行实验性临床医疗,应当经医院批准并征得患者本人或者其家属同意。

3.《医疗事故处理条例》

第十一条 在医疗活动中,医疗机构及其医务人员应当将患者的病情、医疗措施、医疗风险等如实告知患者,及时解答其咨询;但是,应当避免对患者产生不利后果。

4.《医疗机构管理条例》

第三十三条 医疗机构施行手术、特殊检查或者特殊治疗时,必须征得患者同意,并应当取得其家属或者关系人同意并签字;无法取得患者意见时,应当取得家属或者关系人同意并签字;无法取得患者意见又无家属或者关系人在场,或者遇到其他特殊情况时,经治医师应当提出医疗处置方案,在取得医疗机构负责人或者被授权负责人员的批准后实施。

5.《医疗机构管理条例实施细则》

第六十二条 医疗机构应当尊重患者对自己的病情、诊断、治疗的知情权利。在实施手术、特殊检查、特殊治疗时,应当向患者作必要的解释。因实施保护性医疗措施不宜向患者说明情况的,应当将有关情况通知患者家属。

6.《病历书写基本规范》

第十条 对需取得患者书面同意方可进行的医疗活动,应当由患者本人签署知情同意书。患者不具备完全民事行为能力时,应当由其法定代理人签字;患者因病无法签字时,应当由其授权的人员签字;为抢救患者,在法定代理人或被授权人无法及时签字的情况下,可由医疗机构负责人或者授权的负责人签字。

因实施保护性医疗措施不宜向患者说明情况的,应当将有关情况告知患者近亲属,由患者近亲属签署知情同意书,并及时记录。患者无近亲属的或者患者近亲属无法签署同意书的,由患者的法定代理人或者关系人签署同意书。

六、医疗技术损害责任中过错的认定

【案情简介】

2011年初,患者徐某因"无痛肉眼血尿10天"入住上海某医院,入院后初步诊断为左侧尿管下段占位。2011年1月19日,医院为患者行膀胱镜检+膀胱电切术,术中见膀胱左侧输尿管口有一结节状肿物,后用电切环切除肿物,切除后输尿管口清晰,内未见异常。后病理报告记载:浸润性尿路上皮癌、免疫组化移行细胞癌。患者出院后按医院指定的化疗方案于外院进行化疗,2011年9月15日PET/CT检查,发现膀胱后壁局部增厚,有复发可能,全身多处骨转移,2011年9月17日病理报告为尿路上皮癌(术后复发),后患者于2011年12月27日死亡。徐某丈夫甲与女儿乙认为医院为徐某选择手术的方式不当,存在过错,因为根据中华医学会编著的《诊疗指南——泌尿外科分册》所述,针对患者徐某的情况医院应实行根治性膀胱手术,而非采用电切除局部切除术。故要求医院赔偿患者徐某的医疗费、死亡赔偿金、精神损害抚慰金等各项费用的50%,为此双方发生纠纷。审理中,就医院是否应予赔偿产生争议①。

---

① 参见上海市第二中级人民法院民事判决书,(2014)沪二中民一(民)终字第389号。

【不同观点】

观点一:医疗机构选择的手术方式恰当,诊疗符合规范,无须承担赔偿责任。

观点二:医疗机构选择手术方式不当,存在过错,应承担赔偿责任。

【争议焦点】

医院对患者实施局部切除而非应用根治性膀胱切除术是否属于手术方案选择不当,医方在实施医疗技术过程中是否存在过错?

【法律分析】

1.医疗技术过错的认定标准

医疗损害责任分为医疗技术损害责任、医疗伦理损害责任、医疗产品损害责任三种类型。医疗技术过错是医疗技术损害责任的主要构成要件。对于医疗技术过错的界定直接关系到医疗机构损害责任的承担,那么,什么是医疗技术过错? 其认定标准是什么?

医疗技术过错主要是指医疗机构及医务人员在医疗活动中违反了技术性的注意义务。违反注意义务是侵权责任的核心,是行为人承担过失责任的前提条件。所谓注意义务,是指一个人在从事某种活动时,应该具有高度的谨慎和注意,以避免给他人造成不应有的危险或者损害,欠缺或违反应负的注意义务即构成过失。而医疗注意义务是指医务人员在医疗活动中,应该具有高度的注意,对患者尽到最善良的谨慎和关心,以避免患者遭受不应有的危险或损害。医疗技术注意义务一般包括抽象医疗注意义务和具体医疗注意义务,抽象的医疗技术注意义务主要是本于一般水平的医师所应具备的医学学识及治疗经验,于诊疗疾病时当为的注意,亦即于诊疗疾病时,得预见结果的发生(结果预见义务),及为防止结果的发生而采取必要措施(结果回避义务)的义务[①]。具体的医疗技术注意义务一般是指医疗机构和医务人员从事病情的诊断、治疗方法的选择、治疗措施的施行以及病情发展过程的追踪或术后照护等医疗行为,应当符合当时既存的医疗专业知识或技术水平的义

[①]参见孙森焱:《论医师为诊疗行为时应负之义务》,载《郑玉波先生七十华诞祝贺论文集》,三民书局,1988年版,第169页。

务①。其具体包括检查过程中的注意义务、诊断过程中的注意义务、治疗过程中的注意义务、手术过程中的注意义务、注射过程中的注意义务、麻醉过程中的注意义务、抽血过程中的注意义务、输血过程中的注意义务、用药过程中的注意义务、疗养指导过程中的注意义务②,同时还应包括特殊检查、特殊治疗等医疗行为中的注意义务。医疗技术注意义务是医疗机构医疗活动中的核心义务,违反该注意义务,应认定为医疗技术过错,造成患者损害的,应承担相应的赔偿责任。

由于医疗行为的专业性、患者个人的差异性,如何判定医方违反了诊疗技术注意义务,从而认定其具有过错缺乏一定的标准。在司法实践中,到底采取何种标准,也有一定的争议。目前主要有两种观点,即医疗常规说和医疗水准说。医疗常规说认为,如果医生的医疗行为违反了医疗卫生管理法律、行政法规、部门规章和诊疗护理规范、常规,就应推定其有过错。法典化的专业技术标准和专家证言可视为诊疗常规的具体形式。如果行为人的行为不符合医生职业中通常专业人员所具有的知识、经验和技能水平,该行为就会被认定有过错。医疗水准说认为,医方诊疗行为除了遵循医疗常规之外,还应达到当时的医疗水准,否则不足以免责,目前有不少国家以医疗水准说作为诊疗技术过错的注意义务违反与否的判断标准,如日本、英国等③。也有的学者认为医疗技术过错的认定标准有基本标准和一般标准之分,法定注意义务是认定过错的基本标准;医疗水准注意义务是认定过错的一般标准,在具体考量时应兼顾医疗水准等诸多因素;表见证据是推定过错的依据,由于医疗技术损害责任适用过错责任原则,医疗技术过错应采客观标准④。这种观点认为法定注意义务是指法律、法规、规章以及其他有关诊疗规范确定的医疗机构及医务人员的注意义务,违反这些义务造成患者的人身损害,就应当认为医疗机构对损害具有过错,从而需承担民事责任。同时,实践中的

---

①参见尹志强:《医疗损害责任例解与法律适用》,人民出版社,2010年版,第132页。

②参见王敬毅:《医疗过失责任研究》,载梁慧星编:《民商法论丛》(第9卷),法律出版社,1998年版,第723页。

③参见廖焕国:《论医疗过错的认定——以医疗损害侵权责任的理解与适用为视点》,载《政治与法律》,2010年第5期,第18-27页。

④参见吴祖祥:《论医疗技术过错——以医疗技术损害责任的法律适用为视角》,载《东岳论丛》,2011年第3期,第168-171页。

医疗水准,是判断医疗技术行为是否存在过错的一般标准。因为医学是一门实践性很强的经验科学,医疗技术的改革和进步无不体现在临床医学实践中。但医疗水准存在着地域性的差异,不同资质的医疗机构实行不同的医疗标准,相同资质的医疗机构实行统一的医疗标准。在相同的地区或类似地区,同一级别的医疗机构的医疗设施、医务人员的诊疗水平、服务质量也应该大致相同,实行相同的过错认定标准更加公平合理。

《侵权责任法》在对医疗技术损害责任过错的认定上采取了医疗常规说与医疗水准说、基本标准与一般标准相结合的方式,如第五十八条第一项采取的是医疗常规说和基本标准说,该条规定医疗机构及医务人员在医疗活动中违反法律、行政法规、规章以及其他有关诊疗规范的规定,造成患者损害的,应推定医疗机构有过错。而《侵权责任法》第五十七条、第六十条第一款第三项在诊疗义务的判断上采取了医疗水准说和一般标准说,"医务人员在诊疗活动中未尽到与当时的医疗水平相应的诊疗义务,造成患者损害的,医疗机构应当承担赔偿责任",把是否实施了"与当时的医疗水平相应的诊疗"作为医疗技术过错的判断标准,但在医疗水准上并没有考虑地域的差异性。实际上,医疗水平是医生实施该医疗行为时,应使人相信其具有施行该项医疗行为当时通常所具有的合理技术,在合理技术上,医师不必是该领域的佼佼者,但必须是施行医疗行为"当时"具备可执行该项医疗行为之通常、适格之人,也即必须就该专业知识领域具备通常、合理的医疗水平。即医疗水平等于有能力之医师所应该被期待能够具备工作之能力水平,如其他具有同一专业且合理能力之医师,也会以同样方式处理同样的问题,即符合当时的医疗水平[①]。否则,则认为和当时的医疗水平不相适应,违反了医疗技术注意义务,具有过错。

2.医疗技术过错的证明责任

根据《侵权责任法》的医疗过错损害责任的归责原则,在医疗技术过错造成患者损害的一般情形下,应适用"谁主张谁举证",只有在《侵权责任法》第五十八条规定的特定情形下适用医疗过错举证责任倒置原则。由于医疗行为的专业性、侵袭性、可容许危险性,以及在医疗过程中医患双方信息的不对

---

①参见黄丁全:《医事法新论》,法律出版社,2013年版,第302页。

称性,患者相对处于弱势地位,为了保障患者的权益,2001年《最高人民法院关于民事诉讼证据的若干规定》(法释[2001]33号)第四条第一款第八项规定了医疗诉讼的举证责任倒置,即"因医疗行为引起的侵权诉讼,由医疗机构就医疗行为与损害结果之间不存在因果关系及不存在医疗过错承担举证责任"。这一规定出台后,造成医疗纠纷诉讼量急增,为了应对这种压力,医疗机构在医疗活动中采用了大量的防御性医疗行为。2009年12月26日颁布的《侵权责任法》专章规定了医疗损害赔偿责任,规定了医疗损害赔偿责任一般情形下仍然采用过错责任归责为主、过错推定为辅的归责原则。过错责任归责原则体现在第七章"医疗损害责任"的第一个条款,即第五十四条:"患者在诊疗活动中受到损害,医疗机构及其医务人员有过错的,由医疗机构承担赔偿责任。"过错推定的归责原则体现在《侵权责任法》第五十八条的规定:"患者有损害,因下列情形之一的,推定医疗机构有过错:(一)违反法律、行政法规、规章以及其他有关诊疗规范的规定;(二)隐匿或者拒绝提供与纠纷有关的病历资料;(三)伪造、篡改或者销毁病历资料。"从归责原则可以看出,一般的医疗技术损害中仍然采取"谁主张谁举证"的证明责任分配原则,即患者要主张医疗技术损害赔偿责任,则需要证明医疗机构具有医疗技术过错、侵权行为以及侵权行为和损害结果之间具有因果关系,但对于不具有医学专业知识的患者来说,要证明医疗机构的过错谈何容易。因而有学者主张,对于损害事实较为充分的情形,应允许适用美国法的"事实本身说明过失"、德国的"表见证明"和日本法上的"大致推定"规则,缓和患方的举证责任,使法官达到心证程度即可。这些方法都是利用大致的经验法则,对有特定事实即发生特定典型结果者,则在出现该特定结果时,法官在不排除其他可能性的情形下,推论有该特定事实的存在。如患者在手术之后发现腹部留有手术纱布,该事实本身即可证明医疗过失存在,除非医疗机构能够证明,尚有其他事由可能导致手术纱布遗留的结果,否则法官基于确信而认定该纱布是该医疗机构人员过失所为[①]。我国为了减少操作差错,在医疗活动中对患者的服药、注射、输液等行为规定了"三查七对"的查对制度,"三查"要求在操作前查、操作

---

①参见廖焕国:《论医疗过错的认定——以医疗损害侵权责任的理解与适用为视点》,载《政治与法律》,2010年第5期,第18-27页。

中查、操作后查,具体核查的内容包括:查药品的有效期,配伍禁忌;查药品有无变质、浑浊;查药品的安瓿有无破损,瓶盖有无松动。"七对"指的是:查对床号、查对姓名、查对药名、查对剂量、查对时间、查对浓度、查对用法。如果医护人员没有履行查对制度或履行查对制度有疏忽,则具有过错。在司法实践中,对于这类医疗技术过错一般都由患者或法院聘请司法鉴定机构做出是否具有过错的鉴定。同时,《侵权责任法》规定了举证责任倒置的证明责任分配方式,即患者只要有证据证明医疗机构具有违反卫生法律、法规、诊疗操作规范,隐匿或者拒绝提供与纠纷有关的病历资料,伪造、篡改或者销毁病历资料等情形,则推定其有过错,这种情形下医疗机构要对诊疗技术是否有过错承担证明责任。

至于《侵权责任法》中规定的这两种举证责任分配方式是否同时并存,有学者认为从立法和司法实践上看,医疗技术过错有三种形式:《侵权责任法》第五十七条规定的一般意义过错,第五十八条规定的法律推定过错,司法实践中的表见证明推定过错。基于患者举证的便利性,受害患者就医疗技术过错承担举证责任时,可以沿着下列顺序完成举证任务:法律推定过错——一般意义过错—表见证明推定过错。即受害患者或近亲属首先可以查明医疗机构是否存在"法律推定过错"的情形,如果存在,则法院审查和认定后,可推定医疗机构存在过错。如果不存在法律推定过错,受害患者可证明医疗机构是否存在一般意义过错,此时,人民法院根据"当时的医疗水平"认定医疗机构是否存在过错。如果这两种情况均不存在,则患者或近亲属若能举出表见证据,人民法院仍可推定医疗机构存在医疗技术过错①。一般情况下确实如此,因为推定过错的几种情形标准相对比较客观,证明相对容易。但在医疗和司法实践中,这几种过错往往会同时存在,患者往往举证证明了其中的一点,其他的两点也都能适用。如手术后腹腔内遗留纱布,首先,医护人员违反了法律中规定的查对制度,可以适用《侵权责任法》第五十八条第一项规定的违反法律、法规的规定,推定医疗机构有过错的情形;其次,查对行为也是手术行为的一部分,如果没有履行或履行不当,也属于一般意义上的过错;最后,基

---

①参见吴祖祥:《论医疗技术过错——以医疗技术损害责任的法律适用为视角》,载《东岳论丛》,2011年第3期,第168-171页。

于手术后医疗纱布遗留在体内的事实,也可推定为医疗机构存在过错。

3.医疗技术过错的抗辩事由

抗辩事由是指被告针对原告的诉讼请求而提出的证明原告的诉讼请求不成立或不完全成立的事实。医疗技术过错抗辩事由是指在医疗纠纷诉讼中,被告医疗机构提出的证明医疗技术行为不存在过错,不应承担医疗侵权损害责任的事实。医疗技术过错的抗辩事由既有《侵权责任法》规定的一般抗辩事由和特殊抗辩事由,也有其他法律规定的特别抗辩事由。《侵权责任法》规定的执行职务行为、正当防卫、紧急避险、受害人同意等正当事由在特定的条件下可能成为医疗技术过错的抗辩事由,不可抗力、受害人的过错与第三人过错等外来原因也可以成为医疗技术过错的抗辩事由。《侵权责任法》第六十条规定的医疗机构免责事由也是医疗技术过错的抗辩事由之一。《侵权责任法》第六十条规定,患者有损害,因下列情形之一的,医疗机构不承担赔偿责任:(一)患者或者其近亲属不配合医疗机构进行符合诊疗规范的诊疗,但医疗机构及其医务人员也有过错的,应当承担相应的赔偿责任;(二)医务人员在抢救生命垂危的患者等紧急情况下已经尽到合理诊疗义务;(三)限于当时的医疗水平难以诊疗。除此之外,《医疗事故处理条例》第三十三条规定的不属于医疗事故的情形也可以作为医疗技术过错的免责事由。《医疗事故处理条例》第三十三条规定:"有下列情形之一的,不属于医疗事故:(一)在紧急情况下为抢救垂危患者生命而采取紧急医学措施造成不良后果的;(二)在医疗活动中由于患者病情异常或者患者体质特殊而发生医疗意外的;(三)在现有医学科学技术条件下,发生无法预料或者不能防范的不良后果的;(四)无过错输血感染造成不良后果的;(五)因患方原因延误诊疗导致不良后果的;(六)因不可抗力造成不良后果的。"

综上,医疗技术过错的抗辩事由主要包括以下几个方面:

第一,因患方或者其近亲属不配合医疗机构进行符合诊疗规范的诊疗,导致损害结果,且医方自身不存在过错的情形。医疗义务的完成需要患者方的协助,如果在医疗过程中,患者和家属不配合治疗,不如实地向医生陈述自己的病史、病情,不按时服药,不按医师的指示进行各项检查并接受治疗,并导致后续性错误行为,医疗机构对此损害可以免责。如医生交代了手术后饮食注意事项,但患者不听医院劝告,我行我素,造成病情加重,此种情形下,医疗机构可以此为由抗辩不承担责任。手术中如果是由于患者及其家属的原因延误治疗导致损害后果,也不属于医疗技术过错,医疗机构可以据此免除相应的责任。

第二,在抢救生命垂危患者等紧急情况下已经采取了合理诊疗措施的情形。在抢救垂危病患的生命时,因时间和事项非常紧急,此时不能依据当时的医疗水准评判医方的注意义务,应采取合理诊疗义务的水准,如果已经采取符合常规的合理救助措施,就不存在医疗技术过错。当然作为医师在以该条作为抗辩事由时,要把握三点:首先,必须是生命垂危等紧急情形下才能适用;其次,必须采取了合理的诊疗措施;最后,造成的损害是当时采取的合理的医疗措施无法避免的。

第三,限于当时的医疗水平难以诊疗的情形。医疗行为具有较强的探索性和不确定性,医疗技术的发展也是有限的,医生不能根治所有的疾病是正常的。因此,在现有医学科学技术条件下,对所发生的不良医疗后果无法预料,或者虽然已经预料到了但是没有办法进行防范,不构成医疗技术损害过错,即使后来医疗技术发展发现以前手术的副作用,医疗机构可以此作为抗辩事由。但要把握两点:首先,采取的技术是否与当时的医疗水平相适应,即在全国范围内当时条件下的平均医疗水平,是同级医院能够达到的医疗水平,限于这种医疗水平,医疗机构对造成的不良后果无法预料或虽预料到但难以避免。其次,运用当时的医疗技术仍然难以诊疗,这种情形下运用的医疗技术不能认定为过错,也不能据此要求医疗机构承担赔偿责任。

第四,疾病的自然转归。疾病的自然转归是患者病情自然发展的结果,在医务人员出于救死扶伤的人道主义精神而尽量努力去救治患者之后,由于疾病的自然转归而导致不良后果的发生,如病情恶化、外伤截肢等,医疗机构不承担责任。在疾病的自然转归中虽然发生患者死亡、残疾、功能障碍等后果,但并不是医务人员的技术过错行为造成的,而是由患者体内某种疾病的发展而引起的必然结果,医疗机构可以以此为由进行抗辩。正确区分疾病的自然转归与非正常转归,是判断医疗行为有无违反操作规程并导致非正常的医疗损害的重要方式。

第五,医疗意外。医疗意外是指医务人员在从事诊疗或护理工作过程中,由于患者的病情或患者体质的特殊性而发生难以预料和防范的患者死亡、残疾或者功能障碍等不良后果的情形。该损害后果的发生是因为出现了不能抗拒或无法预见的事由,医疗机构及医务人员在医疗过程中不存在技术过错,故可以作为医疗机构不承担责任的抗辩事由。医疗意外通常包括以下情形:疾病危重急需手术,手术无过失,但术中死亡或术后出现严重后遗症;患者在诊疗过程中突然发生栓塞、猝死等意外情况;由于患者特殊体质而出现不良后果的;药物过敏试验为正常或未规定做过敏试验的药物,引起过敏反应的;应用新技术、新药物之前作了充分的技术准备,执行了请示报告制度,向患者家属说明了情况并征得其签字同意,仍发生意外的,等等。

第六,不可避免的医疗并发症。医疗并发症是指医师在对病人治疗的过程中,因病情发展、变化及其他客观因素造成意想不到的不良后果。在临床上,并发症可以分为疾病并发症和治疗并发症。疾病并发症是指一种疾病在发展过程中引起另一种疾病或症状的发生,后者即为前者的并发症;治疗并发症是指诊疗护理过程中,患者由患一种疾病合并发生了与这种疾病有关的另一种或几种疾病[①]。根据并发症发生的结果是否可以避免,并发症可以分为不可避免的并发症、难以避免的并发症和可以避免的并发症。不可避免的并发症是指并发症的发生是不可避免的;难以避免的并发症是指在诊疗过程中,医务人员已经预料到并发症发生的可能并采取了相应避免措施但仍然发生该并发症者[②]。如紧急情况下,医务人员为抢救患者生命而采取的抢救措施所导致的并发症是难以避免的并发症。可以避免的并发症是指按照常规可以预见并可以避免的并发症,但由于医务人员的疏忽大意或过于自信而未能避免产生,对可以预见并可以避免的并发症所引起的损害赔偿,医方不能主张免责。对不可避免和难以避免的并发症所引起的损害赔偿,医方可以主张免责。但对于是否难以避免或难以诊疗,应以一个合格的医生所应具有的专业知识和技术水平为判断标准,并应参考医学科学技术的发展状况及当地的总体医疗水平来判断。当然,如果并发症的发生是由于医务人员的过失造

---

①参见黄丁全:《医事法新论》,法律出版社,2013年版,第321页。

②参见汤怀世:《关于医疗并发症的法律思考》,载《中国医院》,2002年第5期,第43-45页。

成的,医疗机构仍然应承担责任。

【本案评析】

本案中医院对患者实施局部切除而非应用根治性膀胱切除术是否属于手术方案选择不当,其实施的医疗技术行为是否存在过错,应适用医疗损害责任中的"医疗水准说"予以判断。即医务人员在诊疗活动中是否尽到了与当时的医疗水平相应的诊疗义务,而该义务的履行与否表现在医疗过程中具体的注意义务履行上,即在手术前后检查过程中的注意义务、诊断过程中的注意义务、治疗过程中的注意义务、手术过程中的注意义务、注射过程中的注意义务、麻醉过程中的注意义务、抽血过程中的注意义务、输血过程中的注意义务、用药过程中的注意义务、疗养指导过程中的注意义务是否履行。在这些注意义务都严格履行的情况下,医师选择部分切除术是否有过失?采取部分切除术是否与"当时的医疗水平相适应",即其他具有同一专业且合理能力之医师,是否也会以同样方式处理同样的问题?对此患者应当负有举证责任。但由于医疗行为的专门性、综合性、复杂性,患者对医疗技术行为是否达到当时的医疗水平、是否具有过错通常求助于专门的鉴定机构。该案中,法院先后两次委托上海某区医学会、市医学会进行了鉴定,两次鉴定均认为该医院实施局部切除的行为符合当时的医疗水平,诊断正确,治疗合理,医方更改手术方案及切除肿块前未书面告知患者,存在过错,但与患者死亡之间不存在因果关系。故人民法院审理后认为,公民享有生命健康权,由于过错侵害他人生命健康权的应承担赔偿责任,参照区、市两级医学会的鉴定,患者膀胱肿瘤物为单发、直径较小,采取肿物电切除术手术方式合理,无进行膀胱根治术的手术指征。尽管原告指出根据中华医学会编著的《诊疗指南——泌尿外科分册》所述,针对患者徐某的情况应实行根治性膀胱手术,但原告未能提供证据证明上述观点在医疗实践中绝对正确及该理论对本案例必须适用,故对于原告要求医院承担50%损害赔偿责任的主张不予支持。但由于医院更改手术方案没有书面告诉患者,存在过错,该过错与患者的死亡之间虽然没有因果关系,但患者的知情同意权也属于患者应该享有的权利,医院侵犯该权利,也属于侵权,对此应当承担相应的责任。据此,判决医院承担医疗费、丧葬费、精神损害抚慰金等费用10000元。该案中法院的判决合理,即尽管该医院不存在医疗技术过错,不承担医疗技术损害责任,但由于其违反医疗伦理义务,应承担医疗伦理损害责任。

【相关法律】

1.《中华人民共和国侵权责任法》

第五十四条　患者在诊疗活动中受到损害,医疗机构及其医务人员有过错的,由医疗机构承担赔偿责任。

第五十七条　医务人员在诊疗活动中未尽到与当时的医疗水平相应的诊疗义务,造成患者损害的,医疗机构应当承担赔偿责任。

第五十八条　患者有损害,因下列情形之一的,推定医疗机构有过错:

(一)违反法律、行政法规、规章以及其他有关诊疗规范的规定;

(二)隐匿或者拒绝提供与纠纷有关的病历资料;

(三)伪造、篡改或者销毁病历资料。

第六十条　患者有损害,因下列情形之一的,医疗机构不承担赔偿责任:

(一)患者或者其近亲属不配合医疗机构进行符合诊疗规范的诊疗;

(二)医务人员在抢救生命垂危的患者等紧急情况下已经尽到合理诊疗义务;

(三)限于当时的医疗水平难以诊疗。

前款第一项情形中,医疗机构及其医务人员也有过错的,应当承担相应的赔偿责任。

2.《医疗事故处理条例》

第三十三条　有下列情形之一的,不属于医疗事故:

(一)在紧急情况下为抢救垂危患者生命而采取紧急医学措施造成不良后果的;

(二)在医疗活动中由于患者病情异常或者患者体质特殊而发生医疗意外的;

(三)在现有医学科学技术条件下,发生无法预料或者不能防范的不良后果的;

(四)无过错输血感染造成不良后果的;

(五)因患方原因延误诊疗导致不良后果的;

（六）因不可抗力造成不良后果的。

七、侵犯患者隐私权的法律责任

【案情简介】

　　吕某因酒精所致精神障碍在某精神卫生中心住院治疗。因为吕某在治疗期间神志不清，该精神卫生中心要求吕某的妻子汤某在住院申请单上注明了监护人姓名、与患者的关系和各种联系方式，由汤某作为吕某的监护人。吕某住院期间，该地广播电视台（以下简称"电视台"）新闻中心记者前往该精神卫生中心，对吕某、吕某的母亲杨某及吕某的主治医师进行询问，并对询问过程和吕某的病历进行了摄像。后电视台在未告知且未经吕某及其妻子、母亲同意的情况下，对前期拍摄的素材进行了剪辑，并加入主持人导语、旁白等内容，播出了以"酒精惹祸，一男子喝酒喝出精神失常"为题的新闻，整个节目中未对吕某、杨某的头像及吕某的病历进行马赛克式虚拟处理。事后，吕某、杨某和汤某将电视台和精神卫生中心以侵犯吕某的隐私权为由告上法庭，认为电视台在未经吕某和监护人汤某知情同意的情况下，未告知节目采访、播出中各种主客观评价对吕某可能带来的相应风险，也从未向原告请示是否愿意在什么类型节目以什么方式播出，精神卫生中心违反法律规定未经原告同意向电视台出示吕某病历，故两被告的行为侵犯了患者吕某的隐私权，要求两被告共同支付原告损害赔偿金，并在相关的媒体上道歉声明。对此电视台认为：首先，吕某在采访前后的精神健康状况是正常的，是法律意义上的完全民事行为能力人，电视台对其进行采访无须征得其法定代理人的同意；即使其属于限制民事行为能力人，吕某的母亲杨某是其监护人，采访时杨某在现场，电视台征得了杨某的同意；节目的播放是继续履行合同过程的延续，除非合同相对方提出修改或中（终）止合同，否则，合同各方均无须再次履行告知时方的义务。其次，该电视台进行公益新闻报道是正当行使舆论权利，是出于善意对涉及符合公共利益目的的新闻事件进行报道，不构成对吕某隐私权的侵害。某精神卫生中心也认为，该院医师在采访中对吕某病情的叙述是客观、公正的，且与吕某自己在采访中对自身病情的陈述是一致的,没有对吕某的病情进行夸大、虚构或有其他损害其名誉的行为。吕某的社会评价降低是其自身长期饮酒致使精神失常所致,并非是因为接受采访后造成个人名誉受损,社会评价降低,故两被告的行为不构成侵犯其隐私权①。那么,该案中,两被告是否应承担隐私侵权责任呢?

【不同观点】

观点一:采访中精神卫生中心医师的叙述是客观、公正的,没有对吕某病情进行夸大、虚构或有其他损害吕某名誉的行为,是否接受采访由吕某本人决定,与精神卫生中心无关。虽然精神卫生中心向电视台出示了吕某的病历,但病历没有进行马赛克化处理等展示行为是电视台所为,与精神卫生中心无关。故在该案中,精神卫生中心无过错,不应当承担对原告的赔偿责任。

观点二:尽管采访中医师的叙述是客观的,病历展示也不是精神卫生中心所为,但精神卫生中心没有经过吕某及其监护人同意向案外第三人出示吕某病历的行为存在过错,故应承担侵犯隐私权责任。

【争议焦点】

某精神卫生中心未经过吕某及其监护人的同意,向电视台出示吕某病历资料的行为,是否侵犯了吕某的隐私权?电视台的报道是否侵犯了吕某的名誉权?

【法律分析】

1.患者隐私权的特征

隐私权是指自然人对属于自己私生活范畴的事项依法自由支配并排斥他人非法干涉的权利②。一般来说,凡属于自然人自身私人生活范畴,与公共利益无关的内容,皆属于隐私的范围,包括私人领域不受干扰和私人信息不得任意公开。私密性应是隐私能作为独立人格权并区别于其他权利的根本标志,是自然人可依法支配私人秘密信息且不受干扰或侵害的精神性人格

---

① 参见湖北省武汉市中级人民法院民事判决书,(2016)鄂01民终字第3690号。
② 参见魏振瀛:《民法》,北京大学出版社/高等教育出版社,2013年版,第638页。

权,包括自然人对隐私的支配和维护权以及隐私受到干扰或侵害时的排除和救济权,即隐私权所包含的积极与消极权能①。患者的隐私权应是患者个人享有的对与公共利益无关的个人信息、私人活动和私有领域进行支配的一种具体人格权,是在医疗活动中患者拥有保护自身的隐私部位、病史、身体缺陷、特殊经历、遭遇等隐私,不受任何形式的外来侵犯的权利。这种隐私权的内容除了患者的病情之外,还包括患者在就诊过程中只向医师公开的、不愿意让他人知道的个人信息、私人活动以及其他缺陷或者隐情。患者隐私权作为隐私权的一种,属于具体人格权、尊严型精神人格权,尊重患者隐私权是医务人员应尽的基本义务,也是医患双方信任关系得以维系的基础②。患者的隐私权是患者在医疗活动中享有的一项基本权利,由于医患关系的特殊性,也有其自己的特征。

第一,患者隐私的权利主体和义务主体是特定的。权利主体主要是到医院就医的患者,特定情形下,也包括患者家属,如患者的家族疾病史和情感史往往与家属里他人的隐私权益具有一定的关联性。义务主体主要是医疗机构及其医护人员,这在我国《侵权责任法》《执业医师法》《护士条例》《医疗机构管理条例》等法律法规中具有明确的规定,如《侵权责任法》第六十二条规定,医疗机构及其医务人员应当对患者的隐私保密;《执业医师法》第二十二条规定,医师在执业活动中具有"关心、爱护、尊重患者,保护患者的隐私"的法定义务;《护士条例》第十八条也规定护士在执业过程中负有保护患者隐私的义务。

第二,患者隐私权的客体具有广泛性。患者隐私权的客体是不愿公开的病情、病历资料以及不愿让别人知晓的秘密。这些隐私既包括患者的身体秘密,如生殖器官和性感器官、生理缺陷等身体的隐秘部位以及可能影响其社会形象和地位的特殊疾病,也包括患者的个人信息,如患者的既往疾病史、家族疾病史、生活史、婚姻史、情感史,以及患者的出生、血缘关系,如非婚生子女、养子女等特殊经历,还包括患者的私生活,如一些与社会无关的个人生活,如夫妻性生活等。

---

① 参见张驰:《患者隐私权定位与保护论》,载《法学》,2011年第3期,第41-48页。
② 参见孟强:《论我国〈侵权责任法〉上的患者隐私权》,载《广东社会科学》,2011年第1期,第252-256页。

第三,在医疗活动中医生有获得患者隐私的权利。由于医疗行为的特殊性,医务人员提供的是一种与患者生命、健康密切相关的活动,患者基于对医生的信任和治愈自身疾病的需要,愿意把自己的内心秘密告诉医生,同时医生为了准确治疗疾病也需要了解患者的一些与疾病有关的信息。因而在医疗活动中,医患双方具有共同的目的——维护患者的生命健康。患者同意医护人员对自己进行必需的常规检查,并告诉医护人员与疾病有关的信息,这实际上是患者行使隐私支配权的一种表现,患者或家属对这种隐私权的支配通常是通过默示同意的方式来行使的。因为患者到医院挂号就诊,医生和患者之间就已建立了医疗合同关系,医生具有治疗权,而患者具有接受医学检查和合作治疗的义务,也就是实际上患者已默示同意与诊疗有直接联系的医护人员对其个人隐私可以合理地察知,但对患者隐私的察知必须是与患者的诊疗有直接联系的医护人员,对于与患者的诊疗无直接联系的其他人员,必须经患者或其家属的明示同意,才可以了解患者的隐私,如果没有经过患者的同意,就是侵犯患者隐私权的行为。我国首例发生在新疆的将患者作为教学见习对象而被提起诉讼的案例,就说明了这个问题。主治医师察知患者隐私的行为是合法的,但作为实习生在没有征得患者同意的情况下,观看了患者的隐私部位,则是一种侵权行为。

第四,医务人员所获得的隐私应是从履行职务中所获悉,否则其仅是一般的隐私权纠纷,由此引起的纠纷应由其本人承担责任。医疗行为所具有的特殊性使医务人员在职业活动中具有合法探测患者隐私的权利,如果医务人员所获得的患者隐私,不是在职务活动中获悉,而是通过其他途径获得的,由此而引发隐私权纠纷不属于患者的隐私权问题①。

2.患者隐私权的内容

隐私权包括四项基本权能:隐私隐瞒权、隐私利用权、隐私维护权和隐私支配权②。对于患者来说,为维护自己的人格尊严,保护自己的人格利益,对于个人的与公共利益无关的个人隐私有进行隐瞒的权利;对于个人的隐私有按照自己的意愿进行利用和支配的权利;在自己的隐私受到非法侵害时,有

①参见高玉玲:《医疗行为中患者隐私权保护存在的问题和对策》,载《中国卫生事业管理》,2003年第6期,第738-739页。

②参见杨立新:《侵权法论》(下册),吉林人民出版社,2000年版,第769页。

寻求司法保护的权利。患者隐私权的四项权能在我国《侵权责任法》中具有体现,《侵权责任法》第六十二条的患者隐私隐瞒权与第六十一条的患者隐私利用权和维护权,以及第五十五条、第五十六条患者的隐私支配权共同构成隐私权保护体系,隐私支配权之保护各国一般通过"告知后同意"规则实现①。

（1）患者的隐私隐瞒权。患者的隐私隐瞒权是指患者对于自己的医疗隐私除自己的主治医师外有进行隐瞒,不为他人知晓的权利。《侵权责任法》第六十二条规定:"医疗机构及其医务人员应当对患者的隐私保密。泄露患者隐私或者未经患者同意公开其病历资料,造成患者损害的,应当承担侵权责任。"该条规定了医疗机构的保密义务,从另一个方面反映了患者的隐私隐瞒权。侵犯患者的隐私隐瞒权有两种表现形态:一种是泄露患者隐私行为,"泄露即透露,亦即宣泄于不知其秘密之人,使其得知得见者而言",泄露的对象可以是特定的人,也可以是不特定的人;泄露的方式可以是直接的,也可以是间接的;可以是公开的,也可以是秘密的;可以是口头,也可以是书面的②。另一种是未经患者同意公开其病历资料,实践中一般又分为两种情形,一是出于医学会诊、医学教学或者传染病防治的目的,公开患者的病历资料,二是医疗机构本身对病历资料管理不善,向未取得患者同意的人公开,造成患者损害,前一种情形需要具体分析,后一情形则构成侵权③。

（2）患者隐私的利用权和维护权。隐私利用权是指自然人对于自己的隐私,不仅仅享有消极的隐瞒权,还享有积极的利用权,患者对于自己的病历资料可以进行积极利用,以满足自己精神、物质等方面需要的权利,这种利用权的内容主要表现在法律规定的查阅复制权。《侵权责任法》《医疗事故处理条例》《医疗机构病历管理规定》等都有患者对病历资料的查阅权、复制权等方面的规定。《医疗事故处理条例》第十条规定:"患者有权复印或者复制其门诊病历、住院志、体温单、医嘱单、化验单（检验报告）、医学影像检查资料、特殊检查同意书、手术同意书、手术及麻醉记录单、病理资料、护理记录以及国务

---

① 参见郭明龙:《论患者隐私权保护——兼论侵害"告知后同意"之请求权基础》,载《法律科学》,2013年第3期,第84-91页。

② 参见黄丁全:《医事法新论》,法律出版社,2013年版,第95页。

③ 参见全国人大常委会法制工作委员会民法室:《中华人民共和国侵权责任法解读》,中国法制出版社,2010年版,第309-311页。

院卫生行政部门规定的其他病历资料。患者依照前款规定要求复印或者复制病历资料的,医疗机构应当提供复印或者复制服务并在复印或者复制的病历资料上加盖证明印记。"《侵权责任法》第六十一条第一款规定了医疗机构妥善保管病历资料的义务,第二款规定了患者对病历资料的查阅权和复制权,但这里的查阅和复制的对象主要是客观性病历资料,对于主观性病历资料患者一般是不具有复制权的。患者的复制权是患者对自己病历资料有效利用的前提,只有享有了复制权,其才可能使用病历资料作为医疗纠纷的证据,也可以用作进一步治疗等用途。隐私维护权是指隐私权主体对于自己的隐私所享有的维护其不可侵犯性,在受到非法侵害时可以寻求司法保护的权利,包括:禁止他人非法收集个人信息资料传播个人资讯,非法利用个人情报;对于私人活动禁止他人干涉、追查、跟踪、拍照、摄影,禁止非法搅扰;对于私有领域禁止刺探、宣扬等①。如《侵权责任法》第六十二条就规定了侵犯患者隐私权,造成损害的,应承担侵权责任,该条款也体现了患者的隐私维护权。

(3)患者的隐私支配权。隐私支配权属于隐私权的积极权能,是指自然人对于自己隐私有权按照自己的意愿进行支配,许可他人介入或利用。对于患者隐私支配权,即患者自主性或自我决定自己隐私的权利,各国一般借助于"告知后同意"方式实现②。即只有经过患者同意公布其病历资料或利用其病历资料才是合法行为,否则,除了社会公共利益、保护患者的生命权等情形外,泄露或未经同意的公开均可能构成侵权。

3.侵犯患者隐私权的表现形式

医疗过程中,由于医院管理制度的缺陷和部分医务人员法律意识淡薄,实践中,患者隐私权被侵犯的现象时常发生,其通常表现为以下几种形式。

(1)医院的管理制度忽视了对患者隐私权的保护。如一些医院的门诊室布置安排,没有从替病人保密的角度去考虑,往往使病人不得不在众目睽睽之下向医生诉说不愿别人知道、甚至难以启齿的病史;妇科门诊的诊疗、理疗、裸露检查通常也缺乏一个保密的环境,在进行妇科检查时经常出现一个

---

①参见杨立新:《人身权法论》,人民法院出版社,2006年版,第688页。

②参见郭明龙:《论患者隐私权保护——兼论侵害"告知后同意"之请求权基础》,载《法律科学》,2013年第3期,第84—91页。

患者检查时,身边还有其他患者等候的情况,这时患者很难有隐私权可言,这实际上无意中侵犯了患者的隐私权;不少医院的住院病历,除了对病人保密外,对其他人,如与治疗无关的医务人员、病人单位的领导、亲属同事则是公开的;还有不少医院把病人的检测报告单随意地挂在医院的指定场所,任病人和家属自己去查找和领取,这种做法虽说为病人提供了方便,但也侵犯了部分不愿公开病情、病因的病人的保密权和隐私权。

(2)非法侵入、窥视患者的隐私。患者的隐私是患者人格权的重要组成部分,任何人非经法定程序,不得非法侵入或窥视。在医疗活动中,医护人员可以了解患者与疾病有关的个人信息,可以对患者与疾病有关的私有领域进行合理窥视。但在医疗实践活动中,有的医生出自个人的好奇心理或其他非法目的,对患者与疾病无关的个人信息详细询问,如患者的个人财产状况、患者的人际关系等,还有的非法窥视患者的隐私部位,如男医生在给女患者作疾病检查时,要求患者暴露与疾病无关的隐私部位,这其实也是侵犯患者隐私权的行为。有的假借检查身体之名或故意夸大病情、编造其他不利的理由诱使患者同意,直接窥视或接触患者身体隐私尤其是异性患者身体的隐蔽部位。另外还有的在未征得患者同意的情况下,随意拍摄了可能暴露患者身份或特征的资料。

(3)以口头或书面形式擅自公布患者的隐私。医务人员在医疗活动中由于职务的关系而掌握了患者的隐私,其掌握是合理的也是合法的。但是如果医护人员将掌握的患者隐私资料泄露出去,不管其是故意的,还是过失的,都构成了对患者隐私权的侵犯。如有的医护人员将患者的隐私作为茶余饭后的笑料;有的医护人员未经患者或患者亲属的同意,将患者的病历资料交于其他人或组织阅读;有的临床医学报告及研究,在未征得患者同意的情况下,将患者的真实姓名和真实病历对外公开报道,也有的以文学作品的方式对外报道;有的医院在未征得患者同意的情况下对临床手术进行直播和电视播放,这些情况都是侵犯患者隐私权的行为。

(4)非法利用患者的隐私。患者为了诊疗自身疾病的需要,对医生行使了隐私支配权,但并不是说患者就放弃了自己的隐私权,患者在行使其个人隐私支配权的同时,亦对其个人隐私进行了合法有效的保护。如果医生未经患者同意,将患者的个人隐私资料为自己所用,用于赢利或非赢利目的,都是侵犯患者隐私权的行为。如教学医院未经患者的同意,利用就医者的隐私部位进行教学;音像出版社未经产妇及家人的同意,拍摄产妇的分娩过程作为计划生育宣传的专题片,都是侵犯患者隐私权的行为①。

4.侵犯患者隐私权责任的构成要件

根据《侵权责任法》,侵犯患者隐私权的行为一般包括四要件。

第一,医师的行为具有违法性,主要表现为医疗机构及其医务人员违反了法律规定的保密义务。其中,未经患者同意公开其隐私是医患纠纷中侵害患者隐私权最为常见的形式,其违反了法律中"不得泄露患者信息或未经患者同意公开其病历"的禁止性规定,通常在认定此类侵权事实时,医疗机构泄露或公开的主观状态是故意还是过失,具体场合是医院内部还是外部,采用方式是口头、书面还是通过媒体或其他途径,以及所达目的是为了公益宣传还是作广告或著书立说,均在所不问。另外,未经患者同意接触患者隐私部位或偷窥其隐私部位,也是侵害患者隐私权形态之一。在医疗行为中,医生可以基于疾病治疗的需要了解患者的隐私信息和患者的隐私部位,如果非法探测患者的其他信息或其他隐私,或医学实习生未经患者同意观摩治疗过程或查阅病历资料,均属侵权。

第二,须造成了患者损害。《侵权责任法》规定的侵权责任方式有非财产责任和财产责任,非财产责任包括停止侵害、恢复名誉、消除影响、赔礼道歉,财产责任主要指赔偿损失,其包括物质和精神损害赔偿。侵害患者隐私通常涉及精神损害,若患者欲请求精神损害赔偿,则医疗机构的侵权行为必须造成患者严重的精神损害。《侵权责任法》第二十二条规定:"侵害他人人身权益,造成他人严重精神损害的,被侵权人可以请求精神损害赔偿。"但至于何谓"严重",现行立法并无明定标准,依据以往司法实践经验,通常是由法院依据过错程度、侵权手段、场合、行为方式等具体情节判断损害后果是否严重,同时考虑获利情况、侵权人的经济能力以及受诉法院所在地的平均生活水平等确定赔偿数额。医疗机构及其医务人员侵犯患者隐私权的后果,往往是导

---

①参见高玉玲:《医疗行为中患者隐私权保护存在的问题和对策》,载《中国卫生事业管理》,2003年第6期,第738-739页。

致当事人承受精神上的痛苦以及社会评价的降低,在严重的情形下当事人还可能因为此种精神上的痛苦而引发身体上的损害,例如头痛、失眠、精神失常等,并因此而产生医疗费、误工费、诉讼费用等[①]。

第三,主观上存在过错,即医疗机构及医务人员的行为主观上存在故意或过失。如"公开患者病历资料"一般来说属于主观上故意,"泄露患者隐私信息"可能是故意行为,也可能是疏忽大意或过于自信的过失,如医生没有及时关闭电脑或没有管理好自己病历系统的账号和密码,导致他人取得患者的病历资料等患者隐私信息。如果医疗机构及医务人员在医疗过程中不存在过错,而是依据法律的规定履行相关的法定报告义务,则不构成侵权。

第四,侵权行为和损害之间具有因果关系。即医疗机构及医务人员的侵权与患者的精神损害之间具有因果关系,对此应由患者方承担举证责任。《最高人民法院关于贯彻执行〈中华人民共和国民法通则〉若干问题的意见(试行)》第一百四十条第一款规定:"以书面、口头等形式宣扬他人的隐私,或者捏造事实公然丑化他人人格,以及用侮辱、诽谤等方式损害他人名誉,造成一定影响的,应当认定为侵害公民名誉权的行为。"

5.患者隐私权保护的限制与例外

任何权利的保护都是相对的,都受到一定条件的制约,患者隐私权的保护也受公序良俗、诚实信用、权利不得滥用等规则的制约。当患者的隐私权保护与社会公共利益、他人利益和患者生命权的保护发生冲突时,应适度克减。

(1)基于公共利益的保护。当患者的病情危害到公共利益时,医疗机构依据法律的规定具有向特定的机关报告患者病情的义务,此种情况下尽管没有经患者同意或违背患者意愿,不属于侵犯患者隐私权。如《传染病防治法》第三十条规定:"疾病预防控制机构、医疗机构和采供血机构及其执行职务的人员发现本法规定的传染病疫情或者发现其他传染病暴发、流行以及突发原因不明的传染病时,应当遵循疫情报告属地管理原则,按照国务院规定的或者国务院卫生行政部门规定的内容、程序、方式和时限报告。"《传染病防治

---

①参见孟强:《论我国〈侵权责任法〉上的患者隐私权》,载《广东社会科学》,2011年第1期,第252-256页。

法》第三十七条规定:"依照本法的规定负有传染病疫情报告职责的人民政府有关部门、疾病预防控制机构、医疗机构、采供血机构及其工作人员,不得隐瞒、谎报、缓报传染病疫情。"《执业医师法》第二十九条第一款规定:"医师发生医疗事故或者发现传染病疫情时,应当按照有关规定及时向所在机构或者卫生行政部门报告。"可见,医疗机构和医务人员在发现传染病时的报告义务是法定义务,是基于公共卫生安全的保护。此外,医师发现患者涉嫌伤害事件或者非正常死亡时,应当按照有关规定向有关部门报告,因为这类患者往往可能涉嫌刑事犯罪,对社会公共秩序和公共安全也造成一定的威胁。

(2)基于他人权利的保护。首先,当患者的隐私权与他人的权利发生冲突时,患者的隐私权保护应适当克减。如患者的隐私权保护与监护人的知情同意权发生冲突时,患者的隐私权应让位于监护人的知情同意权。如在未成年人做流产堕胎手术时,尽管未成年患者明确要求医生为其保密,不允许医生告知其监护人,这时候医生告知其监护人,不是侵权。其次,在患者的隐私信息可能对他人利益造成重大损害时,应对患者的隐私权加以限制,这种情形下,医生可以不经患者同意向相关利益主体披露信息。对此,我国《最高人民法院关于审理名誉权案件若干问题的解释》(法释[1998]26号)第八问中对"因医疗卫生单位公开患者患有淋病、梅毒、麻风病、艾滋病等病情引起的名誉权纠纷,如何认定是否构成侵权"问题做出了解释,即"医疗卫生单位的工作人员擅自公开患者患有淋病、梅毒、麻风病、艾滋病等病情,致使患者名誉受到损害的,应当认定为侵害患者名誉权。医疗卫生单位向患者或其家属通报病情,不应当认定为侵害患者名誉权。"在国外的法律中,也有类似的规定,如美国已经有25个州立法规定,对于艾滋病患者,医生可以在衡量患者的医疗信息隐私和第三人的潜在风险后,决定披露患者艾滋病的医疗信息给特定的第三人,即使患者反对,医生仍然可以披露,此种情形不属于侵权。

(3)基于患者生命健康权的保护。当患者的生命健康权和患者的隐私权发生冲突时,基于权利所保护的利益进行衡量,应保护患者的生命健康权。如面对自杀患者,尽管患者不同意向他人告诉病情,但医生基于患者生命权的保护,向患者家属告知病情,不属于侵权。此外,紧急情况下,当患者的自由遭受危险时,对患者病情的告知,也不受患者同意的限制。《英国医师工会伦理规范》规定,如医生是为了保护患者的利益而泄露患者疾病等医疗信息时,可免除保密义务。

【本案评析】

对于本案中两被告是否侵犯了吕某的隐私权,原被告之间存在以下几个争论的焦点问题:第一,本次采访是否应征得吕某及其监护人的同意;第二,被告的行为是否存过错;第三,被告的行为是否造成了吕某的社会评价降低。

1.关于精神病人的监护人问题

精神病人是无民事行为能力人,其行为须监护人同意才具有法律效力。关于精神病人的监护人应由谁担任,我国《民法总则》第二十八条规定:"无民事行为能力或者限制民事行为能力的成年人,由下列有监护能力的人按顺序担任监护人:(一)配偶;(二)父母、子女;(三)其他近亲属;(四)其他愿意担任监护人的个人或者组织,但是须经被监护人住所地的居民委员会、村民委员会或者民政部门同意。"可见,配偶是成年精神病人的第一顺位监护人。本案中,患者吕某的法定监护人应是其妻子汤某,而且住院的申请单上也明确注明了吕某的监护人为汤某,所以两被告征得吕某母亲杨某同意,不具有法律效力;且吕某作为精神障碍患者,在尚未治疗痊愈出院之前,其意思表示不能认定为真实意思表示,其同意也不具有法律效力。

2.关于精神卫生中心和电视台是否存在过错问题

电视台的报道虽然具有社会公益的性质,但其主观上存在过错。民法上的过错既包括故意,也包括过失。行为人主观上虽然具有良好的意图,并非意味着行为人一定没有过错。本案中,电视台未经吕某及其监护人同意采访报道,在节目制作及播出中未屏蔽患者吕某的个人身份信息,其行为具有过错。被告精神卫生中心违反了法定保密义务,《侵权责任法》第六十二条规定:"医疗机构及其医务人员应当对患者的隐私保密。泄露患者隐私或者未经患者同意公开其病历资料,造成患者损害的,应当承担侵权责任。"卫生部《医疗卫生服务单位信息公开管理办法(试行)》第十四条规定:"医疗卫生服务单位不得公开可用于识别个人身份的或者可能导致对个人隐私造成不当侵害的信息。"本案中,该精神卫生中心未经患者及监护人同意向电视台公开患者吕某的病历资料,违反了法律的规定。据此,根据《侵权责任法》第五十八条第一款的规定,应推定精神卫生中心存在过错。

3.关于是否造成吕某社会评价降低的损害后果问题

《最高人民法院关于审理名誉权案件若干问题的解答》(法发[1993]15号)第七条规定:"对未经他人同意,擅自公布他人的隐私材料或者以书面、口头形式宣扬他人隐私,致他人名誉受到损害的,按照侵害他人名誉权处理。"根据该规定,侵犯患者隐私的按照侵害他人名誉权处理。名誉系对他人就其品性、德行、名声、信用等的社会评价[1]。如果新闻报道中没有采用虚化个人或隐蔽个人身份信息等方式,造成他人的社会评价降低,即使新闻报道的内容基本属实,其仍然有可能侵害受害人的名誉权。本案中,被告电视台播出的节目不仅涉及吕某的隐私,而且以未经虚拟镜头和旁白的形式对吕某进行了违背其真实意愿的描述,该节目内容传播到社会上产生了一定的影响,导致吕某的社会评价降低,产生了一定的损害结果。

故两被告的行为构成侵权,应当对其侵权行为所造成的损害后果承担民事赔偿责任。

【相关法律】

1.《中华人民共和国侵权责任法》

第二十二条 侵害他人人身权益,造成他人严重精神损害的,被侵权人可以请求精神损害赔偿。

第五十五条 医务人员在诊疗活动中应当向患者说明病情和医疗措施。需要实施手术、特殊检查、特殊治疗的,医务人员应当及时向患者说明医疗风险、替代医疗方案等情况,并取得其书面同意;不宜向患者说明的,应当向患者的近亲属说明,并取得其书面同意。

医务人员未尽到前款义务,造成患者损害的,医疗机构应当承担赔偿责任。

第六十一条 医疗机构及其医务人员应当按照规定填写并妥善保管住院志、医嘱单、检验报告、手术及麻醉记录、病理资料、护理记录、医疗费用等病历资料。

患者要求查阅、复制前款规定的病历资料的,医疗机构应当提供。

---

[1]参见王利明、杨立新:《人格权与新闻侵权》,中国方正出版社,2010年版,第150页。

第六十二条　医疗机构及其医务人员应当对患者的隐私保密。泄露患者隐私或者未经患者同意公开其病历资料,造成患者损害的,应当承担侵权责任。

2.《中华人民共和国执业医师法》

第二十二条　医师在执业活动中履行下列义务:

(一)遵守法律、法规,遵守技术操作规范;

(二)树立敬业精神,遵守职业道德,履行医师职责,尽职尽责为患者服务;

(三)关心、爱护、尊重患者,保护患者的隐私;

(四)努力钻研业务,更新知识,提高专业技术水平;

(五)宣传卫生保健知识,对患者进行健康教育。

3.《医疗事故处理条例》

第十条　患者有权复印或者复制其门诊病历、住院志、体温单、医嘱单、化验单(检验报告)、医学影像检查资料、特殊检查同意书、手术同意书、手术及麻醉记录单、病理资料、护理记录以及国务院卫生行政部门规定的其他病历资料。

患者依照前款规定要求复印或者复制病历资料的,医疗机构应当提供复印或者复制服务并在复印或者复制的病历资料上加盖证明印记。复印或者复制病历资料时,应当有患者在场。

4.《护士条例》

第十八条　护士应当尊重、关心、爱护患者,保护患者的隐私。

5.《医疗机构病历管理规定》

第十五条　除为患者提供诊疗服务的医务人员,以及经卫生计生行政部门、中医药管理部门或者医疗机构授权的负责病案管理、医疗管理的部门或者人员外,其他任何机构和个人不得擅自查阅患者病历。

第十七条　医疗机构应当受理下列人员和机构复制或者查阅病历资料的申请,并依规定提供病历复制或者查阅服务:

(一)患者本人或者其委托代理人;

(二)死亡患者法定继承人或者其代理人。

第二十条　公安、司法、人力资源社会保障、保险以及负责医疗事故技术鉴定的部门,因办理案件、依法实施专业技术鉴定、医疗保险审核或仲裁、商业保险审核等需要,提出审核、查阅或者复制病历资料要求的,经办人员提供以下证明材料后,医疗机构可以根据需要提供患者部分或全部病历:

(一)该行政机关、司法机关、保险或者负责医疗事故技术鉴定部门出具的调取病历的法定证明;

(二)经办人本人有效身份证明;

(三)经办人本人有效工作证明(需与该行政机关、司法机关、保险或者负责医疗事故技术鉴定部门一致)。

保险机构因商业保险审核等需要,提出审核、查阅或者复制病历资料要求的,还应当提供保险合同复印件、患者本人或者其代理人同意的法定证明材料;患者死亡的,应当提供保险合同复印件、死亡患者法定继承人或者其代理人同意的法定证明材料。合同或者法律另有规定的除外。

6.《医疗卫生服务单位信息公开管理办法(试行)》

第十四条 医疗卫生服务单位的下列信息,不得公开:

(一)属于国家秘密的;

(二)属于商业秘密或者公开后可能导致商业秘密被泄露的;

(三)属于知识产权保护内容的;

(四)属于可用于识别个人身份的或者公开后可能导致对个人隐私造成不当侵害的;

(五)不属于医疗卫生服务单位法定权限内的信息;

(六)法律、法规、规章等规定不予公开的信息。

医疗卫生服务单位的工作人员因卫生行政部门等安排,参加评审、调查、鉴定等活动的,除法律、法规、规章规定外,本人不同意公开其相关信息的,可以不予公开。

7.《最高人民法院关于审理名誉权案件若干问题的解答》

七、问:侵害名誉权责任应如何认定?

答:是否构成侵害名誉权的责任,应当根据受害人确有名誉被损害的事实、行为人行为违法、违法行为与损害后果之间有因果关系、行为人主观上有过错来认定。

以书面或者口头形式侮辱或者诽谤他人,损害他人名誉的,应认定为侵害他人名誉权。

对未经他人同意,擅自公布他人的隐私材料或者以书面、口头形式宣扬他人隐私,致他人名誉受到损害的,按照侵害他人名誉权处理。

因新闻报道严重失实,致他人名誉受到损害的,应按照侵害他人名誉权处理。

第三章 医疗事故法律制度

一、医疗事故的法律认定

【案情简介】

2010年4月8日,患者关某因"咳嗽21天,咯血,双下肢浮肿20天"而入住某医院肾内科。2010年4月13日下午,该医院在B超引导下用2%利多卡因局部麻醉对患者行右肾下极穿刺活检术,术程顺利。2010年4月21日,该医院在患者右侧胸部肩胛下第九肋间2%利多卡因局部麻醉下行胸腔穿刺术,先于患者皮内注射少许利多卡因,患者无任何不适,后继续在患者皮下肋间肌及胸膜麻醉(2%利多卡因共约4 ml),患者随后出现呼吸困难,呼吸、心跳停止,1小时后抢救无效死亡。2010年4月28日,患者家属与该医院共同委托某大学法医鉴定中心对患者关某死亡的原因进行鉴定,鉴定意见为:符合药物所致过敏性休克死亡的病理改变。于是关某的父母提起诉讼,认为关某的死亡是医院错误注射利多卡因导致,且在注射之前没有对关某做皮肤敏感试验,发生事件后既没有封存注射药物与注射针具也没有告知关某的亲属有关封存权利,剥夺患者家属的知情权,且手术过程中存在病历记录不全面(欠缺注射麻醉药物的注射时间、注射过程、注射剂量)等过错,故医院应对关某的死亡承担责任。而医院则认为:利多卡因是常用的麻醉药物,一般使用不需要进行过敏性测试,按当时情况患者也没有利多卡因的禁忌问题,患者的死亡属于医疗意外,并非医疗过错;药物封存应当是医患双方共同对现场实物进行封存和启封,并没有法律法规强行规定医方封存,且没有患方的配合医方也无法进行封存,相关药品、医疗药物及器械在事发后24小时内就已按规定被作为废料处理。一审诉讼期间,根据医院方的申请,一审法院依法委托市医学会就该医院的行为是否构成医疗事故进行鉴定,但患者方认为医院方在发生涉讼事件后没有依法及时封存注射药物,造成不能提交死亡的现场实物以供鉴定,不能进行医疗事故鉴定的后果。后虽经一审法院多次阐释,患者方坚持用原现场药物进行鉴定,最终医疗事故鉴定中止。故一审人民法院认为综合现有证据,不能证实医院的诊疗行为存在《侵权责任法》第五十八条规定的推定有过错的情形,也不存在未尽到与当时的医疗水平相应的诊疗义务的情形。尽管在诊疗过程中,医院存在过错,但该过错和患者方的损害后果间不存在因果关系。故对患者方提出的赔偿请求不予支持,但鉴于本案医院的过错给关某的父母造成一定程度上的精神痛苦,从公平合理角度出发,酌情判令该医院给予关某父母精神损害抚慰金20000元。后关某父母提起上诉,二审法院维持了一审判决。二审判决后,关某父母申请了再审,认为根据《医疗事故处理条例》第二十八条的规定,医疗机构应当提交有关医疗事故技术鉴定的材料,再审法院审理后认为:患者方坚持"医院方不能提供原始注射器材和药品残留物,不能做鉴定"并无不当,从程序上而言,用替代材料虽然可以完成鉴定,但从实质上而言,用替代材料完成的鉴定已经与本案没有关联性,二审法院认为"本案无法进行鉴定的原因并非医院,而是患者方不配合鉴定"属于认定事实与适用法律错误,故判决医院应当对关某的死亡承担责任,支持了患者方相关诉讼请求[1]。

【不同观点】

观点一:医院的诊疗行为存在过错,应承担医疗事故责任;因医院的原因导致不能进行医疗事故鉴定,应推定医院有过错。

观点二:医院的诊疗行为不构成医疗事故,患者的损害结果属于医疗意外。由于患者方的原因导致无法进行医疗事故鉴定,患者方也没有其他证据证明医疗行为与损害结果之间存在因果关系,故应承担对自己不利的法律后果。

---

[1]参见广东省高级人民法院民事判决书,(2017)粤民再132号。

【争议焦点】

医院的行为是否构成医疗事故？医疗事故的举证责任应由谁承担？

【法律分析】

1.医疗事故的构成

医疗事故是指医疗机构及其医务人员在医疗活动中,违反医疗卫生管理法律、行政法规、部门规章和诊疗护理规范、常规,过失造成患者人身损害的事故。据此,构成医疗事故需具备以下几个方面的条件。

第一,医疗事故的行为主体只能是医疗机构及其医务人员。所谓"医疗机构"主要是指以救死扶伤、防病治病、为公民的健康服务为宗旨,从事疾病诊断、治疗活动的医院、卫生院、疗养院、门诊部、诊所、卫生所(室)以及急救站等医疗机构。《医疗机构管理条例实施细则》第三条将医疗机构分为14大类:"(一)综合医院、中医医院、中西医结合医院、民族医医院、专科医院、康复医院;(二)妇幼保健院、妇幼保健计划生育服务中心;(三)社区卫生服务中心、社区卫生服务站;(四)中心卫生院、乡(镇)卫生院、街道卫生院;(五)疗养院;(六)综合门诊部、专科门诊部、中医门诊部、中西医结合门诊部、民族医门诊部;(七)诊所、中医诊所、民族医诊所、卫生所、医务室、卫生保健所、卫生站;(八)村卫生室(所);(九)急救中心、急救站;(十)临床检验中心;(十一)专科疾病防治院、专科疾病防治所、专科疾病防治站;(十二)护理院、护理站;(十三)医学检验实验室、病理诊断中心、医学影像诊断中心、血液透析中心、安宁疗护中心;(十四)其他诊疗机构。"医务人员应是经过考核和卫生行政机关批准取得资格的各类卫生技术人员,包括医疗防疫人员(含中医、西医,卫生防疫,寄生虫、地方病防治,工业卫生,妇幼保健等)、药剂人员(含中药、西药)、护理人员及其他技术人员(含检验、理疗、病理、口腔、同位素、放射、营养、生物制品生产等),同时还应包括从事医疗管理、后勤服务等人员。如果造成患者损害后果的行为不是医疗机构及其医务人员所为,则属于"非法行医",《刑法》正是以行为的主体是否为医务人员而将医疗活动造成他人损害结果的犯罪行为分别规定为"医疗事故罪"和"非法行医罪"。

第二,必须发生在医疗活动中。所谓医疗活动是指医疗机构及医务人员借助其医学知识、专业技术、仪器设备及药物等手段,为患者提供救治、检查、诊断、医疗、护理保健、医疗美容以及为此服务的后勤和管理等维护患者生命健康所必需的活动的总和①。我国台湾地区的理论和实务中,通常采用医疗行为的称谓,其将医疗行为定义为:凡是以治疗、矫正或预防人体疾病、伤害残缺或保健为直接目的所为之诊察、诊断及治疗或基于诊察、诊断结果,以治疗为目的所为之处方或用药等行为之一部或全部之总称。日本学界也通常将"医疗活动"称为"医疗行为",其也将医疗行为定义为:以疾病的预防,患者身体状况的把握和疾病原因以及障害的发现,病情和障害的治疗以及因疾病引起的痛苦的减轻,患者身体及精神状况改善为目的的对身心所做的诊察、治疗行为②。可见对于医疗活动的定义表达上虽有差异,但一般都包含三点:①必须是基于患者生命健康目的而为的预防、治疗疾病的行为,这类医疗行为的实施一般是通过一定的医学手段,希望达到一定的医疗效果;②该类行为实施的主体应是获得国家执业许可的医疗机构及其医务人员;③该行为的实施必须是在特定的时间和场所内进行的,医疗活动一般应是在医疗机构内进行,如医生在旅途中偶遇病人或突发事件,出于见义勇为进行抢救,这里实施的行为不应属于医疗活动。医生不在办公室或不在他的法定行医场所碰到朋友或过去的病人,随便聊一些医学上的知识或应朋友的提问,回答一些医疗保健问题,这种行为不属于医疗活动中的诊疗行为。所谓特定的时间要求特定主体的活动应是在医生在岗期间,如果医生不在岗位上,即使是在医院内,如果发生某种事件,即使在场,也未必承担医生的责任。但是对住院病人来说,全天24小时均是在医院责任范围内。

第三,行为具有过失。该过失有两个判定标准:"违法性"和"过失论"。"违法性"主要是判定行为人的行为是否违反了医疗卫生管理法律、行政法规、部门规章和诊疗护理规范、常规。即以具有违法性作为判断医疗行为是否具有过失的标准之一,这一点与《侵权责任法》第五十八条第一项的规定相一致,"患者有损害,因下列情形之一的,推定医疗机构有过错:(一)违反法律、行政法规、规章以及其他有关诊疗规范的规定。"在医疗事故中,不仅表现为医疗行为违反了医疗法律、行政法规、部门规章,还表现为违反了诊疗护理

①参见唐德华:《〈医疗事故处理条例〉的理解与适用》,中国社会科学出版社,2002年版,第50-51页。

②参见王岳:《医事法》,对外经济贸易大学出版社,2013年版,第23页。

规范、常规。"过失论"强调医疗过程中医疗行为存在过失,但过失认定的标准是什么,法律中没有明确规定。由于刑法中过失与民法中过失在认定标准和功能上存在差异性,对于医疗事故认定中过失标准的认定是采取民法侵权法中客观过失理论还是采取刑法中主观过失理论,学界有一定的争议。主张采用刑法中过失论的学者认为,这种过失可能是疏忽大意的过失,也可能是过于自信的过失,但医务人员的故意行为不构成医疗事故。所谓疏忽大意的过失是指在医疗活动,医疗机构及其医务人员应当预见到和可以预见到自己的行为可能造成患者的损害后果,却因为疏忽大意而未能预见到,致使损害结果的发生。过于自信的过失是指医疗机构及医务人员已经预见自己的行为可能造成患者损害的结果,但轻信能够避免以致发生这种结果的心理态度。主张采用民法过失论的学者认为,《医疗事故处理条例》作为一部通过行政途径解决医疗事故问题的行政法规,行政处理责任是轻于刑事责任的,应当采用民法尤其是侵权法中的过失认定标准而摒弃刑法中的主观过失理论①。民法中的过失通常以违反一定的注意义务作为判断过失的标准,即医疗机构及医务人员在对患者进行医疗活动时,是否已经尽到符合其相应专业要求的注意义务,如果尽到了,则无过失,反之,则有过失。

第四,造成了患者的损害结果。即医疗机构及医务人员的行为造成患者人身的明显损害。医疗事故损害的是患者人身这一客体,这种损害可能是死亡,可能是残疾,也可能是由于器质性损害导致的功能障碍,其损害是客观的、可以检查、检测的,损害程度是通过损害的后果来体现的。2002年卫生部颁布的《医疗事故分级标准(试行)》正是根据对患者人身造成的损害程度,把医疗事故分为四级十二等。一级医疗事故是指造成患者死亡、重度残疾的损害后果,分为甲、乙两等;二级医疗事故是指造成患者中度残疾、器官组织损伤导致严重功能障碍,分为甲、乙、丙、丁四等;三级医疗事故是指造成患者轻度残疾、器官组织损伤导致一般功能障碍,分为甲、乙、丙、丁、戊五等;四级医疗事故是指造成患者明显人身损害的其他后果的医疗事故,如造成患者面部轻度色素沉着或脱失、拔除健康恒牙、一拇指末节1/2缺损、一足拇趾末节缺

---

①参见唐德华:《〈医疗事故处理条例〉的理解与适用》,中国社会科学出版社,2002年版,第57页。

失、剖宫产术引起胎儿损伤等情形。虽然有损害,但没有造成明显后果的,不属于医疗事故。

第五,医疗机构及医务人员的过错行为与损害结果之间具有因果关系。如果仅有过错,但没有损害,不构成医疗事故,同样,如果仅有损害后果而医疗机构及其医务人员不存在过错,同样不构成医疗事故。因果关系是任何一种法律责任的构成要件,是法律责任归责的基础和前提。关于因果关系的学说主要有必然因果关系说和相当因果关系说,必然因果关系说认为,所谓因果关系是指各个客观现象之间存在一种必然的联系,某一现象的出现是在一定条件下必然由另一已经存在的现象所引起的,前一现象称为因,后一现象称为果,他们之间的这种必然联系就是因果关系。相对因果关系说认为,行为和损害结果之间不一定要求具有直接的因果关系,只要行为人的行为对损害结果构成适当条件,行为人就应该负责。德国有学者认为,如果某项事件与损害结果之间具有相当因果关系,则该事件必须是损害发生所必不可少的条件,同时,该事件实质上也增加了损害发生的客观可能性,即相当性原则。在医疗事故技术鉴定中,作为鉴定人的医学专家也许受到哲学因果关系的影响,往往要求医疗过失行为与人身损害结果之间存在必然的、直接的因果关系,从而使医疗事故的证明标准达到了极高的科学验证标准[1]。实际上,采用相当因果关系说判定医疗事故的构成更符合法律的精神和司法实践。

2.不属于医疗事故的情形

在医疗活动中,虽然有损害结果,但如果医疗机构和医务人员无过错,而是由于医疗意外、不可抗力、患者方自己的原因造成的,则医疗机构和医务人员不承担医疗事故的责任。《医疗事故处理条例》第三十三条规定了6种不属于医疗事故的情形:①在紧急情况下为抢救垂危患者生命而采取紧急医学措施造成不良后果的;②在医疗活动中由于患者病情异常或者患者体质特殊而发生医疗意外的;③在现有医学科学技术条件下,发生无法预料或者不能防范的不良后果的;④无过错输血感染造成不良后果的;⑤因患方原因延误诊疗导致不良后果的;⑥因不可抗力造成不良后果的。所谓不可抗力,是指不能预见、不能避免并不能克服的客观情况,除法律另有规定外,因不可抗力不

---

①参见赖红梅:《医疗损害法律问题研究》,法律出版社,2014年版,第73页。

能履行合同或造成他人损害的,不承担民事责任。此外,意外事故也常构成法律中的免责事由,所谓意外事故,是指非故意或非过失引起的事故,在民法上,除法律另有规定或当事人另有约定外,一般也不承担民事责任。其他的如患者方的原因或无过错均可以作为医疗机构免责的事由。《侵权责任法》第六十条规定了医疗机构不承担责任的三种情形:"患者有损害,因下列情形之一的,医疗机构不承担赔偿责任:(一)患者或者其近亲属不配合医疗机构进行符合诊疗规范的诊疗;(二)医务人员在抢救生命垂危的患者等紧急情况下已经尽到合理诊疗义务;(三)限于当时的医疗水平难以诊疗。"但同时也规定:"医疗机构及其医务人员也有过错的,应当承担相应的赔偿责任。"可见,无论是《医疗事故处理条例》还是《侵权责任法》的列举情形中都说明了医疗机构无过错即无责的情形。

3.医疗事故鉴定中提交证据的责任

医疗事故鉴定中提交证据的责任应根据医疗鉴定工作的需要,根据《医疗事故处理条例》的规定,由进行医疗事故技术鉴定的双方当事人提交。《医疗事故处理条例》第二十八条明确规定了医疗机构在医疗事故技术鉴定中应提交证据的类型以及不提交证据的责任,其中第二款规定:"医疗机构提交的有关医疗事故技术鉴定的材料应当包括下列内容:(一)住院患者的病程记录、死亡病例讨论记录、疑难病例讨论记录、会诊意见、上级医师查房记录等病历资料原件;(二)住院患者的住院志、体温单、医嘱单、化验单(检验报告)、医学影像检查资料、特殊检查同意书、手术同意书、手术及麻醉记录单、病理资料、护理记录等病历资料原件;(三)抢救急危患者,在规定时间内补记的病历资料原件;(四)封存保留的输液、注射用物品和血液、药物等实物,或者依法具有检验资格的检验机构对这些物品、实物作出的检验报告;(五)与医疗事故技术鉴定有关的其他材料。在医疗机构建有病历档案的门诊、急诊患者,其病历资料由医疗机构提供。"同时,该条第三款规定:"医疗机构无正当理由未依照本条例的规定如实提供相关材料,导致医疗事故技术鉴定不能进行的,应当承担责任。"至于哪些证据材料由患者方提交,《医疗事故处理条例》规定了两种情形:一种是如果患者没有在医疗机构建立病历档案的,其病历资料由患者提供,第二种是由进行鉴定的医学会根据鉴定需要确定。医疗事故鉴定中提交证据的责任不同于医疗损害责任中的举证责任,在医疗损害责任案件中,根据《侵权责任法》第五十四条和第五十八条的规定,一般认为医疗损害责任的归责原则采取了过错责任原则为主,过错推定为辅的原则,因而在一般医疗损害责任赔偿案件中,通常采取"举证正置"即谁主张、谁主举证的原则,患者要求医疗机构承担赔偿责任的,需要提供证据证明医疗机构存在过错、其过错行为与损害结果之间具有因果关系,否则将要承担不利的法律后果。但在出现《侵权责任法》第五十八条过错推定的三种情形时,实行"举证责任倒置",即由医疗机构举证证明自身不存在该条规定的三种行为,否则要承担相应的赔偿责任。

【本案评析】

该案中,实施医疗行为的主体是医疗机构及其医务人员,其行为是发生在医疗过程中,司法鉴定结果为:关某符合药物所致过敏性休克死亡的病理改变,即关某因医方注射麻醉药物导致死亡的因果关系成立。所以本案认定是否构成医疗事故的关键性问题是医方在注射麻醉药物的诊疗过程当中是否存在过错,而对医方过错的判定标准一方面要考察其行为是否适法,另一方面还要考察其是否尽到了与当时医疗水平相应的注意义务,而该过错的判定需要具有相关专业知识的人员进行,即通过医疗事故的技术鉴定判定医疗机构是否存在过失、医疗过失行为与损害后果之间是否存在因果关系,以及医疗过失行为在损害后果中的责任程度。而该案中由于没有现场封存注射器及注射药物导致医疗事故鉴定中止,其责任在于患者方还是医方? 笔者赞同再审人民法院的判决,认为责任在于医方,因为《医疗事故处理条例》第二十八条第二款第四项明确规定"封存保留的输液、注射用物品和血液、药物等实物"等鉴定材料应当由医疗机构提供,"医疗机构无正当理由未依照本条例的规定如实提供相关材料,导致医疗事故技术鉴定不能进行的,应当承担责任"。该案中,医疗机构没有提供现场的原物导致医疗事故鉴定不能进行是否具有正当理由呢? 对此,医方解释说,是由于患者方没有提出封存原物,所以相关药品、医疗药物及器械在事发后24小时内就已按规定被作为废料处理,该理由是否正当?《医疗事故处理条例》第十七条规定:"疑似输液、输血、注射、药物等引起不良后果的,医患双方应当共同对现场实物进行封存和启封"，即一旦医疗活动发生不良反应时，医疗机构和患者都应当注意保存证据，为了保证证据的真实性，所以要求双方共同在场封存，但封存应由哪一方提出，法律并没有规定，可以是医患双方提议共同封存，也可以是医方提出，也可以是患者方提出。所以医方以患者方没有提出封存后单方销毁原物为由进行抗辩，显然不能成立。所以在此情形下，导致医疗事故鉴定不能进行的责任应在医方。医疗机构的行为违反了法律的规定，具有过失，应承担医疗事故的法律责任。

【相关法律】

1.《医疗事故处理条例》

第二条　本条例所称医疗事故，是指医疗机构及其医务人员在医疗活动中，违反医疗卫生管理法律、行政法规、部门规章和诊疗护理规范、常规，过失造成患者人身损害的事故。

第四条　根据对患者人身造成的损害程度，医疗事故分为四级：

一级医疗事故：造成患者死亡、重度残疾的；

二级医疗事故：造成患者中度残疾、器官组织损伤导致严重功能障碍的；

三级医疗事故：造成患者轻度残疾、器官组织损伤导致一般功能障碍的；

四级医疗事故：造成患者明显人身损害的其他后果的。

具体分级标准由国务院卫生行政部门制定。

第十七条　疑似输液、输血、注射、药物等引起不良后果的，医患双方应当共同对现场实物进行封存和启封，封存的现场实物由医疗机构保管；需要检验的，应当由双方共同指定的、依法具有检验资格的检验机构进行检验；双方无法共同指定时，由卫生行政部门指定。

疑似输血引起不良后果，需要对血液进行封存保留的，医疗机构应当通知提供该血液的采供血机构派员到场。

第二十八条　负责组织医疗事故技术鉴定工作的医学会应当自受理医疗事故技术鉴定之日起5日内通知医疗事故争议双方当事人提交进行医疗事故技术鉴定所需的材料。

当事人应当自收到医学会的通知之日起10日内提交有关医疗事故技术鉴定的材料、书面陈述及答辩。医疗机构提交的有关医疗事故技术鉴定的材料应当包括下列内容：

（一）住院患者的病程记录、死亡病例讨论记录、疑难病例讨论记录、会诊意见、上级医师查房记录等病历资料原件；

（二）住院患者的住院志、体温单、医嘱单、化验单（检验报告）、医学影像检查资料、特殊检查同意书、手术同意书、手术及麻醉记录单、病理资料、护理记录等病历资料原件；

（三）抢救急危患者，在规定时间内补记的病历资料原件；

（四）封存保留的输液、注射用物品和血液、药物等实物，或者依法具有检验资格的检验机构对这些物品、实物作出的检验报告；

（五）与医疗事故技术鉴定有关的其他材料。

在医疗机构建有病历档案的门诊、急诊患者，其病历资料由医疗机构提供；没有在医疗机构建立病历档案的，由患者提供。

医患双方应当依照本条例的规定提交相关材料。医疗机构无正当理由未依照本条例的规定如实提供相关材料，导致医疗事故技术鉴定不能进行的，应当承担责任。

第三十三条　有下列情形之一的，不属于医疗事故：

（一）在紧急情况下为抢救垂危患者生命而采取紧急医学措施造成不良后果的；

（二）在医疗活动中由于患者病情异常或者患者体质特殊而发生医疗意外的；

（三）在现有医学科学技术条件下，发生无法预料或者不能防范的不良后果的；

（四）无过错输血感染造成不良后果的；

（五）因患方原因延误诊疗导致不良后果的；

（六）因不可抗力造成不良后果的。

2.《医疗事故技术鉴定暂行办法》

第十二条　医学会应当自受理医疗事故技术鉴定之日起5日内，通知医疗事故争议双方当事人按照《医疗事故处理条例》第二十八条规定提交医疗事故技术鉴定所需的材料。

当事人应当自收到医学会的通知之日起10日内提交有关医疗事故技术

鉴定的材料、书面陈述及答辩。

对不符合受理条件的,医学会不予受理。不予受理的,医学会应说明理由。

二、医疗事故技术鉴定与医疗损害司法鉴定问题

【案情简介】

王某于 2010 年 1 月 10 日下午入住甲医院待产。甲医院在征得王某及其丈夫同意后,于 2010 年 1 月 11 日清晨 5 时为其施行剖宫产术。术后,母婴正常。术后 8 个月,王某到该院放节育环,该院检查后告知其无法上环。之后,王某又分别到当地计划生育服务站及妇幼保健院检查,均被告知无法上环。计划生育服务站为其出具一份医疗证明书:"因子宫与腹壁粘连,宫颈暴露困难,无法行放环术。"后原告以该证明所述内容为由,向县卫生局申请医疗事故技术鉴定。县卫生局委托市医学会进行了医疗事故技术鉴定,鉴定结论为不属于医疗事故。王某不服该鉴定,然后又向该县卫生局提出再次医疗事故鉴定申请。省医学会依法对该案进行再次医疗事故技术鉴定,鉴定结论为不构成医疗事故,但是甲医院存在病历书写方面不规范,如病程记录不规范,无首诊病程记录,无待产记录等过失,子宫体剖宫产手术后引起宫体宫颈粘连是常见的术后并发症,甲医院的上述过失与患者的损害后果之间无因果关系。同时,王某也向法院提起了诉讼,要求甲医院赔偿自己的经济损失和精神损失共计 30 万元。在审判期间,原告王某向一审法院提出了申请重新进行医疗事故技术鉴定的请求,一审法院认为该案已进行了两次鉴定,且该案也不属于在全国有重大影响的医疗事故争议,该申请不符合法律的规定,不予准许。随后原告在庭审期间提交医疗损害司法鉴定申请书,称其身体存在多种损害后果是客观存在的,请求法院委托有资质的司法鉴定机构进行医疗损害司法鉴定,并递交了变更诉讼请求申请书和医疗损害司法鉴定申请书,问:该请求法院会支持吗?

【不同观点】

观点一:该案已经进行了两次医疗事故技术鉴定,且两次鉴定结论均为不构成医疗事故,因而患者不能再提起医疗损害司法鉴定,甲医院不承担赔偿责任。

观点二:医疗事故技术鉴定和医疗损害司法鉴定是两种不同性质的鉴定,故在进行两次医疗事故技术鉴定后,患者仍然可以请求医疗损害司法鉴定,如果医疗损害司法鉴定认定医疗过失与患者的医疗损害之间具有因果关系,则甲医院应承担赔偿责任。

【争议焦点】

患者在进行医疗事故技术鉴定后,能否再行提起医疗损害司法鉴定?经鉴定不构成医疗事故的,医疗机构是否不承担民事赔偿责任?

【法律分析】

1.医疗事故技术鉴定的概念和种类

医疗事故技术鉴定是指由医学会组织有关临床医学专家和法医学专家组成的专家组,运用医学、法医学的知识和技术,对涉及医疗事故争议处理的有关专门性问题进行检验、鉴别和判断并提供鉴定结论的活动。专家组是由医患双方在医学会主持下按照一定的程序从专家库中随机抽取产生,特殊情况下医学会根据医疗事故技术鉴定工作的需要,可以组织医患双方在其他医学会建立的专家库中随机抽取相关专业的专家参加鉴定或者函件咨询。能够进入专家库的人员一般是下列两类人员:第一,具有良好的业务素质和执业品德,而且受聘于医疗卫生机构或者医学教学、科研机构并担任相应专业高级技术职务3年以上、健康状况能够胜任医疗事故技术鉴定工作的医疗卫生专业人员;第二,有良好的业务素质和执业品德,健康状况能够胜任医疗事故技术鉴定工作并且具备高级技术职务任职资格的法医。负责组织医疗事故技术鉴定工作的医学会依照规定聘请医疗卫生专业技术人员和法医进入专家库,可以不受行政区域的限制。在专家库的组成程序方面,可以是符合条件的个人经所在单位同意后向组建专家库的医学会申请,也可以是相关单位按照医学会要求,推荐专家库成员候选人。医学会对专家库成员候选人进行审核,决定是否聘任。专家库成员聘用期为4年,聘用期间出现因健康原因不能胜任医疗事故技术鉴定的、变更受聘单位或被解聘的、不具备完全民事行为能力的、受刑事处罚的等情形时,医学会应根据实际情况及时进行调整。

医疗事故技术鉴定分为首次鉴定、再次鉴定、重新鉴定、中止鉴定和终止鉴定几种情形。首次鉴定是医疗事故的第一次技术鉴定,一般由设区的市级和省、自治区、直辖市直接管辖的县(市)级地方医学会负责组织专家鉴定组进行,负责首次医疗事故技术鉴定工作的医学会原则上聘请本行政区域内的专家建立专家库;当本行政区域内的专家不能满足建立专家库需要时,可以聘请本省、自治区、直辖市范围内的专家进入本专家库。再次鉴定是指任何一方当事人对首次医疗事故技术鉴定结论不服的,可以自收到首次医疗事故技术鉴定书之日起15日内,向原受理医疗事故争议处理申请的卫生行政部门提出再次鉴定的申请,或由双方当事人共同委托省、自治区、直辖市医学会组织再次鉴定。负责再次医疗事故技术鉴定工作的医学会原则上聘请本省、自治区、直辖市范围内的专家建立专家库;当本省、自治区、直辖市范围内的专家不能满足建立专家库需要时,可以聘请其他省、自治区、直辖市的专家进入本专家库。重新鉴定是指医学会对经卫生行政部门审核认为参加鉴定的人员资格和专业类别或者鉴定程序不符合法律规定,需要重新进行的鉴定。再次鉴定与重新鉴定的主要区别是,再次鉴定是对鉴定的实体内容不服而提起的鉴定;而重新鉴定不涉及鉴定的实体内容,只是因原有鉴定违反法定程序而不能作为证据采用,需要重新按照法定程序进行的鉴定。中止鉴定是指由于某种原因导致鉴定的暂时停止,当鉴定条件符合要求时,可以恢复鉴定。医学会中止组织医疗事故技术鉴定的情形主要有:当事人未按规定提交有关医疗事故技术鉴定材料的;提供的鉴定材料不真实的;拒绝缴纳鉴定费的以及国务院卫生行政部门规定的其他情形。终止鉴定是指由于某种原因导致鉴定过程的终结,鉴定过程不能恢复。在受理医患双方共同委托医疗事故技术鉴定后至专家鉴定组作出鉴定结论前,双方当事人或者一方当事人提出停止鉴定的,医疗事故技术鉴定终止;在鉴定过程中,当事人拒绝配合,无法进行医疗事故技术鉴定的,终止鉴定。

2.医疗事故技术鉴定的提起

医疗事故技术鉴定的提起方式主要有当事人委托鉴定、卫生行政部门移交鉴定、人民法院委托鉴定三种。当事人委托鉴定是指双方当事人协商解决医疗事故争议,需进行医疗事故技术鉴定的,应共同书面委托医疗机构所在地负责首次医疗事故技术鉴定工作的医学会进行医疗事故技术鉴定。如果协商解决医疗事故争议涉及多个医疗机构的,应当由涉及的所有医疗机构与患者共同委托其中任何一所医疗机构所在地负责组织首次医疗事故技术鉴定工作的医学会进行医疗事故技术鉴定。卫生行政部门移交鉴定是指县级以上地方卫生行政部门接到医疗机构关于重大医疗过失行为的报告或者医疗事故争议当事人要求处理医疗事故争议的申请后,对需要进行医疗事故技术鉴定的,应当书面移交负责首次医疗事故技术鉴定工作的医学会组织鉴定,如果医疗事故争议涉及多个医疗机构,当事人申请卫生行政部门处理的,只可以向其中一所医疗机构所在地卫生行政部门提出处理申请。人民法院委托鉴定是人民法院受理因医疗行为引起的侵权诉讼后,认为需要鉴定的,也可以委托医学会组织鉴定。

3.医疗事故技术鉴定的特点

为了最大限度地保证医患双方的合法权益,在医疗事故技术鉴定过程中贯彻公开的原则,同时在专家鉴定组人员、鉴定程序等方面也贯彻了公平和公正的原则,医疗事故技术鉴定具有准司法化的特征。

第一,法定性。主要体现为医疗事故技术鉴定主体、鉴定客体、鉴定程序、鉴定的步骤、方法与结果均要符合法律规定。从实体到程序,从形式到内容,从技术手段到各项标准必须严格执行法律法规的规定。第二,独立鉴定制。《医疗事故处理条例》第二十七条规定:"专家鉴定组依照医疗卫生管理法律、行政法规、部门规章和诊疗护理规范、常规,运用医学科学原理和专业知识,独立进行医疗事故技术鉴定,对医疗事故进行鉴别和判定,为处理医疗事故争议提供医学依据。"即医疗事故技术鉴定专家必须独立进行医疗事故技术鉴定,不受机关、团体、个人非法干涉,鉴定是专家鉴定组独立表达意思,是根据对医疗事故技术鉴定客体检验的结果作出科学的判断。第三,回避制。为了保证鉴定的公正与公平性,法律规定医疗事故技术专家鉴定人在鉴定过程中遇到与当事人双方有利害关系或其他关系可能影响鉴定结果客观公正的时候,自动申请或依当事人的申请退出专家鉴定组工作的原则,从而在程序上保证了鉴定结论的客观性和公正性。专家鉴定人与当事人存在以下关系时应当回避:①是医疗事故争议当事人或者当事人的近亲属的;②与医疗事故争议有利害关系的;③与医疗事故争议当事人有其他关系,可能影响公正鉴定的。第四,合议制。《医疗事故处理条例》第二十五条规定:"专家鉴定组进行医疗事故技术鉴定,实行合议制。专家鉴定组人数为单数,涉及的主要学科的专家一般不得少于鉴定组成员的二分之一;涉及死因、伤残等级鉴定的,并应当从专家库中随机抽取法医参加专家鉴定组。"之所以采取合议制的工作原则,是因为医疗事故技术鉴定是很复杂的工作,如何确定医疗行为是否违反法律规定,医疗行为和患者损害结果之间是否具有因果关系,医疗事故的等级等问题都有很大的难度,需集中集体的智慧进行讨论和研究,同时也可以有效地防止外部对鉴定过程的干预,防止鉴定过程中出现不当行为[1]。

4.医疗损害司法鉴定

司法鉴定是指在诉讼过程中,为查明案件事实,人民法院依据职权,或者应当事人及其他诉讼参与人的申请,指派或委托具有专门知识的人,对专门性问题进行检验、鉴别和评定的活动。而医疗损害司法鉴定主要是指司法鉴定机构运用医学与法医学的理论和技术,对有关材料进行检验、分析鉴定,为医疗纠纷或医疗损害赔偿案件的司法审理提供诉讼证据,其性质是以科学手段核实并提供法律证据,为司法机关裁决医疗损害赔偿案件服务的一种诉讼活动[2]。其主要鉴定医疗行为是否存在过错,该过错与患者的损害之间是否存在因果关系,至于医疗行为是否构成医疗事故不是其鉴定的内容。司法鉴定的目的是为了解决诉讼中涉及的专门性问题。依照我国有关法律规定,对于诉讼涉及的专门性问题,需要进行鉴定的,应当依法进行鉴定。《民事诉讼法》第七十六条规定:"当事人可以就查明事实的专门性问题向人民法院申请鉴定。当事人申请鉴定的,由双方当事人协商确定具备资格的鉴定人;协商

①参见唐德华:《〈医疗事故处理条例〉的理解与适用》,中国社会科学出版社,2002年版,第253-254页。
②参见赖红梅:《医疗损害法律问题研究》,法律出版社,2014年版,第131页。

不成的,由人民法院指定。当事人未申请鉴定,人民法院对专门性问题认为需要鉴定的,应当委托具备资格的鉴定人进行鉴定。"《中华人民共和国刑事诉讼法》(以下简称《刑事诉讼法》)第一百四十四条规定:"为了查明案情,需要解决案件中某些专门性问题的时候,应当指派、聘请有专门知识的人进行鉴定。"在医疗损害赔偿案件中,司法鉴定的专门性问题主要是医疗机构是否存在医疗过错以及医疗过错与患者损害之间是否存在因果关系,因为医疗行为的专业和复杂性,审判人员在审理过程中仅凭自己的直观、直觉或者逻辑推理无法作出肯定或者否定的判断,必须依法运用科学技术手段或者专门知识进行鉴别和判断才能得出正确的结论。司法鉴定的启动可以由负有举证责任的当事人委托司法鉴定机构鉴定,也可以在诉讼过程中,由人民法院根据医疗损害案件的要求,依法直接委托鉴定,也可以根据当事人或代理人的委托,决定司法鉴定的委托。

5.医疗事故技术鉴定与医疗损害司法鉴定的关系

医疗事故技术鉴定和医疗损害司法鉴定都是对医疗过程中医疗行为和患者损害的因果关系进行鉴定,其目的都是为有关部门对医疗纠纷、医疗事故争议或者医疗损害赔偿案件的处理提供科学依据。但两种鉴定制度不仅性质、目的、任务不同,而且鉴定主体的法律地位、鉴定程序的启动方式、鉴定内容的重点、鉴定机构的资质等方面都有较大的差异性。医疗事故技术鉴定比较偏重于行政责任的追究,医疗损害司法鉴定着重于民事责任的追究;医疗事故技术鉴定主要依据《医疗事故处理条例》的规定执行,医疗损害司法鉴定主要依据《侵权责任法》及其他法律的规定进行;医疗事故技术鉴定实行集体负责制,鉴定书只盖医学会的专用章,鉴定人不签名,而医疗损害司法鉴定一般由司法鉴定人签名并负责[①]。两种鉴定体制都有自己的优势和不足,医疗损害司法鉴定与医疗事故技术鉴定相比,具有程序公正的优势,且医疗损害司法鉴定实行鉴定人负责制度,权责界限较为明确,在诉讼中,鉴定人还有出庭作证的义务,这使得医疗损害司法鉴定的方法、程序和结果经得起法庭质证,相对地保证了鉴定结果的科学性,但其不足之处在于从事司法鉴定的人员医学理论和实践知识的局限性。医疗事故技术鉴定虽然具有专业上的

[①] 参见赖红梅:《医疗损害法律问题研究》,法律出版社,2014年版,第130-136页。

优势,但由于带有一定的行政色彩,其鉴定结果的公正性仍然受到质疑。在实践中,医患双方分别提出不同的鉴定方式时,法院应该如何处理? 2010年《最高人民法院关于适用〈中华人民共和国侵权责任法〉若干问题的通知》(法发〔2010〕23号)第三条规定:"人民法院适用侵权责任法审理民事纠纷案件,根据当事人的申请或者依职权决定进行医疗损害鉴定的,按照《全国人民代表大会常务委员会关于司法鉴定管理问题的决定》《人民法院对外委托司法鉴定管理规定》及国家有关部门的规定组织鉴定。"但是上述相关规定对于医疗事故技术鉴定和医疗损害司法鉴定同时存在时如何处理,以及在已经进行医疗事故技术鉴定后,是否还可以进行医疗损害司法鉴定等问题并没有明确规定。各地方相继制定了医疗损害鉴定的指导性意见,如江苏省高院、江苏省卫生厅制定了《关于医疗损害鉴定工作的若干意见(试行)》,在"关于医疗损害鉴定的委托与受理"的第一条中规定:"人民法院委托的医疗损害鉴定,医学会应当受理。除具有法定回避情形外,医学会应当自收到委托书后10日内作出受理决定,并制作《受理通知书》,函告人民法院。对不予受理的应当在《不予受理通知书》中说明具体理由。"第二条规定:"医疗损害鉴定一般应委托本行政区域内市医学会组织进行,当事人均同意委托其他司法鉴定机构进行鉴定的,应予准许。"该指导意见中明确规定了医疗损害鉴定一般情形下由医学会组织,但这种情形下医学会组织的医疗损害鉴定和医学会组织的医疗事故技术鉴定没有明确区分。《北京市高级人民法院关于审理医疗损害赔偿纠纷案件若干问题的意见(试行)》第十五条规定:"一方当事人申请进行有关医疗过错的司法鉴定,而另一方当事人申请进行医疗事故技术鉴定的,人民法院应当委托进行医疗事故技术鉴定,并要求提出医疗事故技术鉴定申请的一方当事人预交鉴定费。人民法院已经委托进行有关医疗过错的司法鉴定并有鉴定结论,当事人又申请进行医疗事故技术鉴定的,是否准许,应从严掌握。"根据该条规定,在两种鉴定同时主张的情形下,应优先适用医疗事故技术鉴定。该意见第十条规定:"对专门性问题,当事人双方有权申请进行医疗事故技术鉴定或者进行有关医疗过错、伤残等级的其他医疗鉴定。医疗事故技术鉴定结论已经确定医疗事故等级的,因医疗事故等级与伤残等级存在对应关系,诉讼过程中不再进行伤残等级鉴定。"该条规定了已经进行医疗事故等级鉴定后,不再进行伤残等级的鉴定。第十二条规定:"人民法院需要委托进行医疗事故技术鉴定的,应当委托医学会组织鉴定;需要委托进行其他医疗鉴定的,可以委托具有相应资质的鉴定机构组织鉴定。"该条规定了医学会组织鉴定事项和其他鉴定机构鉴定事项的区分。尽管个别地方制定了指导性意见,但在司法实践中,现行的两种鉴定机制并存,不同的法院所采取的鉴定方式各不相同,甚至同一法院在不同案件中所采取的鉴定方式也不尽相同,使证据采信存在混乱与随意。显然这一模式不利于司法统一和权威的确立,造成了受害患者主张权利选择的困境,难以满足民事主体的需要及诉讼中多元价值的平衡,在实践中又因自身的制度瑕疵给诉讼带来新问题,降低了诉讼效率,也是"重复鉴定""久鉴不决""虚假鉴定"频繁出现的症结所在[1]。实践中当事人对两种鉴定的选择往往不一致,作为患者一方,为追求更多的经济赔偿和出于对医疗事故鉴定公正性的不信任,往往选择比较中立的医疗损害司法鉴定;而医方则更倾向于选择医疗技术事故鉴定,原因在于医疗技术事故鉴定的标准严苛,很多医疗过错行为不构成医疗事故,即使构成医疗事故需要承担一定的行政责任,但赔偿金额也相对较小[2]。正是由于实践中医学会行业保护以及司法鉴定机构趋利性的弊端,因而有学者提出重新整合相关资源成立唯一的医疗损害鉴定机构,并认为一元化的关键是鉴定标准的一元化,而这也成为大多数法官对一元化制度建构的期待。立法部门或其他主管部门应制定医疗过错分类、因果关系判断及损伤参与度认定的统一标准,并对鉴定程序特别是听证程序和鉴定次数、鉴定专家库以及鉴定人员的准入进行一元化制度设计[3]。

【本案评析】

就本案来说,在市级和省级两级医学会组织进行医疗事故技术鉴定后,患者要求重新鉴定不符合法律的规定。通常情况下,一般医疗事故技术鉴定

①参见郭超群:《医疗损害鉴定制度一元化研究》,载《内蒙古社会科学》(汉文版),2015年第1期,第84-88页。
②参见王瑞恒、任媛媛:《论当事人对医疗事故鉴定和医疗损害司法鉴定的选择权》,载《中国司法鉴定》,2011年第2期,第87-90页。
③参见肖柳珍:《医疗损害鉴定一元化实证研究》,载《现代法学》,2014年第4期,第176-183页。

是二级制,特殊情况下是三级制,在经过市、省两级鉴定后,要进入第三级鉴定的案件,应是疑难、复杂、在全国有重大影响的案件,对此《医疗事故处理条例》第二十一条第二款规定:"必要时,中华医学会可以组织疑难、复杂并在全国有重大影响的医疗事故争议的技术鉴定工作。"该案不属于疑难、复杂并在全国有重大影响的案件,故不可向上一级医学会再行申请鉴定。那当事人能否以前两次鉴定存在虚假要求重新鉴定呢?应该也是不可以的,除非患者方有证据证明参加鉴定的人员资格和专业类别或者鉴定程序不符合法律规定,否则原则上是不可以的。

本案中患者在民事诉讼中变更诉由,要求进行医疗损害司法鉴定,应该予以准许。因为《侵权责任法》颁布后,是否构成医疗事故不是医疗机构承担侵权责任的必要条件,只要医疗机构或医务人员存在过错造成患者损害就应承担医疗损害责任。是否构成医疗事故只是行政机关处置的依据,《医疗事故技术鉴定暂行办法》第四十一条规定:"县级以上地方人民政府卫生行政部门对发生医疗事故的医疗机构和医务人员进行行政处理时,应当以最后的医疗事故技术鉴定结论作为处理依据。"不构成医疗事故只是医方的举证责任之一,不构成医疗事故仅能说明医方无需承担医疗事故引起的行政责任。在不构成医疗事故时,医方还必须就医疗行为与损害结果之间不存在因果关系及不存在医疗过错承担举证责任①。根据《最高人民法院关于参照〈医疗事故处理条例〉审理医疗纠纷民事案件的通知》第二条的规定:"人民法院在民事审判中,根据当事人的申请或者依职权决定进行医疗事故司法鉴定的,交由条例所规定的医学会组织鉴定。因医疗事故以外的原因引起的其他医疗赔偿纠纷需要进行司法鉴定的,按照《人民法院对外委托司法鉴定管理规定》组织鉴定。"该案中,两次医疗事故技术鉴定均是县卫生局委托作出,不是人民法院委托的鉴定部门作出。而该案中患者变更诉由,要求进行医疗损害鉴定属于"因医疗事故以外的原因引起的其他医疗赔偿纠纷需要进行司法鉴定的",法院应该准许。

---

①参见谢兼明:《不构成医疗事故情形下医方责任的认定与处理》,载《人民司法》,2011年第12期,第21-24页。

【相关法律】

1.《医疗事故处理条例》

第二十条 卫生行政部门接到医疗机构关于重大医疗过失行为的报告或者医疗事故争议当事人要求处理医疗事故争议的申请后,对需要进行医疗事故技术鉴定的,应当交由负责医疗事故技术鉴定工作的医学会组织鉴定;医患双方协商解决医疗事故争议,需要进行医疗事故技术鉴定的,由双方当事人共同委托负责医疗事故技术鉴定工作的医学会组织鉴定。

第二十一条 设区的市级地方医学会和省、自治区、直辖市直接管辖的县(市)地方医学会负责组织首次医疗事故技术鉴定工作。省、自治区、直辖市地方医学会负责组织再次鉴定工作。

必要时,中华医学会可以组织疑难、复杂并在全国有重大影响的医疗事故争议的技术鉴定工作。

第二十二条 当事人对首次医疗事故技术鉴定结论不服的,可以自收到首次鉴定结论之日起15日内向医疗机构所在地卫生行政部门提出再次鉴定的申请。

第四十九条 医疗事故赔偿,应当考虑下列因素,确定具体赔偿数额:

(一)医疗事故等级;

(二)医疗过失行为在医疗事故损害后果中的责任程度;

(三)医疗事故损害后果与患者原有疾病状况之间的关系。

不属于医疗事故的,医疗机构不承担赔偿责任。

2.《医疗事故技术鉴定暂行办法》

第三条 医疗事故技术鉴定分为首次鉴定和再次鉴定。

设区的市级和省、自治区、直辖市直接管辖的县(市)级地方医学会负责组织专家鉴定组进行首次医疗事故技术鉴定工作。

省、自治区、直辖市地方医学会负责组织医疗事故争议的再次鉴定工作。

第十条 县级以上地方人民政府卫生行政部门接到医疗机构关于重大医疗过失行为的报告或者医疗事故争议当事人要求处理医疗事故争议的申请后,对需要进行医疗事故技术鉴定的,应当书面移交负责首次医疗事故技术鉴定工作的医学会组织鉴定。

3.《中华人民共和国民事诉讼法》

第七十六条　当事人可以就查明事实的专门性问题向人民法院申请鉴定。当事人申请鉴定的,由双方当事人协商确定具备资格的鉴定人;协商不成的,由人民法院指定。

当事人未申请鉴定,人民法院对专门性问题认为需要鉴定的,应当委托具备资格的鉴定人进行鉴定

4.《中华人民共和国刑事诉讼法》

第一百四十四条　为了查明案情,需要解决案件中某些专门性问题的时候,应当指派、聘请有专门知识的人进行鉴定。

第一百四十五条　鉴定人进行鉴定后,应当写出鉴定意见,并且签名。

鉴定人故意作虚假鉴定的,应当承担法律责任。

5.《最高人民法院关于参照〈医疗事故处理条例〉审理医疗纠纷民事案件的通知》

第二条　人民法院在民事审判中,根据当事人的申请或者依职权决定进行医疗事故司法鉴定的,交由条例所规定的医学会组织鉴定。因医疗事故以外的原因引起的其他医疗赔偿纠纷需要进行司法鉴定的,按照《人民法院对外委托司法鉴定管理规定》组织鉴定。

三、医疗事故罪的认定

【案情简介】

2013年7月3日,陶某去村卫生所就医,村卫生所医生王甲为陶某肌肉注射安痛定和地塞米松,静脉滴注生理盐水、庆大霉素和地塞米松、葡萄糖和维生素B6。次日早晨4点,陶某面部、脖子、胸前出现红包,当日送至县人民医院抢救,后转至他院进行抢救,于2013年7月15日晚死亡。该案经市医学会鉴定为:二级甲等医疗事故,村卫生所负完全责任。陶某的近亲属不服,申请省医学会鉴定,省医学会鉴定为:本病例属于一级甲等医疗事故,村卫生所承担次要责任。专家意见认为:①患者就诊,村卫生所无原始记录,违反门诊病历

书写规范;②村卫生所安痛定与庆大霉素注射液同时使用违反安痛定说明书使用规定;③村卫生所使用的药物临床均无需做过敏试验,患者用药后出现大疱性表皮松解坏死性药疹属特异体质所致;④患者经后续两家医疗机构治疗,最终临床死亡;⑤患者死亡与村卫生所医疗行为有一定的因果关系,亦与患者有特异体质有一定的关系。公诉机关认为,医生王甲在诊疗过程中严重不负责任,违反药物说明书使用规定,致一人死亡,其行为触犯了《刑法》第三百三十五条之规定,应当以医疗事故罪追究其刑事责任。被告人王甲及其辩护人认为:省医学会医疗事故鉴定结论为"村卫生所承担次要责任",故王甲的行为不属于"严重不负责任"的情形,且患者的死亡与患者自身特殊体质等多种因素有关,不能确定患者死亡与被告人行为之间具有因果关系。王甲的行为不符合医疗事故罪的构成要件,故不构成医疗事故罪[①]。被告人及其辩护人的理由能够成立吗?

【不同观点】

观点一:王甲的行为符合医疗事故罪的构成要件,构成医疗事故罪。

观点二:王甲的行为不构成医疗事故罪,因为王甲的行为不存在"严重不负责任"的情形,且虽然有患者死亡的损害结果发生,但不能证明其行为和结果之间具有直接的因果关系,故不符合医疗事故罪的构成要件。

【争议焦点】

如何认定王甲的行为是否存在"严重不负责任"的情形,司法实践中"严重不负责任"的标准是什么? 在患者特殊体质以及转诊、转院等情形下,如何确定患者死亡与医疗过失行为之间的因果关系?

【法律分析】

1.医疗事故罪的构成要件

《刑法》第三百三十五条规定:"医务人员由于严重不负责任,造成就诊人死亡或者严重损害就诊人身体健康的,处三年以下有期徒刑或者拘役。"根据犯罪构成要件理论,医疗事故罪的构成要符合下列四个方面的条件:

---

①参见黑龙江省望奎县人民法院刑事判决书,(2014)望刑初字第41号。

第一，医疗事故罪的主体。医疗事故罪的主体是特殊主体，即具有执业资格、并经合法注册、且在合法的医疗机构中从事医疗实践工作的医务人员。但何为医务人员？其范围如何定性？理论和司法实践中有一定的争议。第一种观点认为，医务人员是指在医疗机构从事对病人救治、护理工作的医生和护士。第二种观点认为，医务人员是指直接从事医疗护理事宜的人员，包括国有、集体医疗单位的医生、护士、药剂人员，以及经主管部门批准开业的个体行医人员。第三种观点认为，医务人员是指与医疗事故发生有因果关系的直接责任人员，包括各类卫生技术人员、医疗管理人员和后勤服务人员。第四种观点认为，医务人员是指具有一定的医学知识和医疗技能，取得行医资格，直接从事医疗护理工作的人员，包括医院医务人员及个体行医者。第五种观点认为，医疗事故罪的犯罪主体是医疗机构(包括国有、集体和个体医疗机构)中的各级各类卫生技术人员[1]。包括医疗防疫人员、药剂人员、护理人员、其他技术人员。无论公立医院还是民营医院、个体诊所，只要实施医疗行为的医务人员拥有合法注册的执业证书，也就具备了构成本罪的主体资格。其中对于医疗管理人员和后勤人员能否成为医疗事故罪的主体，学界也有不同的观点：第一种观点认为应依照医疗事故罪处理，因为医疗单位是一个有机的统一整体，虽然各种工作分工不同，但他们所从事的本职工作都是为了一个共同的目标——防病、治病、救死扶伤、保障人民的生命安全和身体健康。从表面上看，诊疗护理工作是由医务人员进行的，但实际上，这离不开各科室人员的相互支持和密切合作，从这个意义上讲，医疗单位中的各种人员都在从事诊疗护理工作，他们之间的联系是密不可分的。作为医疗单位中的各种人员都负有保障人民的生命安全和身体健康的特定义务，如不履行自己的义务，而造成严重后果的，应依法追究其法律责任。如救护车司机接到患者呼救后，无故不及时出车或不出车，贻误抢救时机，造成病人死亡或残疾等严重后果，应依法以医疗事故罪追究其法律责任[2]。第二种观点认为，医疗管理人员和后勤人员不能成为医疗事故罪的主体，因为这些人虽然

---

①参见崔正军：《论医疗事故罪的犯罪主体》，载《法学评论》，2001年第6期，第110-113页。

②参见叶高峰：《略论医疗事故罪》，载《郑州大学学报》(社会科学版)，2000年第2期，第43-48页。

在医疗单位工作,但他们毕竟不直接从事诊疗护理工作。因此,不能把这些人员造成严重后果的失职行为作为医疗事故罪处理。而应以另外性质的犯罪处理,如玩忽职守罪①。第三种观点结合医疗行为的专业性、风险性等特征认为,党政、后勤人员在一般情况下不能成为医疗事故罪的主体,但这部分人在特定情况下因严重不负责任,造成就诊人死亡或严重损害就诊人身体健康的,应以医疗事故罪追究刑事责任。这种"特定情况"主要是看该工作人员是否处在医疗活动中,并负有为保障患者生命和健康权利而必须实施某种行为的特定义务。这种特定义务来源于医疗单位工作人员的特定职责,它体现在诊疗护理查对、急诊值班、诊疗护理操作规范、总务财会、伙食卫生管理等相关制度中。违反诊疗护理查对制度、诊疗护理操作规范等与患者直接有关的规章制度,如直接造成就诊人死亡或严重损害就诊人的身体健康,可以构成医疗事故罪,但如果后勤和管理人员违反与诊疗护理工作无关的规章制度,没有侵害就诊人的生命和健康权利,仅侵害了医疗机构正常管理秩序,则不能作为医疗事故罪的主体来对待 ,而要具体分析②。笔者同意第三种观点,即特定情形下,医疗管理人员和后勤人员也可以成为医疗事故罪的主体,1988年5月卫生部下发的《关于〈医疗事故处理办法〉若干问题的说明》中就对医疗事故的行为人做了界定:"医疗事故的行为人必须是经过考核和卫生行政机关批准或承认,取得相应资格的各级各类技术人员。因诊疗护理工作是群体性的活动,构成医疗事故的行为人,还应包括从事医疗管理、后勤服务等人员。"从卫生部的这一规定来看,医疗事故所指的"医务人员"的范围不仅包括了各类卫生技术人员,还包括了医疗管理人员和医疗后勤服务人员。

另外,在刑事司法实践中,有两类特殊主体是否属于医疗事故罪的主体,也常是司法实践中争议的焦点。第一类是医学实习生或试用期的医学毕业生,第二类是取得医师执业资格证书,但还没有取得医师执业证书的人员。有的学者认为这两类主体作为医务人员的特殊情况,可以作为医疗事故罪的

①参见崔正军:《论医疗事故罪的犯罪主体》,载《法学评论》,2001年第6期,第110-113页。

②参见孙红卫:《医疗事故罪罪状要素的司法认定》,载《法学杂志》,2009年第3期,第91-94页。

主体①。笔者认为,这两类主体不应属于医疗事故罪的主体。为规范医学教育临床实践活动的管理,保护患者、教师和学生的合法权益,保证医学教育教学质量,卫生部和教育部2008年颁发了《医学教育临床实践管理暂行规定》。该规定适用于医学生的临床见习、临床实习、毕业实习等临床教学实践活动和试用期医学毕业生的临床实践活动。其中,第十二条规定:"医学生在临床带教教师的监督、指导下,可以接触观察患者、询问患者病史、检查患者体征、查阅患者有关资料、参与分析讨论患者病情、书写病历及住院患者病程记录、填写各类检查和处置单、医嘱和处方,对患者实施有关诊疗操作、参加有关的手术。"第十四条规定:"医学生和试用期医学毕业生参与医学教育临床诊疗活动必须由临床带教教师或指导医师监督、指导,不得独自为患者提供临床诊疗服务。临床实践过程中产生的有关诊疗的文字材料必须经临床带教教师或指导医师审核签名后才能作为正式医疗文件。"可见,医学实习生和试用期的医学毕业生的医疗行为通常是在带教老师指导下,并在征得患者同意下进行的,医疗文书上经过带教老师或指导老师的审核签名,故该行为可以视为带教老师或指导老师的行为,如果造成了后果,不应承担医疗事故责任,对此,《医学教育临床实践管理暂行规定》第十七条第一款规定:"医学生和试用期医学毕业生在临床带教教师和指导医师指导下参与医学教育临床实践活动,不承担医疗事故或医疗纠纷责任。"当然如果"医学生和试用期医学毕业生未经临床带教教师或指导医师同意,擅自开展临床诊疗活动的",则可能会构成非法行医罪,也不构成医疗事故罪。

第二,医疗事故罪的主观方面。医疗事故罪的主观方面表现为过失,如是故意行为,则不构成医疗事故罪,而是构成故意杀人罪或故意伤害罪。这个过失可能是疏忽大意的过失,也可能是过于自信的过失。疏忽大意的过失表现为医务人员应当预见到自己的行为违反医疗法律、法规、诊疗护理规范、常规可能造成患者损害的严重后果,但由于疏忽大意,没有预见到,从而导致损害结果发生的主观心态。过于自信的过失表现为医务人员已经预见到自己的行为违反医疗法律、法规、诊疗护理规范、常规可能造成患者损害的严重

---

①参见孙红卫:《医疗事故罪罪状要素的司法认定》,载《法学杂志》,2009年第3期,第91-94页。

后果,但轻信能够避免,从而导致损害结果发生的主观心态。构成医疗过失需要具备几个基本条件:首先,必须是医务人员有帮助病人恢复健康、进行正确诊疗的义务;其次,必须是医务人员如果给予充分的考虑,则可能预见病人死亡或伤残结果的发生;再次,必须是医务人员可以履行一定内容的义务,即避免病人死亡或伤残,帮助病人恢复健康是可能实现的。如果根据临床经验和现代医疗技术水平,即使医务人员给以精心治疗,也不能预见和避免病人死亡或伤残的不良后果,那么,帮助病人恢复健康已不是医务人员力所能及的,医务人员对该后果也不应负担刑事责任;最后,必须是因为医务人员极端不负责任的失职行为,已经造成了病人死亡或伤残的结果[①]。

第三,医疗事故罪的客体。医疗事故犯罪案件侵犯的客体是复杂客体,包括医疗管理秩序、人的生命和健康。一方面,医疗事故一旦发生,就会造成就诊人死亡或其身体健康受到损害,从而侵犯了就诊人的生命或健康权利。另一方面,医疗责任事故的发生,也使医疗机构正常的工作秩序受到不同程度的影响,如对医疗责任事故有关情况的调查、处理势必影响医疗机构的正常工作,医疗机构的信誉也可能会因此而降低[②]。

第四,医疗事故罪的客观方面。该罪的客观方面表现为医务人员的严重不负责任造成就诊人死亡或者严重损害就诊人身体健康的损害后果。即医务人员须具有严重不负责任的行为,且医务人员的严重不负责任行为必须造成就诊人死亡或身体健康损害的结果。所谓死亡是指医务人员因违反规章制度或诊疗护理常规而导致病人的非自然死亡,如果是患者基于自身的疾病或医疗行为外的原因死亡,不构成医疗事故。

2."严重不负责任"的认定

"严重不负责任"是构成医疗事故罪的必要条件之一,这一必要条件将本罪限制在责任事故的范围之类[③]。所谓"严重不负责任"是指在医疗护理工作

---

①参见牛德:《试论医疗责任事故犯罪的主观方面及其因果关系表现形态》,载《青海社会科学》,1994年第5期,第107–110页。

②参见李忆:《对医疗责任事故犯罪案件中若干问题的思考》,载《现代法学》,2000年第2期,第87–90页。

③参见赵秉志、曾朝晖:《论医疗事故罪的构成特征》,载《法学家》,1998年第5期,第29–45页。

中违反规章制度和诊疗护理常规。医务人员违反的规章制度主要是医疗护理方面的法律规范,其涉及医疗活动中的各个环节,如诊断、治疗、处方、麻醉、输血、手术、化验、消毒、注射、用药等环节中的规则、制度和职责的要求;诊疗护理常规是医务人员在长期工作过程中形成的行之有效的操作习惯和惯例,这些习惯和常规是为避免失误而制定的,在诊疗过程中必须参照执行,否则有可能导致医疗事故的发生。2008年《最高人民检察院、公安部关于公安机关管辖的刑事案件立案追诉标准的规定(一)》(公通字〔2008〕36号)第五十六条规定了医疗事故罪的立案标准,并列举了"严重不负责任的情形"。该条规定:"医疗事故案(刑法第三百三十五条)医务人员由于严重不负责任,造成就诊人死亡或者严重损害就诊人身体健康的,应予立案追诉。具有下列情形之一的,属于本条规定的严重不负责任:(一)擅离职守的;(二)无正当理由拒绝对危急就诊人实行必要的医疗救治的;(三)未经批准擅自开展试验性医疗的;(四)严重违反查对、复核制度的;(五)使用未经批准使用的药品、消毒药剂、医疗器械的;(六)严重违反国家法律法规及有明确规定的诊疗技术规范、常规的;(七)其他严重不负责任的情形。"《刑法》第三百三十五条规定的"严重不负责任",历来是饱受理论界和实务界争议的一项内容。有的认为其在性质上应当归属为医疗事故罪的主观方面要件,在内容上包括违反医疗注意义务和具备医疗注意能力,是负有医疗注意义务、具备医疗注意能力的医务人员违反医疗注意义务的主观心理状态,集中体现了医务人员的主观恶性,是医务人员承担刑事责任的主观根据[1]。也有的学者认为"严重不负责任"是客观要素,表现为对就诊人的生命和健康采取漠不关心的态度,不及时予以诊治;严重违反明确的各项操作规程;经指出后仍拒绝改正对就诊人的错误处置等。在实践中如何判断医务人员的行为达到了严重不负责任,主要是考察其过失的程度[2]。

3.严重损害就诊人身体健康的认定

严重不负责任且造成严重损害就诊人身体健康的损害后果是判定医疗

---

①参见李希慧、宋久华:《医疗事故罪之"严重不负责任"辨析》,载《人民检察》,2012年第21期,14-19页。

②参见孙红卫:《医疗事故罪罪状要素的司法认定》,载《法学杂志》,2009年第3期,第91-94页。

事故罪客观方面的重要条件。何谓"严重损害"？其认定标准是什么？我国目前存在两套标准：一套是人体损伤程度鉴定标准，即最高人民法院、最高人民检察院、公安部、国家安全部、司法部 2013 年 8 月 30 日发布、2014 年 1 月 1 日开始施行的《人体损伤程度鉴定标准》；另一套则是医疗事故分级标准，即国务院于 2002 年通过的《医疗事故处理条例》和卫生部于同年通过的《医疗事故分级标准（试行）》。在医疗事故罪的认定上究竟应采用何种标准，学界看法不一。有人认为，对医疗事故罪的处理应完全适用人体损伤程度鉴定标准，即鉴定属于轻伤害以上结果的情形，就属于"严重损害"，也有的认为应鉴定为重伤以上伤害后果的，才属于"严重损害"。还有的学者认为应采用医疗事故分级标准，但在具体标准的认定上存在分歧，有的认为只要造成了医疗事故哪怕是轻微四级医疗事故也属于"严重损害"的情形，有的认为必须造成了患者死亡、严重残疾、中度残疾等一级或二级医疗事故损害后果，才属于"严重损害"的情形。

笔者认为，对于严重损害就诊人身体健康损害后果的认定，应采用《人体损伤程度鉴定标准》。首先，该标准在适用范围上明确规定"本标准适用于《中华人民共和国刑法》及其他法律、法规所涉及的人体损伤程度鉴定"。而《医疗事故分级标准（试行）》是卫生部制定的部门规章，是卫生行政部门进行行政处理的依据。而医疗事故罪通常不仅涉及刑事犯罪问题，还涉及附带民事赔偿问题，所以采用《人体损伤程度鉴定标准》更公平、更合理。其次，《人体损伤程度鉴定标准》规定的人体损伤程度鉴定的原则、方法、内容和等级划分考虑到致伤因素与并发症、损伤和既往伤的关系。如鉴定的基本原则上要求"坚持以致伤因素对人体直接造成的原发性损伤及由损伤引起的并发症或者后遗症为依据，全面分析，综合鉴定"，同时，"对于以原发性损伤及其并发症作为鉴定依据的，鉴定时应以损伤当时伤情为主，损伤的后果为辅，综合鉴定"。在伤病关系处理原则中要求：①损伤为主要作用的，既往伤/病为次要或者轻微作用的，应依据本标准相应条款进行鉴定；②损伤与既往伤/病共同作用的，即二者作用相当的，应依据本标准相应条款适度降低损伤程度等级，即等级为重伤一级和重伤二级的，可视具体情况鉴定为轻伤一级或者轻伤二级，等级为轻伤一级和轻伤二级的，均鉴定为轻微伤；③既往伤/病为主要作用的,即损伤为次要或者轻微作用的,不宜进行损伤程度鉴定,只说明因果关系。这种轻重伤的鉴定考虑了医疗行为的特殊性以及患者自身的疾病轻重程度、并发症等因素,更为客观、科学。再次,是否造成"严重损害后果"以《人体损伤程度鉴定标准》的重伤作为标准,符合罪刑法定的原则和罪刑相当的原则。过失行为人只对重伤的法律后果承担责任,而重伤、轻伤的标准和分级明确具体,有利于操作和执行。最后,医务人员严重不负责任的行为和患者的死亡和损害结果之间具有因果关系。医疗事故案件中因果关系往往具有复杂性和多样性的特点。某一危害后果的发生往往是由多个原因造成的,既有内部原因,也有外部原因;既有主观原因,也有客观原因;既有主要原因,也有次要原因;既有直接原因,也有间接原因。

【本案评析】

首先,医疗事故罪的主体是特殊主体,是指达到刑事责任年龄,并具有刑事责任能力的医务人员。本案中,被告人王甲符合医疗事故罪犯罪主体这一要件要求。其次,该罪的主观方面表现为过失,即行为人主观上对病人伤亡存在重大业务过失。本案中被告人王甲将安痛定和庆大霉素同时使用违反药物使用规定,对陶某的死亡存在重大业务过失。再次,从客体上看,本罪侵犯的客体是医疗单位的工作秩序,以及公民的生命健康权利。最后,从客观要件上看,本罪在客观方面表现为严重不负责任,造成就诊人死亡或严重损害就诊人身体健康的行为。本案的关键在于被告的行为是否属于"严重不负责任"的情形,根据《最高人民检察院、公安部关于公安机关管辖的刑事案件立案追诉标准的规定(一)》第五十六条第二款的规定,被告人王甲违反安痛定使用说明书中关于"安痛定不得与庆大霉素同时使用"的规定,属于"严重违反国家法律法规及有明确规定的诊疗技术规范、常规"的情形,应认定为"严重不负责任"的情形之一。而该严重不负责任的行为,最终导致被害人死亡的结果,两者之间具有因果关系,故王甲的行为构成医疗事故罪。

【相关法律】

1.《中华人民共和国刑法》

第三百三十五条 医务人员由于严重不负责任,造成就诊人死亡或者严重损害就诊人身体健康的,处三年以下有期徒刑或者拘役。

2.《人体损伤程度鉴定标准》

1　范围

本标准规定了人体损伤程度鉴定的原则、方法、内容和等级划分。

本标准适用于《中华人民共和国刑法》及其他法律、法规所涉及的人体损伤程度鉴定。

4　总则

4.1　鉴定原则

4.1.1　遵循实事求是的原则,坚持以致伤因素对人体直接造成的原发性损伤及由损伤引起的并发症或者后遗症为依据,全面分析,综合鉴定。

4.1.2　对于以原发性损伤及其并发症作为鉴定依据的,鉴定时应以损伤当时伤情为主,损伤的后果为辅,综合鉴定。

4.1.3　对于以容貌损害或者组织器官功能障碍作为鉴定依据的,鉴定时应以损伤的后果为主,损伤当时伤情为辅,综合鉴定。

4.2　鉴定时机

4.2.1　以原发性损伤为主要鉴定依据的,伤后即可进行鉴定;以损伤所致的并发症为主要鉴定依据的,在伤情稳定后进行鉴定。

4.2.2　以容貌损害或者组织器官功能障碍为主要鉴定依据的,在损伤90日后进行鉴定;在特殊情况下可以根据原发性损伤及其并发症出具鉴定意见,但须对有可能出现的后遗症加以说明,必要时应进行复检并予以补充鉴定。

4.2.3　疑难、复杂的损伤,在临床治疗终结或者伤情稳定后进行鉴定。

4.3　伤病关系处理原则

4.3.1　损伤为主要作用的,既往伤/病为次要或者轻微作用的,应依据本标准相应条款进行鉴定。

4.3.2　损伤与既往伤/病共同作用的,即二者作用相当的,应依据本标准相应条款适度降低损伤程度等级,即等级为重伤一级和重伤二级的,可视具体情况鉴定为轻伤一级或者轻伤二级,等级为轻伤一级和轻伤二级的,均鉴定为轻微伤。

4.3.3 既往伤/病为主要作用的,即损伤为次要或者轻微作用的,不宜进行损伤程度鉴定,只说明因果关系。

3.《最高人民检察院、公安部关于公安机关管辖的刑事案件立案追诉标准的规定(一)》

第五十六条 [医疗事故案(刑法第三百三十五条)]医务人员由于严重不负责任,造成就诊人死亡或者严重损害就诊人身体健康的,应予立案追诉。

具有下列情形之一的,属于本条规定的"严重不负责任":

(一)擅离职守的;

(二)无正当理由拒绝对危急就诊人实行必要的医疗救治的;

(三)未经批准擅自开展试验性医疗的;

(四)严重违反查对、复核制度的;

(五)使用未经批准使用的药品、消毒药剂、医疗器械的;

(六)严重违反国家法律法规及有明确规定的诊疗技术规范、常规的;

(七)其他严重不负责任的情形。

本条规定的"严重损害就诊人身体健康",是指造成就诊人严重残疾、重伤、感染艾滋病、病毒性肝炎等难以治愈的疾病或者其他严重损害就诊人身体健康的后果。

第四章　与人生命健康相关的
医疗器械、血液、食品等法律制度

一、缺陷医疗器械的认定

【案情简介】

孟小姐出于爱美之心，在一家整形医院注射了一种名叫"康尔美"的隆胸产品。双方术前签订了一份《医用软组织填充剂整形术协议书》。这份协议书的术前须知第一条为："医用软组织填充剂整形术是采用注射的方法将一种仿真凝胶(绝对不是硅胶)填充到人体组织欠缺的(面部、胸部、臀部等)部位，以达到整形美容目的的先进手段。"

注射性隆胸术后第二天，孟小姐就感觉手术部位极为不适，三日后胸部出现局部发红发热、轻微疼痛、肿胀等情况，孟小姐当即前往整形医院咨询，被告知系术后恢复期正常反应，孟小姐也未曾在意。术后三个月，孟小姐发现疼痛感不仅越来越强烈，而且从胸部蔓延至全身。不仅剧痛从未停止过，而且两侧乳房出现明显的大小不一致，以手触摸能发现明显的硬结和包块。惶恐之下，孟小姐赶紧前往当地最大的公立医院求医。

经该公立医院诊断查证，发现孟小姐所注射的隆胸产品"康尔美"凝胶实际上系一种化学合成物，是一种无色透明类似果冻状的液态物质。该化合物本身并无毒性，但其构成单体含有剧毒，一旦注射到人体后，会进行分解而在人体内释放剧毒单体分子。在注射后三个月内，临床表现为出血、疼痛、发红、发热等症状，三个月后逐步出现炎症和各种隐性并发症。当出现炎症症状后，表明该注射材料已经在人体内发生移位、变形，游走于全身，侵入器官和肌肉组织,即使通过后期治疗,也无法完全取出。孟小姐出现的严重症状正是说明该化合物已经在其体内分解,后期将带来极大的危害。在这个过程中,接受注射者的神经系统受到毒害,肾脏等主要内脏器官受到严重损伤,甚至对生命循环系统造成伤害,数年后会产生致癌危险,患者在生理上和心理上都将极为痛苦。

孟小姐没想到后果如此严重,后悔不已,再次找到为自己进行隆胸术的整形医院,却发现该医院已经停止营业,人去楼空。孟小姐向公安机关求助,找到该医院院长也就是为自己进行手术的程某,想为自己讨个说法。程某声称,"康尔美"凝胶是一种医用注射材料,系经过国家药监局批准的一种植入性医疗材料,有相关的医疗器械产品注册证。因此,自己使用这种凝胶为孟小姐进行手术是完全合法的。至于该材料本身的医用风险和危害,只有生产方及销售方才能有所了解,进行医疗行为的医疗机构并没有法律上的义务去进行查证。自己作为医师,全部的诊疗过程都是规范的,符合医疗常规,操作正规,技术并无缺陷,已经完全尽到在当时条件下的谨慎注意义务。孟小姐的损失系由"康尔美"凝胶本身的产品缺陷造成,和医院并无关系。

双方就赔偿事宜进行了多次协商,均未能达成一致。在这期间,孟小姐的症状日益严重,不得已进行了两次取出手术,在身体上留下多处疤痕,剧痛等症状仍然未能得到缓解,痛苦不堪,心理上也备受折磨。最终,孟小姐为了维护自己的权利,选择了向法院提起诉讼①。

【不同观点】

观点一:孟小姐认为,程某及其所在医院对自己的身体损害负有不可推卸的责任,而且考虑到"康尔美"凝胶在现有医疗技术条件下无法全部取出,未来自己不得不进行长期的治疗,经济损失惨重,精神上也遭受严重打击。因此而产生的各种直接损失和间接损失都应当由医院方进行赔偿。

为了支持自己的诉求,孟小姐向法院提出了如下理由:

第一,自己在程某所在的医院进行了注射性隆胸手术,这是一个客观事

---

① 本案例改编自"奥美定事件",在卫生部叫停奥美定的生产销售之前,受害者的维权诉讼无一获胜。详见2006年5月的新闻报道"30万奥美定凝胶受害者维权之困,消费者无一胜诉"(http://finance.sina.com.cn/xiaofei/puguangtai/20060524/06562592075.shtml)。

实,院方和己方之间存在明确的民事法律关系,双方为医疗美容服务合同的相对方。院方作为医疗服务提供者,应当按照双方的合同约定提供医疗服务,不应提供质量不合格的医疗服务。采用安全、健康、环保的医疗材料,显然也属于医疗服务的组成部分。院方在诊疗过程中,未尽到自己的注意义务,导致使用了有毒害性的注射材料,严重损害就医者的身体健康,这显然已经是一种违约行为,应当承担违约责任。

第二,由于注射性隆胸手术的特殊性,在手术中使用的注射材料,根据我国有关法律规定,在医疗器械分类上属于第三类,是一种风险性极高的植入性医疗材料,因此国家对其监管是非常严格的。院方在选择适用何种医疗材料时,应严格按照国家的监管要求,对其风险性进行评估,在法律上也有义务对该材料的所有资质文件进行核实。但院方在选购医疗材料时,仅仅核实了"康尔美"凝胶的注册证书,却未查证其检验报告、临床试验报告等其他材料,显然是未履行自己的义务。而且根据我国的相关法律规定,医疗机构从无医疗器械生产企业许可证、医疗器械经营企业许可证的企业购进医疗器械,本身就是一种违法行为。

第三,对于一般的产品,消费者在从产品生产者或销售者处购买后,可以自行完成使用的过程,无需第三方的介入。但医疗器械是一种特殊的产品,它的使用必须具备相应的医学知识、医疗技术,也就是只能在医疗机构由医护人员进行,消费者自己是不可能独立完成注射性医疗材料的使用的。而在这个过程中,医疗机构就成为医疗器械生产者、销售者和消费者之间的桥梁,是法律关系的主体之一。院方将全部的责任推卸给"康尔美"凝胶的生产方、销售方,是对自己扮演的重要参与角色的一种漠视,是有损消费者利益的。

第四,医疗机构在为就医者提供医疗服务的时候,除去医疗服务的收费外,显然在医疗器械上也能获取买入卖出的差价,只是这种利润被囊括在手术费用中,并不明显。既然院方能在此过程中获利,那就有可能在利益的驱使下,选择劣质甚至有重大缺陷的医疗材料,侵害就医者的身体健康。因此,完全有理由怀疑,院方存在为单位或个人(如采购者个人收受医疗器械代理回扣等)牟利的目的,故意采购有缺陷的"康尔美"凝胶。

第五,在出现术后不良反应后,自己立即向院方提出了疑问,院方在未进行详细复诊的情况下,敷衍回复,导致自己将不良反应误解为整形美容手术后的正常反应,错过了最佳的"康尔美"取出时机。根据后来公立医院的诊断,"康尔美"凝胶在人体内一般需要三个月左右的时间才会完全分解,使人体出现炎症等并发症状。如果孟小姐在出现早期症状时就及时就医,"康尔美"尚可完全取出,痊愈的机会很大。但一旦出现炎症症状后,再行就医,医学上认为几乎不可能得到康复的机会。术后的恢复、常规复诊显然也属于院方应该提供的医疗服务内容,院方敷衍了事,导致孟小姐的损害严重扩大,并永久失去了治愈的机会,应当承担起相应的侵权责任。

第六,"康尔美"凝胶是否具有合法的医疗器械注册证,是否经过国家药监局批准,自己作为一名普通的老百姓并不了解。但院方使用的医疗材料导致自己的人身损害,侵权要件事实清楚,证据充分,根据我国《侵权责任法》,自己作为受害人既有权向医疗器械的生产者主张赔偿,也有权向医疗机构主张赔偿。因此,孟小姐认为,无论是主张违约责任还是侵权责任,自己均有充足的法律依据。

观点二:程某及医院认为其不应承担任何责任,并提出了如下答辩理由:

第一,我方并不否认孟小姐在我方医院处进行注射性隆胸手术的事实。实际上,双方在术前也签订了手术协议书,该协议书是双方在自愿平等的前提下,经协商一致,共同签订的,具有民事合同的效力,应当得到法律的支持和保护,其合同条款对双方均有约束力。该协议中双方对手术中要使用的植入式医疗材料有明确的约定,即除硅胶以外的仿真凝胶均可,自然也包括"康尔美"凝胶。孟小姐作为该医疗服务的接受者,同时也是合同的当事方,签订该协议也就表示可以接受硅胶以外的仿真凝胶,院方并未有任何违约行为。

第二,"康尔美"凝胶作为一种植入性的医疗材料,根据我国医疗器械监督管理的相关法律法规,确实属于第三类医疗器械,也就是在现行分类中,监管最为严格、安全性最低、风险度最高的一类器械。但是院方只是普通的医疗机构,并不是药监局等行政机关,无法像有权机关一样行使监管权。而且,院方在采购医疗材料时,与生产方之间也是一种买卖合同关系,生产方作为卖方,有义务提供足够的证据证明自己的产品符合国家质量要求,而医院作为买方,其审查义务是次要的,而且只能是一种形式审查,无法进行实质审查。在本案中,院方已经从形式上核查过"康尔美"凝胶的医疗器械注册证书,这已经完成了自己的法律义务。

第三,医疗器械的使用确实不同于一般的产品,必须有"专业中间人"的参与,医疗机构、医护人员正是扮演了这一重要参与角色。我方同意孟小姐的这一观点,但院方的这种参与是基于其提供的医学技术和诊疗手段,而非单纯地提供医疗器械,更不是进行一种商业性质的买卖。因此院方只能对其专业技术和诊疗负责,无法对器械、设备的质量负责。在现代化的医学诊疗过程中,医师是无法完全脱离医疗器械来进行诊断、治疗的,如果要求院方对诊疗全过程中所接触、所使用的全部医疗器械都负起质量审查的义务,这无疑是本末倒置。

第四,在提供医疗服务的同时,医疗机构向就医者收取对等价值的就医费用,这是一种合同关系的体现。医疗器械在买入卖出的过程中产生价格差,是一种正常的市场经济现象。因为使用医疗器械也是提供医疗服务的一部分,在买入价的基础上适当收取对等的服务费用、诊疗费用,是合理的。不能因为这种微小的价格差就认定医疗机构扮演了销售者的角色,医疗机构始终是作为医疗器械的使用者来发挥作用的。在我国,医疗机构多为公立,提供社会公共医疗服务,具有社会公共事务的属性,而不是营利机构,也不以追逐利润为目的。至于孟小姐提出的采购者个人收受回扣故意购买有重大缺陷医疗材料的怀疑,如果属实,则可能构成犯罪,孟小姐应当提供充足、明确的证据,并及时向有关部门反映,追究相关人的刑事责任。

第五,孟小姐确实在术后第三天就向我方反映了轻微疼痛等问题,我方也及时进行了问诊、复查。但由于"康尔美"凝胶在人体内的完全分解需要三个月左右的时间,其早期症状仅为轻度疼痛,局部发红发热、肿胀,这些症状和注射性整形美容手术术后恢复期的常规反应基本相同,且由于个人体质关系,整形美容手术后的反应有较大的个体差异性,孟小姐向我方描述的症状完全属于常规的术后恢复期正常现象。而且在三个月的时间内,孟小姐既没有再次来到我院进行复查,也没有去其他医院寻求诊治,直到三个月后"康尔美"完全分解才再次就医。因此我方认为,孟小姐怠于就医的行为是造成其损害扩大化的原因。

第六,不论是违约责任还是侵权责任,其构成要件都需要一个关键因素,即"康尔美"凝胶是否是缺陷医疗器械。我方认为,"康尔美"凝胶是经过国家药监局批准、拥有医疗器械注册证书的一种医用植入式材料。我方经过对相关文件的形式审查,认为其已经通过国家的监管,符合国家标准、行业标准,质量合格,健康安全,所以才选择使用,就现有证据来看,无法证明"康尔美"本身具有质量缺陷造成孟小姐的人身损害。

【争议焦点】

在本案中,双方的争议焦点是拥有合法医疗器械注册证的"康尔美"凝胶能否认定为缺陷医疗器械。在此类型案件中,一般将其法律责任分为两个阶段来解决:第一阶段采用严格责任原则,无论生产者、医疗机构是否具有过错,均应对受害人承担完全赔偿责任;第二阶段则采用过错责任原则,即生产者、医疗机构互相追偿阶段,生产者、医疗机构均可向有过错方进行追偿。但无论是适用严格责任原则还是过错责任原则,前提条件都是该人身、财产损害系由缺陷医疗器械引起。

【法律分析】

医疗器械的国际通行定义[1]为:单独或者组合使用于人体的仪器、设备、器具、材料或者其他物品,包括所需要的软件;其用于人体体表及体内的作用不是用药理学、免疫学或者代谢的手段获得,但是可能有这些手段参与并起一定的辅助作用;其使用旨在达到下列预期目的:(一)对疾病的预防、诊断、治疗、监护、缓解;(二)对损伤或者残疾的诊断、治疗、监护、缓解、补偿;(三)对解剖或者生理过程的研究、替代、调节;(四)妊娠控制。我国现行《医疗器械监督管理条例》附则中对医疗器械的定义与该国际通行定义涵盖范围也是大致相同的,只是在语言表述上略有文理上的差别。

医疗器械因其直接作用于人体,必须要确保其在使用过程中的安全性和有效性,要求比一般工业制品更高[2]。因此,有必要建立起完整、严格的医疗

---

①该定义来自欧盟医疗器械指令。

②参见中国生物技术发展中心:《中国医疗器械科技创新与产业竞争力国际比较》,科学出版社,2010年版,第36页。

器械监管体系,方能确保行业的健康发展。我国根据国际通行的标准,对医疗器械实行分类管理制度,将医疗器械大体上分为三类:第一类是指通过常规管理就足以保证其安全性、有效性的医疗器械;第二类是指对其安全性、有效性应当加以控制的医疗器械;第三类是指植入人体,用于支持、维持生命,对人体具有潜在危险,对其安全性、有效性必须严格控制的医疗器械。在分类管理的基础上,我国初步建立起了医疗器械的监管体系,不同类的医疗器械,管理的部门层级也不同,风险性越高,管理层级也就越高。

在经济全球化的今天,医疗器械的产业价值不容小觑。相对于发达国家而言,我国的医疗器械产业目前可以说还是起步阶段。但随着我国医疗体制改革的深入,医疗器械产业的高速发展指日可待。这自然也给法学界带来了新的挑战。近些年,医疗器械产品责任纠纷成为研究的热点前沿,国内学界的相关研究成果层出不穷,主要研究方向都集中在产品责任纠纷的构成要件和解决机制上。但是从民法法理上进行分析,不难看出,产品责任问题提出的前提是缺陷产品的存在,这就涉及对缺陷医疗器械的认定。产品责任法最为发达的美国,在这个问题上有着极为丰富的判例,其立法成果和司法实践经验对我们都有着重要的参考价值。但医疗器械产业本身就是一种高度专业化的领域,对缺陷医疗器械的认定不能盲目照搬他国,而要从我国的具体国情和行业发展情况出发,针对性地解决现有纠纷。

在欧洲,缺陷往往被定义为未达到人们有权期待的安全性[1]。德国1989年通过的《产品责任法》就采用这种认定标准。美国法律协会1965年发布的《侵权法重述》(第二版)则规定,但凡销售有不合理危险的缺陷产品应对最终使用者或消费者因此遭受的人身或财产损害承担赔偿责任。

而在我国,"缺陷"这一概念在法律法规中的定义颇为混乱,到底是指质量上的不合格或者瑕疵,或是指造成安全隐患,还是指未满足消费者的期望,并无定论。《中华人民共和国产品质量法》(以下简称《产品质量法》)采用双重标准,规定缺陷是指产品存在不合理的危险或者不符合国家标准、行业标准。2017年5月起施行的《医疗器械召回管理办法》又提出缺陷是指医疗器械存在不合理的风险或不满足强制性标准和技术要求。《缺陷消费品召回管

---

① 参见赵相林、曹俊:《国际产品责任法》,中国政法大学出版社,2000年版,第78页。

理办法》的规定和《医疗器械召回管理办法》类似。国家标准《质量管理体系　基础和术语》(GB/T19000—2000)则规定:缺陷是指未满足与预期或规定用途有关的明示的、通常隐含的或必须履行的要求或期望。

值得一提的是,《医疗器械召回管理办法》虽然对"缺陷医疗机械产品"做了较为详细的列举式规定,但该条款仅限于召回制度。也就是说,在产品责任领域,目前只能依据《产品质量法》的相关规定。

由于我国对医疗器械实行强制注册的监管制度,也制定了相关的明确的国家标准、行业标准,所以依据《产品质量法》对"缺陷"的定义,实践中对缺陷医疗器械的认定仅以技术性标准为依据,并不考查医疗器械产品本身的危险性。这样的认定标准,对缺陷医疗器械引发的法律纠纷案件中的受害人来说,是无法充分保障其权利的。原因有二:首先,技术性标准本身就是一个综合考量下制定的标准,除了保障产品安全之外,往往还包括合理利用国家资源、提高经济效益、保护环境、行业发展等其他目的。技术性标准相较"不合理危险"标准来说,更倾向于对公众利益的保护,关注整理效益多于关注个体权益;其次,"不合理危险"标准在个案中的运用价值较高,类似于刑法上对"具体的危险"的判断,只要综合分析个案情况即可,而技术性标准作为统一标准,难免僵化,特别是在我国,由于医疗器械行业的发展水平所限,技术性标准显然无法跟上医疗技术的发展速度,滞后性突出。对新器械、新材料仅仅适用技术性标准进行判断,会得出不合理的结果。

【本案评析】

在本案中,孟小姐注射"康尔美"凝胶后,人身健康受到明显损害,且由于错过了早期的最佳治疗机会,导致终生将受到生理和心理上的双重损害,令人同情。问题在于,"康尔美"凝胶拥有合法的医疗器械注册证书,也得到国家药监局的批准,其生产销售都是合法的,也就是在市场上并不被认定为缺陷医疗器械。

这个合法却不合理的结果,正是由于采用单一的技术性标准造成的。因为我国对医疗器械注册的审查,也是以技术性标准为依据的。如果不能将"康尔美"定义为缺陷医疗器械,无论是从违约责任角度还是侵权责任角度,孟小姐都无法维护自己的权利,也得不到赔偿。在本案中,这样的结果是显失公平的,也是荒谬的,从社会大众的角度来看,也是一个令人无法接受的法律适用。

因此,综上所述,要解决缺陷医疗器械引发的法律纠纷,首要任务是对"缺陷"的认定标准作出统一规定。单一的技术性标准显然不能彰显公平,维护就医者的权利,本案的个案不正义正是一个典型例子。从兼顾立法、司法的角度来看,将"不合理危险"标准引入缺陷医疗器械的认定是非常有必要的。

【相关法律】

1.《医疗器械监督管理条例》

第四条　对医疗器械按照风险程度实行分类管理。

第一类是风险程度低,实行常规管理可以保证其安全、有效的医疗器械。

第二类是具有中度风险,需要严格控制管理以保证其安全、有效的医疗器械。

第三类是具有较高风险,需要采取特别措施严格控制管理以保证其安全、有效的医疗器械。

评价医疗器械风险程度,应当考虑医疗器械的预期目的、结构特征、使用方法等因素。

国务院食品药品监督管理部门负责制定医疗器械的分类规则和分类目录,并根据医疗器械生产、经营、使用情况,及时对医疗器械的风险变化进行分析、评价,对分类目录进行调整。制定、调整分类目录,应当充分听取医疗器械生产经营企业以及使用单位、行业组织的意见,并参考国际医疗器械分类实践。医疗器械分类目录应当向社会公布。

第八条　第一类医疗器械实行产品备案管理,第二类、第三类医疗器械实行产品注册管理。

第十一条　申请第二类医疗器械产品注册,注册申请人应当向所在地省、自治区、直辖市人民政府食品药品监督管理部门提交注册申请资料。申请第三类医疗器械产品注册,注册申请人应当向国务院食品药品监督管理部门提交注册申请资料。

向我国境内出口第二类、第三类医疗器械的境外生产企业,应当由其在我国境内设立的代表机构或者指定我国境内的企业法人作为代理人,向国务院食品药品监督管理部门提交注册申请资料和注册申请人所在国(地区)主管部门准许该医疗器械上市销售的证明文件。

第二类、第三类医疗器械产品注册申请资料中的产品检验报告应当是医疗器械检验机构出具的检验报告;临床评价资料应当包括临床试验报告,但依照本条例第十七条的规定免于进行临床试验的医疗器械除外。

第七十六条　本条例下列用语的含义:

医疗器械,是指直接或者间接用于人体的仪器、设备、器具、体外诊断试剂及校准物、材料以及其他类似或者相关的物品,包括所需要的计算机软件;其效用主要通过物理等方式获得,不是通过药理学、免疫学或者代谢的方式获得,或者虽然有这些方式参与但是只起辅助作用;其目的是:

(一)疾病的诊断、预防、监护、治疗或者缓解;

(二)损伤的诊断、监护、治疗、缓解或者功能补偿;

(三)生理结构或者生理过程的检验、替代、调节或者支持;

(四)生命的支持或者维持;

(五)妊娠控制;

(六)通过对来自人体的样本进行检查,为医疗或者诊断目的提供信息。

医疗器械使用单位,是指使用医疗器械为他人提供医疗等技术服务的机构,包括取得医疗机构执业许可证的医疗机构,取得计划生育技术服务机构执业许可证的计划生育技术服务机构,以及依法不需要取得医疗机构执业许可证的血站、单采血浆站、康复辅助器具适配机构等。

大型医用设备,是指使用技术复杂、资金投入量大、运行成本高、对医疗费用影响大且纳入目录管理的大型医疗器械。

2.《中华人民共和国产品质量法》

第四十六条　本法所称缺陷,是指产品存在危及人身、他人财产安全的不合理的危险;产品有保障人体健康和人身、财产安全的国家标准、行业标准的,是指不符合该标准。

3.《医疗器械召回管理办法》

第四条　本办法所称存在缺陷的医疗器械产品包括:

（一）正常使用情况下存在可能危及人体健康和生命安全的不合理风险的产品；

（二）不符合强制性标准、经注册或者备案的产品技术要求的产品；

（三）不符合医疗器械生产、经营质量管理有关规定导致可能存在不合理风险的产品；

（四）其他需要召回的产品。

第五条　医疗器械生产企业是控制与消除产品缺陷的责任主体，应当主动对缺陷产品实施召回。

第十二条　对存在缺陷的医疗器械产品进行评估的主要内容包括：

（一）产品是否符合强制性标准、经注册或者备案的产品技术要求；

（二）在使用医疗器械过程中是否发生过故障或者伤害；

（三）在现有使用环境下是否会造成伤害，是否有科学文献、研究、相关试验或者验证能够解释伤害发生的原因；

（四）伤害所涉及的地区范围和人群特点；

（五）对人体健康造成的伤害程度；

（六）伤害发生的概率；

（七）发生伤害的短期和长期后果；

（八）其他可能对人体造成伤害的因素。

4.《缺陷消费品召回管理办法》

第三条　本办法所称缺陷，是指由于设计、制造、警示标识等原因导致的在同一批次、型号或者类别的消费品中普遍存在的不符合国家标准、行业标准中保障人身、财产安全要求的情形或者其他危及人身、财产安全的不合理的危险。

5.《中华人民共和国侵权责任法》

第五十九条　因药品、消毒药剂、医疗器械的缺陷，或者输入不合格的血液造成患者损害的，患者可以向生产者或者血液提供机构请求赔偿，也可以向医疗机构请求赔偿。患者向医疗机构请求赔偿的，医疗机构赔偿后，有权向负有责任的生产者或者血液提供机构追偿。

6.《中华人民共和国标准化法》

第二十二条　制定标准应当有利于科学合理利用资源，推广科学技术成果,增强产品的安全性、通用性、可替换性,提高经济效益、社会效益、生态效益,做到技术上先进、经济上合理。

禁止利用标准实施妨碍商品、服务自由流通等排除、限制市场竞争的行为。

二、医疗器械临床试验中受试者知情选择权的保障

【案情简介】

秦某因双下肢浮肿数月,身体极度不适,前往当地的华康医院就诊,门诊医生怀疑其系肾功能衰竭,遂安排秦某入院进行进一步诊断。经血常规、尿常规、肾功能、血生化等多种检查,秦某确诊为尿毒症晚期,病情危重。尿毒症不是一个独立的疾病,而是各种晚期的肾脏病共有的临床综合征,是慢性肾功能衰竭进入终末阶段时出现的一系列临床表现所组成的综合征。尿毒症发展到晚期,发病凶险,愈后差,九死一生,基本没有治愈的希望。

主治医生范某向秦某详细解释该病症后,秦某伤心欲绝,萌生轻生想法。主治医生范某当即予以劝阻,并向秦某介绍说,华康医院正在进行一项医疗器械的临床试验,系对尿毒症患者进行免疫吸附治疗,该疗法临床效果不错,建议秦某一试。秦某并无医学知识,对该疗法也从未听说过。但在主治医生范某语重心长的劝说下,秦某抱着"死马当活马医"的心态,决定报名参加该项临床试验。

范某非常高兴,马上拿来一大叠文件,告知秦某,若要成为受试者,必须要在这些文件上亲笔签名,秦某随意拿起一张发现是一份知情同意书。秦某略有犹豫,询问范某该项试验具体采用什么器械,采用何医学原理,对人体有无损害,范某当即面露不愉之色,语气恶劣。

秦某乍闻噩耗,本就心神不定,出于对生命的渴望,便不再询问,在范某拿来的文件上一一签名,此后范某再未对秦某进行过该实验的任何解释说明。后范某安排秦某在一周内进行了三次免疫吸附治疗,在三次治疗过程中均使用了由宁菲医疗用品有限公司(以下简称"宁菲公司")生产的免疫球蛋白吸附

器。第三次治疗结束后,范某告知秦某实验已经结束,可以出院了。秦某出院后短短一周,就发现视力严重下降,数米外的物体都无法看清。秦某的家人赶紧将其送入另一医院,入院时秦某已经昏迷不醒,入院诊断为狼疮性肾炎,系肾功能衰竭的狼疮性病变。秦某二次入院后,虽经医院积极抢救,却也无力回天。在治疗三个月后,秦某病故。

秦某的家人对秦某的病故无法接受,认为其本来已经有所好转,却突发病变,一定是华康医院的诊疗行为存在问题。在怀疑心理下,秦某的家人在收拾秦某的遗物时,发现了一本日记,其中详细记载了就医过程,其中就包括了免疫吸附治疗临床试验。秦某的家人又聘请了私家侦探对此事进行调查,发现试验中使用的免疫球蛋白吸附器是由宁菲公司独家生产和销售的。而宁菲公司的总经理正是华康医院主治医生范某的妻子。

有鉴于此,秦某的家人认为,范某出于为自己妻子公司牟利的目的,向秦某推荐并不适合的疗法,而且完全没有尽到告知义务,侵犯了患者秦某的知情权,导致秦某无从选择,在对该临床试验可能带来的危害一无所知的情况下充当了受试者。因此,秦某的死亡和范某的行为之间存在直接因果关系,范某和华康医院应当承担赔偿责任。秦某的家人为了维护自己的权利,向法院提起了诉讼①。

【不同观点】

观点一:秦某的家人认为,范某及华康医院的行为构成了侵权,亦违反了医疗服务合同。范某在对秦某进行免疫球蛋白吸附器临床试验前和试验过程中均存在违反诊疗常规的行为,其不规范的医疗行为直接导致了受害人秦某的死亡结果。

秦某的家人指出,秦某缺乏基本的医学知识,不可能对所谓的免疫吸附疗法有所了解,在身患绝症的情况下,心理脆弱,自我控制能力有所减弱,认知能力较普通人肯定有所下降。主治医生范某明知这一点,却未尽医师的基本义务,只对秦某的病症和病情进行最基本的解释,却未对免疫吸附疗法的临床试验进行任何说明,尤其是隐瞒了该试验中使用的免疫球蛋白吸附器的生产厂家系范某妻子名下的公司。可见,范某为了一己之利,侵犯了秦某的

① 本案根据上海市徐汇区人民法院(2008)徐民一(民)初字第5810号判决书改编。

知情选择权。

观点二:范某认为其不需要承担民事责任,并提出了以下理由:

第一,医师和患者在医学上的专业知识水平是无法比较的,而且秦某患有的尿毒症从临床医学上来看,是一种复杂的综合病症,秦某来到华康医院就医,是希望得到治疗,而非来学习医学专业知识。因此,医师只需要尽到基本的说明义务即可。在秦某初次就诊时,自己已经尽量使用通俗易懂的语言对其进行了解释,而且秦某当时已经是尿毒症晚期,病情危重,极其凶险,随时可能有生命危险,自己如实对秦某进行说明,并没有任何夸大,更没有陈述虚假内容。

第二,针对秦某的病情,自己之所以提出免疫吸附疗法的建议,正是考虑到秦某可能发生狼疮性病变,而目前来说,免疫吸附疗法是治疗狼疮性病变的可行方法之一,自己的建议是对症下药。提出该治疗措施,完全符合规范,整个治疗过程中自己均以秦某的健康为重,就自己的医疗技术水平和医学专业知识来说,绝没有提出损害秦某健康的建议。

第三,在秦某的临床试验过程中所使用的免疫球蛋白吸附器是合格产品,经过国家药监局批准,拥有质量检测报告。而之所以选择宁菲公司生产的该款产品,是由华康医院决定的。自己只是一名主治医生,日常工作内容是对肾病科的患者进行诊疗,并不包括医疗器械的采购,也不参与本院医疗器械的临床试验组织工作。故秦某家人怀疑自己出于私利而推荐秦某做受试者,是无稽之谈。

针对秦某家人的控诉,华康医院也进行了回应。华康医院认为:

第一,范医生在华康医院工作已经十余年,是肾病科的专家,兢兢业业,专业水平一直受到交口称赞,是一位道德高尚、医德出众的好医生。秦某来华康医院就诊时,病情已经十分严重,并且从当时的情况来看,极有可能出现狼疮性病变,一旦发生则非常凶险,发生死亡的可能性极大。因此,秦某的死亡,应当是疾病自然发展的必然结果,与其进行的临床试验并无关系。

第二,华康医院和宁菲公司的合作由来已久,因为宁菲公司提供的医疗器械质量好,价格优,双方一直合作愉快。宁菲公司的医疗器械证照齐全,符合国家标准、行业标准,相应的质量检测报告也一直送交华康医院查看,在当地药监部门的监管下也从未出现过违法现象。故秦某家人的怀疑是没有根据的。而且医院对医疗器械的采购工作一直都有行政人员专人负责,本次临床试验的组织也是按照国家法律规定严格进行的。

第三,在建议秦某参加临床试验时,范医生可能也是考虑到秦某的实际情况,所剩时间无几,也没有更好的诊疗手段可供选择,只能一试。范医生没有对秦某进行详细讲解,确有不妥,但即使对免疫吸附疗法的原理进行讲解,秦某也是无法理解的,因该医学技术比较先进,即使是医科专家,也未必能全然体会,反而会耗费大量时间,而且秦某在缺乏医学知识的情况下,可能会对免疫吸附疗法产生误解,反而延误了自己的治疗。我院认为,范医生的行为确实不符合一般的医疗常规,秦某签订知情同意书的过程也不规范,但在本案的特殊情况下,可以理解。我院也不认为秦某的知情选择权受到了侵犯,因为在当时的情况下,秦某本身是无法做出合理选择的,虽然范医生未对临床试验进行说明,但是出于为秦某利益考量的原因,故并不存在过错。

【争议焦点】

本案的争议焦点是患者秦某的知情选择权是否受到了侵犯? 秦某所签订的知情同意书效力如何? 进而引出一个问题,那就是秦某是否在自愿的情况下参与了该医疗器械临床试验?

【法律分析】

为了医学技术的进步和全人类共同的利益,临床试验是医疗体系中不可或缺的重要组成部分。在人类和疾病的对抗上,如果没有医学临床试验,人类胜利的号角恐怕无法吹响。然而,在历史上,临床试验也曾以灰暗的角色出现过,如日本731部队在中国进行的细菌试验及活体解剖试验,骇人听闻,极度残忍,是对人类文明的践踏,违背了基本的人性,至今仍然为全人类全社会所唾弃,是人类历史画册上黑色的一页。这样的浩劫和悲剧,会摧毁人类社会对善良和美好的全部追求,这样的临床试验,是我们要在人类社会中绝对禁止的。因此,在临床试验中,对受试者的权益保障是最基本的原则性要求。

以《纽伦堡法典》和《世界医学大会赫尔辛基宣言》为依据,世界各国为了最大限度地保障临床试验中受试者的知情选择权,均制定了相应的法律法规,如美国的《贝尔蒙特报告》、德国的《德国药品法》、英国的《临床试验伦理规则》和我国的《药品临床试验管理规范》《医疗器械临床试验规定》[①]。2016年,国家食品药品监督管理总局、国家卫生和计划生育委员会又发布了《医疗器械临床试验质量管理规范》,2004年1月17日发布的《医疗器械临床试验规定》(国家食品药品监督管理局令第5号)同时宣告废止,可见我国对该问题的重视程度。但是在实践中,如何将法律法规的基本精神具体贯彻执行,以保护临床试验受试者的权利,避免侵害,却没有那么简单。

临床试验受试者的权益范围颇广,包括知情权、选择权、人格受尊重权等。一般认为,保障临床试验受试者的权益,最主要和最首要的就是保障受试者的知情选择权。所谓知情选择,也有称之为知情同意(Informed Consent),是指向受试者告知一项试验的各方面情况后,受试者自愿确认其同意参加该项临床试验的过程,须以签名和注明日期的知情同意书作为文件证明[②]。也就是说,患者在临床试验前和临床试验中,可以要求了解自己想了解的全部信息,这项权利应当受到医疗机构和医师的尊重。知情权和选择权是紧密联系、不可分割的,因为选择的自愿基于对全部必要信息的了解,完全的自愿是在全面接收信息后作出的选择。关于这一点,《世界医学大会赫尔辛基宣言》阐述得非常明确:"在涉及有行为能力的受试者的医学研究中,每个潜在的受试者都必须被充分告知研究目的、方法、资金来源、任何可能的利益冲突、研究者所属单位、研究的预期受益和潜在风险、研究可能引起的不适以及任何其他相关方面。"

从法理层面来说,受试者的知情选择权可以被理解为一种基本的人权,应当受到尊重和保护。权利和义务是相对应的,要充分实现受试者的知情选择权,也就要求医疗机构、医师充分履行告知义务。惟有医师尽其说明义务,并取得患者同意,其实施之医疗行为才具合法性[③]。因此,医师未就临床试验

---

①参见付晓娟:《中美药品临床试验受试者权益保障措施的对比研究》,重庆医科大学硕士学位论文,2008年。

②参见王洋:《医疗器械临床试验受试者知情选择权保障问题研究》,上海交通大学硕士学位论文,2012年。

③参见黄丁全:《医事法》,中国政法大学出版社,2003年版,第235页。

向受试者做详尽的说明,或拒绝向受试者提供其想了解的信息,就是对受试者的知情选择权的一种侵犯。

【本案评析】

在本案中,秦某的死亡结果与医生范某的行为之间,并不存在直接的因果关系。从秦某的病情来看,本就危重凶险,出现死亡的不良结果,乃是疾病的自然发展,并非不当的医疗行为造成。也就是说,秦某的死亡结果是不能归因于医生范某的行为的。

但是这并非本案的争议焦点。秦某作为医疗器械临床试验的受试者,其知情选择权显然受到了侵犯。即使这种侵权与秦某最终的死亡结果之间无法确立起直接的因果关系,但并不影响侵权的认定。在信息不完善的情况下,医师范某未尽到说明义务,对秦某想获知相关信息的提问也置之不理,不论范某出于何种考虑,其行为在客观上都破坏了患者行使自我决定权的基础。秦某无从了解所谓"免疫吸附疗法""免疫球蛋白吸附器"的运作原理,更不能预测自己在临床试验中可能遇到的风险,他的选择权实质上也就被剥夺了。患者在缺乏充分、理性、客观的考虑之下,就作出了参与临床试验的决定。秦某参与临床试验的这一行为,就是知情选择权被侵犯的结果。故本案中的这种侵权,并不以患者发生人身损害或者死亡等不良结果为侵权要件,只以患者在不知情或不完全知情情况下做出了选择为要件。

华康医院和范某为自己的不当行为提出了诸多辩解理由,既没有法律上的依据,也没有法理上的支持。本案中,范某明确观察到秦某的情绪失控,利用秦某急于就医的心态和对生命的热烈渴望,攻破其心理防线,从语言上施加压力,完全隐瞒了临床试验可能的风险,也不给受试者充分的时间考虑,是一种典型的侵权行为。

华康医院和范某以尿毒症本身的复杂性和治疗方案的专业性为理由,推卸自己的责任,逃避履行说明义务,是违反了我国对医疗器械临床试验的法律规定的。此外,若从合同法的角度考虑,受试者秦某和华康医院之间存在着一种医疗服务合同关系,华康医院和医师范某也违背了诚实信用原则。

【相关法律】

《医疗器械临床试验质量管理规范》

第三条 本规范所称医疗器械临床试验,是指在经资质认定的医疗器械临床试验机构中,对拟申请注册的医疗器械在正常使用条件下的安全性和有效性进行确认或者验证的过程。

第四条 医疗器械临床试验应当遵循依法原则、伦理原则和科学原则。

第十三条 医疗器械临床试验应当遵循《世界医学大会赫尔辛基宣言》确定的伦理准则。

第十四条 伦理审查与知情同意是保障受试者权益的主要措施。

参与临床试验的各方应当按照试验中各自的职责承担相应的伦理责任。

第十五条 申办者应当避免对受试者、临床试验机构和研究者等临床试验参与者或者相关方产生不当影响或者误导。

临床试验机构和研究者应当避免对受试者、申办者等临床试验参与者或者相关方产生不当影响或者误导。

第二十条 应当尽量避免选取未成年人、孕妇、老年人、智力障碍人员、处于生命危急情况的患者等作为受试者;确需选取时,应当遵守伦理委员会提出的有关附加要求,在临床试验中针对其健康状况进行专门设计,并应当有益于其健康。

第二十一条 在受试者参与临床试验前,研究者应当充分向受试者或者无民事行为能力人、限制民事行为能力人的监护人说明临床试验的详细情况,包括已知的、可以预见的风险和可能发生的不良事件等。经充分和详细解释后由受试者或者其监护人在知情同意书上签署姓名和日期,研究者也需在知情同意书上签署姓名和日期。

第二十二条 知情同意书一般应当包括下列内容以及对事项的说明:

(一)研究者的姓名以及相关信息;

(二)临床试验机构的名称;

(三)试验名称、目的、方法、内容;

(四)试验过程、期限;

(五)试验的资金来源、可能的利益冲突;

（六）预期受试者可能的受益和已知的、可以预见的风险以及可能发生的不良事件；

（七）受试者可以获得的替代诊疗方法以及其潜在受益和风险的信息；

（八）需要时，说明受试者可能被分配到试验的不同组别；

（九）受试者参加试验应当是自愿的，且在试验的任何阶段有权退出而不会受到歧视或者报复，其医疗待遇与权益不受影响；

（十）告知受试者参加试验的个人资料属于保密，但伦理委员会、食品药品监督管理部门、卫生计生主管部门或者申办者在工作需要时按照规定程序可以查阅受试者参加试验的个人资料；

（十一）如发生与试验相关的伤害，受试者可以获得治疗和经济补偿；

（十二）受试者在试验期间可以随时了解与其有关的信息资料；

（十三）受试者在试验期间可能获得的免费诊疗项目和其他相关补助。

知情同意书应当采用受试者或者监护人能够理解的语言和文字。知情同意书不应当含有会引起受试者放弃合法权益以及免除临床试验机构和研究者、申办者或者其代理人应当负责任的内容。

第二十三条　获得知情同意还应当符合下列要求：

（一）对无行为能力的受试者，如果伦理委员会原则上同意、研究者认为受试者参加临床试验符合其自身利益时，也可以进入临床试验，但试验前应当由其监护人签名并注明日期；

（二）受试者或者其监护人均无阅读能力时，在知情过程中应当有一名见证人在场，经过详细解释知情同意书后，见证人阅读知情同意书与口头知情内容一致，由受试者或者其监护人口头同意后，见证人在知情同意书上签名并注明日期，见证人的签名与研究者的签名应当在同一天；

（三）未成年人作为受试者，应当征得其监护人的知情同意并签署知情同意书，未成年人能对是否参加试验作出意思表示的，还应当征得其本人同意；

（四）如发现涉及试验用医疗器械的重要信息或者预期以外的临床影响，应当对知情同意书相关内容进行修改，修改的知情同意书经伦理委员会认可后，应当由受试者或者其监护人重新签名确认。

第二十四条　知情同意书应当注明制定的日期或者修订后版本的日

期。如知情同意书在试验过程中有修订,修订版的知情同意书执行前需再次经伦理委员会同意。修订版的知情同意书报临床试验机构后,所有未结束试验流程的受试者如受影响,都应当签署新修订的知情同意书。

第二十五条　受试者有权在临床试验的任何阶段退出并不承担任何经济责任。

三、血站采集血液中的法律责任

【案情简介】

1985年4月8日至6月20日,雷某因"低热、胸闷、气短"住院治疗。入院诊断:左侧渗出性胸膜炎。住院治疗期间,医院于1985年4月22日、28日向雷某两次输血200ml。雷某1985年4月9日检查谷丙转氨酶活性25(正常值0—40)、5月5日检查谷丙转氨酶活性55(正常值0—40)。出院后,雷某于1999年、2001年、2003年三次献血,某市中心血站在雷某1999年献血后查出其血液丙肝抗体呈阳性,某市中心血站就该结果未向雷某进行告知。2003年雷某再次献血时被告知患有丙型病毒性肝炎。雷某于2003年10月13日至11月6日在某市医院治疗,诊断为:病毒性肝炎(丙型)、慢性中度。

2004年雷某诉至法院称,其曾于1999年、2001年、2003年献血,某市中心血站在1999年其献血后查出其血液丙肝抗体呈阳性,即感染该病毒,对此结果未向其进行告知,导致其重复献血,使其病情进入中度。此病潜伏期长达15—20年,病人不易知情,有恶化可能,目前没有有效的治愈方法,给其生活、身心造成极大伤害。其现诉至法院要求:1.某市中心血站补偿其30万元;2.某市中心血站赔偿其精神赔偿金5万元,并道歉;3.某市中心血站支付其医疗费71969元,并承担本案诉讼费。被告该市中心血站辩称,《中华人民共和国献血法》(以下简称《献血法》)规定血站对献血者是否符合献血条件应向献血者说明,但没有规定血站应当告知献血者血液检测结果。1999年11月至2003年9月雷某参加无偿献血,被告对雷某进行了必要的身体检查。被告是公益性机构,对献血者的血液进行筛查实验,判定献血者的血液是否符合临床用血标准,但对献血者本身不进行疾病诊断。因此被告已经履行了法定告知义务,并无过错。被告未向雷某告知血液检验结果与雷某患丙肝及其病情加重之间没有法律上的因果关系,故不同意雷某的诉讼请求[①]。

【不同观点】

观点一:由于该市中心血站未将血液检测结果向献血者告知,存在过错,导致延误了献血者丙肝的诊断确诊和治疗,存在侵权行为,应当承担赔偿责任。

观点二:《献血法》规定血站对献血者是否符合献血条件应向献血者说明,但没有规定血站应当对献血者告知血液检测结果,因此该市中心血站不应承担赔偿责任。

【争议焦点】

应如何理解《献血法》第九条规定的"血站对献血者必须免费进行必要的健康检查;身体状况不符合献血条件的,血站应当向其说明情况,不得采集血液。献血者的身体健康条件由国务院卫生行政部门规定"? 血站对献血者血液检测结果究竟有无告知义务?

【法律分析】

血站采集血液应遵循自愿与知情同意原则,对献血者履行告知义务和保密义务;必须对献血者进行健康检查,并进行身份核对检查,严禁冒名顶替。

《血站管理办法》第二十四条规定:"血站采集血液应当遵循自愿和知情同意的原则,并对献血者履行规定的告知义务。血站应当建立献血者信息保密制度,为献血者保密。"第二十五条规定:"血站应当建立对有易感染经血液传播疾病危险行为的献血者献血后的报告工作程序、献血屏蔽和淘汰制度。"由此可知,法律对于血站的告知义务做了明确规定,但尚未规定法定告知程序,故往往造成纠纷的产生。

《献血者健康检查要求》(GB18467—2011)规定血站应按照法律的规定对采集后的血液检测2次,若有不合格的项目,均应向献血者本人反馈,但抗–

---

① 参见陕西省西安市中级人民法院民事判决书,(2008)西民二终字第07号。

HIV 初筛不合格者,根据《传染病防治法》的规定,应先报当地疾病预防控制中心,确认为阳性者则由当地疾病预防控制中心通知献血者本人,血站不承担告知义务;如确认实验为阴性者,因目前尚无相关法规明确规定该献血者是否可继续参加献血,从保证受血者安全角度出发,国内采供血机构普遍将其列入不宜献血范围,需通知献血者本人。

此外,《献血者健康检查要求》对血站采集血液做了严格的要求,血站采集血液前应征得献血者的知情同意,并对其进行必要的健康征询、一般检查和血液检测;献血者献血前的一般检查和血液检测应以血站结果为准,有效期 14 天。为不延误某些确有疾病的献血者进一步检查和治疗,血站应根据实际情况确定告知的最长时限,如遇特殊情况需复查或送法定机构确认的,事后需向献血者认真解释。

综上可知,2006 年之后,法律已经明文规定血站对于献血人血液检测结果负有告知义务,如果未履行该义务,可能会承担法律上的不利后果。

【本案评析】

自《献血法》实施以来,非固定献血点采集血液已成为血液采集的主要模式,献血者常规体格检查和快速筛检合格后即可直接献血。但在此种献血模式下,血液采集后的检测不合格率远高于固定献血点,由此而衍生对献血者的告知问题,如处置不当则会引起献血者的误解甚至引发献血纠纷。2006 年 3 月 1 日起实施的《血站管理办法》明确规定血站应对献血者履行法定的告知义务,但尚未规定法定告知程序。在该案中某市中心血站在 1999 年未将丙肝抗体检测阳性结果向雷某说明,存在过错。但是原告雷某称某市中心血站未告知其检测结果导致其病情加重,因其未能提供相应的证据予以证明,相关的诉讼请求不能得到法院支持。根据《侵权责任法》第六条和第五十四条的规定,我国在医疗损害责任中实行过错责任原则,在一般情况下由原告承担过错、行为违法性、损害结果以及行为和损害结果间的因果关系等举证责任,而本案中,相关医学鉴定已经就某市中心血站在献血检验中未向雷某告知检验结果与雷某患丙型肝炎及加重之间没有法律上因果关系做出认定,故某市中心血站在本案中不应向雷某承担损害赔偿责任。

【相关法律】

1.《血站管理办法》

第二十五条　血站应当建立对有易感染经血液传播疾病危险行为的献血者献血后的报告工作程序、献血屏蔽和淘汰制度。

第二十六条　血站开展采供血业务应当实行全面质量管理,严格遵守《中国输血技术操作规程》《血站质量管理规范》和《血站实验室质量规范》等技术规范和标准。

血站应当建立人员岗位责任制度和采供血管理相关工作制度,并定期检查、考核各项规章制度和各级各类人员岗位责任制的执行和落实情况。

2.《中华人民共和国侵权责任法》

第六条　行为人因过错侵害他人民事权益,应当承担侵权责任。

根据法律规定推定行为人有过错,行为人不能证明自己没有过错的,应当承担侵权责任。

第五十四条　患者在诊疗活动中受到损害,医疗机构及其医务人员有过错的,由医疗机构承担赔偿责任。

第五十九条　因药品、消毒药剂、医疗器械的缺陷,或者输入不合格的血液造成患者损害的,患者可以向生产者或者血液提供机构请求赔偿,也可以向医疗机构请求赔偿。患者向医疗机构请求赔偿的,医疗机构赔偿后,有权向负有责任的生产者或者血液提供机构追偿。

3.《中华人民共和国献血法》

第八条　血站是采集、提供临床用血的机构,是不以营利为目的的公益性组织。设立血站向公民采集血液,必须经国务院卫生行政部门或者省、自治区、直辖市人民政府卫生行政部门批准。血站应当为献血者提供各种安全、卫生、便利的条件。血站的设立条件和管理办法由国务院卫生行政部门制定。

第九条　血站对献血者必须免费进行必要的健康检查;身体不符合献血条件的,血站应当向其说明情况,不得采集血液。献血者的身体健康条件由国务院卫生行政部门规定。

血站对献血者每次采集血液量一般为二百毫升,最多不得超过四百毫升,两次采集间隔期不少于六个月。

严格禁止血站违反前款规定对献血者超量频繁采集血液。

四、血液是否合格的举证责任

【案情简介】

1995年12月,原告李某因宫外孕,在被告某县医院进行手术治疗并输血,后病愈出院。2002年以来,李某出现体质明显下降,消瘦,易感冒等症状。2005年李某到被告医院检查,并提取血样,经省疾病预防控制中心检验,结果显示,李某已感染艾滋病病毒。随后,李某提起医疗损害赔偿诉讼,要求县医院和县血站承担各项损失及后续治疗费40余万元。被告县医院认为,医院治疗符合医疗原则,血源合法,输血告知手续完善。县血站对原告所用献血者血液委托市卫生防疫站进行检测显示为艾滋病病毒抗体阴性。法院经审理认为,某县血站未能提供献血员的献血档案(含献血员的献血证、照片、体检表等),故而难以证明其在采集血液过程中对献血员的身份进行了核对,难以保证所采血液与献血员相一致。不能排除献血员冒名顶替的现象出现,因此,不能认为血站所提供的血液为合格血液。故应承担赔偿责任,县医院由于不存在过错,因此不承担责任。

【不同观点】

观点一:原告应当承担证明血液是否合格的举证责任,若其不能举证,则将承担法律上的不利后果。

观点二:应当由被告医疗机构和血液提供机构证明血液是否合格,若不能证明,则其应承担损害赔偿责任。

【争议焦点】

血液是否合格应当由谁来证明? 被告某县医院和县血站是否应承担举证不利的法律责任?

【法律分析】

输血是抢救危重患者的重要医疗手段,在治病救人的同时,也会因输入不合格血液而传染疾病。血液从采集到输入患者体内,要经过血液提供者和医疗机构两个操作步骤,其中血液提供者主要是各级血站。本案发生在《侵权责任法》颁布实施之前,根据当时的规定,应由医疗机构就自己无过错和医疗行为与损害结果之间不存在因果关系负举证责任,血站属于提供医疗服务的一方,因此也应承担举证责任。而此案中该血站既无法证明血液合格,也无法证明自己不存在过错以及其医疗行为和损害结果之间无因果关系,故而法院判令其应当承担相应的民事赔偿责任。但在《侵权责任法》颁布之后,出现类似情况,应当有新的学理阐释,根据《侵权责任法》第五十九条规定,输入不合格血液造成损害的,医疗机构和供血机构才承担责任。

首先,要解决何为合格血液的问题。哲学基本原理告诉我们,人们对于事物的认识是一个发展变化的过程,我们不能对血站苛以超出时代技术水平的血液检测责任,因此,对于此处的"合格",当指供血机构已经按照法律、法规和相应技术规范的要求正确地进行了所有必要程序的检测。根据《献血法》《血站管理办法》《血液制品管理条例》等规定,其应当履行的必要程序包括:1.采血前必须对献血者进行健康检查;2.对采集的血液进行检验;3.适用合格的一次性注射器和采血器材;4.保证发出的血液质量、品种、规格无误差;5.保留采供血档案和标本。对于医疗机构而言,应保证自己在临床用血时尽到审慎核查义务。如患者需要输血的,由医疗机构按照规定程序从血库调取血液,按照《医疗机构临床用血管理办法》的规定用血。因此,如果供血机构和医疗机构按照上述程序进行操作,并保留完整的文本资料,那么便可以认为其提供的血液是合格的。否则,便会被认定为不合格,进而有承担法律责任的可能性。

其次,在因输血而产生的医疗损害侵权赔偿案件中,由于医患双方信息不对等以及双方的专业知识的差异,血液提供机构和医疗机构应当承担证明其提供的是合格血液的举证责任。通常在纠纷发生时,血液已经输入患者体内,无法对原始血液进行检验分析,因此,只能通过相关的文本资料证明血液是否合格,包括从血液采集到临床应用这一过程中的所有程序操作资料。

最后,根据现行《侵权责任法》的规定,为了更好地保护患者的权利,医疗机构和血液提供机构应当承担连带责任,如果医疗机构不存在过错,其在承担部分或全部责任后,可以向血站追偿。因此,在《侵权责任法》颁布实施后,输入不合格血液造成患者损害的,即使医疗机构不存在过错,也可能被判定承担赔偿责任。

【本案评析】

本案中,某县血站应当承担证明血液是否合格的举证责任,由于某县血站未能履行相应的法定操作程序,没有核对献血员的档案材料,故而其不能证明提供的血液是合格的。根据上述分析,某县血站应当承担相应的赔偿责任。至于某县医院,虽然其在输血过程中没有过错,但是根据《侵权责任法》的规定,医疗机构由于输入不合格血液造成患者损害的,患者可以向医疗机构请求赔偿,因此某县医院也可能会承担赔偿责任,但是某县医院在承担赔偿责任后可以向某县血站进行追偿。

【相关法律】

1.《中华人民共和国侵权责任法》

第五十九条 因药品、消毒药剂、医疗器械的缺陷,或者输入不合格的血液造成患者损害的,患者可以向生产者或者血液提供机构请求赔偿,也可以向医疗机构请求赔偿。患者向医疗机构请求赔偿的,医疗机构赔偿后,有权向负有责任的生产者或者血液提供机构追偿。

2.《中华人民共和国献血法》

第八条 血站是采集、提供临床用血的机构,是不以营利为目的的公益性组织。设立血站向公民采集血液,必须经国务院卫生行政部门或者省、自治区、直辖市人民政府卫生行政部门批准。血站应当为献血者提供各种安全、卫生、便利的条件。血站的设立条件和管理办法由国务院卫生行政部门制定。

第九条 血站对献血者必须免费进行必要的健康检查;身体状况不符合献血条件的,血站应当向其说明情况,不得采集血液。献血者的身体健康条件由国务院卫生行政部门规定。

第十条　血站采集血液必须严格遵守有关操作规程和制度,采血必须由具有采血资格的医务人员进行,一次性采血器材用后必须销毁,确保献血者的身体健康。

血站应当根据国务院卫生行政部门制定的标准,保证血液质量。

血站对采集的血液必须进行检测;未经检测或者检测不合格的血液,不得向医疗机构提供。

第十二条　临床用血的包装、储存、运输,必须符合国家规定的卫生标准和要求。

第十三条　医疗机构对临床用血必须进行核查,不得将不符合国家规定标准的血液用于临床。

3.《血站管理办法》

第二十二条　血站应当按照国家有关规定对献血者进行健康检查和血液采集。

血站采血前应当对献血者身份进行核对并进行登记。

严禁采集冒名顶替者的血液。严禁超量、频繁采集血液。

血站不得采集血液制品生产用原料血浆。

第二十六条　血站开展采供血业务应当实行全面质量管理,严格遵守《中国输血技术操作规程》《血站质量管理规范》和《血站实验室质量规范》等技术规范和标准。

血站应当建立人员岗位责任制度和采供血管理相关工作制度,并定期检查、考核各项规章制度和各级各类人员岗位责任制的执行和落实情况。

第二十八条　血站各业务岗位工作记录应当内容真实、项目完整、格式规范、字迹清楚、记录及时,有操作者签名。

记录内容需要更改时,应当保持原记录内容清晰可辨,注明更改内容、原因和日期,并在更改处签名。

献血、检测和供血的原始记录应当至少保存十年,法律、行政法规和卫生部另有规定的,依照有关规定执行。

五、医疗机构无过错输血造成损害的法律责任

【案情简介】

工人王某遭遇车祸,被送至某市医院治疗,治疗过程中,市医院为其输入了某市中心血站提供的血液500毫升。术后王某休养一段时间便出院回家。回家后王某时常感觉身体不适,到医院体检后,检查结果显示肝功能异常,经进一步诊断为丙型肝炎。在发生车祸之前,王某参加单位体检,并未发现患有丙型肝炎,故而王某怀疑是某市医院在车祸手术中给自己输入的血液存在问题,致其感染丙型肝炎。王某认为某市医院给自己输入了不合格血液,某市卫生局把关不严,二者应对自己的损害承担连带责任,遂将某市医院和市卫生局诉至法院。

法院经审理查明,给王某输入的血液由某供血员提供,该供血员在献血1个月后体检抗体阳性超标,10个月后被诊断为丙型肝炎。提供血液的某市中心血站的操作程序是:从供血员身上采集血液然后交由某市卫生局下属的血液质量监督管理委员会进行复查,复查合格后再由某市中心血站以自己的名义提供给医院用于临床。王某输入的500毫升血液也由某市中心血站交给市卫生局血液质量监督管理委员会进行了检验,并未发现问题,某市医院在输血过程中也未违反相关操作规范。

【不同观点】

观点一:血液是一种特殊的产品,应当使用《产品质量法》的相关规定,对于有缺陷的产品,生产者应当承担无过错责任。血液虽经检验未存在问题,但法院仍然要判决医疗机构与供血机构承担赔偿责任。

观点二:血液不是一种产品,由输血引起的纠纷不能适用《产品质量法》和《侵权责任法》中关于产品责任的规定,因而,血液问题不适用产品责任中的无过错责任。即如果可以证明输入的血液经检测不存在任何质量问题,医疗机构和供血机构可以不承担损害赔偿责任。

【争议焦点】

医疗机构无过错输血能否成为其免责事由？

【法律分析】

对于无过错输血导致的医疗损害问题，现行法律缺乏明确而具体的规定，《侵权责任法》第五十九条规定了输入不合格血液造成患者损害的，医疗机构和血液提供机构要承担赔偿责任，但在无过错输血导致纠纷的案件中，如不存在血液不合格的问题，则不能适用《侵权责任法》第五十九条的规定。而《医疗事故处理条例》第三十三条规定，无过错输血导致损害的不属于医疗事故。在没有明确的法律规定的情况下，不同地区的法院在审理类似案件的时候往往因为采取不同的归责原则，导致不同的裁判结果。而问题的关键就在于如何定性血液这一特殊物质，因为如果将其定性为产品，那么就可以适用《产品质量法》中的无过错责任，进而导致医疗机构和血液提供机构不能因为无过错而免责。笔者认为，血液不能也不应当被定性为产品。

首先，根据《产品质量法》的规定，所谓产品是指经过加工、制作，用于销售的产品。而根据我国《献血法》和《血站管理办法》的规定，血站从无偿献血者身上抽取血液，之后进行存储、保管和运输等工序，不能算是工业意义上的加工、制作，而是为了维持血液的基本生理状态。由于我国实行无偿献血制度，血站是采集、提供临床用血的非营利性机构，无偿献血者的血液必须供给临床，不得买卖。因此输血不是一种销售行为，至于患者使用血液时支付的费用，仅仅是血液的采集、储存、分离等费用，不是血液的对价。由于血液的这些特征，决定了其不是《产品质量法》中所说的产品，因血液引起的纠纷案件，不适用有关产品责任的规定。《侵权责任法》规定，行为人损害他人民事权益，不论行为人有无过错，法律规定应当承担侵权责任的，依照其规定。由此可知，要适用无过错归责原则，必须要有法律的明确规定，而对于无过错输血责任，不适用《产品质量法》，即不适用无过错归责原则。

其次，无过错输血能否作为医疗机构的免责事由呢？《侵权责任法》第五十四条规定，医疗机构及其医务人员在医疗侵权损害赔偿案件中，有过错才承担责任，没有过错便不承担责任。如果按照这一原则，医疗机构和供血机构对于无过错输血给患者所造成的后果完全不承担相应的赔偿责任。一切不利后果均由患者自行承担,这样是否公平合理呢? 从医患双方本身的实际能力和利益来讲,由于输血是一种客观存在着风险的行为,因为"窗口期"等问题,无过错输血给患者造成损害的风险是客观存在的,患者毕竟是使用了医疗机构和供血机构提供的血液才受到损害的,如果让患者独自承担不利后果,有违公平正义的法律精神。同时,这也不利于医疗机构和供血机构去积极提高技术水平,查清无过错输血导致损害的原因,进而提高整个社会的血液检验技术,促进医学的进一步发展。

最后,无过错输血导致损害应当采取哪种归责原则最为公平合理? 笔者认为,针对此类案件,宜采取公平责任原则。医疗机构及供血机构均不存在过错,但适用过错责任原则又对受害人明显不利时,往往适用公平责任原则,由双方当事人分担损害结果,即医疗机构和供血机构给予患者适当补偿。采取这一原则,既不至于导致患者自行承担损害后果的不公平,也有利于鼓励医疗机构和供血机构积极提高检测技术,发展医疗水平。但考虑到无过错输血的主要损害原因是当下的医疗技术水平的局限,适用公平原则虽能减轻患者负担,但加重了医疗机构和血液提供机构的负担,在此,应考虑借鉴国外设立无过错输血损害专项基金的做法,减轻医疗机构和供血机构不必要的负担。

【本案评析】

本案是典型的无过错输血导致患者损害的案件,基于上述分析,患者和医疗机构、供血机构对于损害结果的发生均无过错,完全由医疗机构和供血机构承担赔偿责任缺乏法律依据,如无过错输血成为医疗机构和供血机构的免责事由又有违公平正义的法律精神。因此,应当适用公平责任原则,由法院判令医疗机构和供血机构适当赔偿患者的损失。

【相关法律】

1.《中华人民共和国侵权责任法》

第六条 行为人因过错侵害他人民事权益,应当承担侵权责任。

第二十四条 受害人和行为人对损害的发生都没有过错的,可以根据实际情况,由双方分担损失。

第五十四条 患者在诊疗活动中受到损害,医疗机构及其医务人员有过错的,由医疗机构承担赔偿责任。

第五十九条 因药品、消毒药剂、医疗器械的缺陷,或者输入不合格的血液造成患者损害的,患者可以向生产者或者血液提供机构请求赔偿,也可以向医疗机构请求赔偿。患者向医疗机构请求赔偿的,医疗机构赔偿后,有权向负有责任的生产者或者血液提供机构追偿。

2.《中华人民共和国产品质量法》

第二条 在中华人民共和国境内从事产品生产、销售活动,必须遵守本法。

本法所称产品是指经过加工、制作,用于销售的产品。

建设工程不适用本法规定;但是,建设工程使用的建筑材料、建筑构配件和设备,属于前款规定的产品范围的,适用本法规定。

3.《医疗事故处理条例》

第三十三条 有下列情形之一的,不属于医疗事故:

(一)在紧急情况下为抢救垂危患者生命而采取紧急医学措施造成不良后果的;

(二)在医疗活动中由于患者病情异常或者患者体质特殊而发生医疗意外的;

(三)在现有医学科学技术条件下,发生无法预料或者不能防范的不良后果的;

(四)无过错输血感染造成不良后果的;

(五)因患方原因延误诊疗导致不良后果的;

(六)因不可抗力造成不良后果的。

六、血站能否禁止献血者献血

【案情简介】

2015年,郭某到某市中心血站所设位于城区的采血车上献血,后来,该市中心血站告知郭某,其此次所献血液为梅毒阳性,并通知郭某以后不要再献血,且市中心血站已在全国联网的献血网站上将其挂名。后郭某到该市第三人民医院及市妇幼保健院进行检查,均认定为梅毒阴性。于是郭某到市中心血站反映以上两级医院的检查结果,但市中心血站仍坚持郭某所献血为梅毒阳性,并书面指令郭某以后不要再献血,并且警告其不得再以此事为由影响血站献血工作。郭某认为某市中心血站将其血液为梅毒阳性的结论挂在了全国献血网站上,给其造成严重影响,侵害了其人身权、荣誉权。此外,某市中心血站书面指令郭某以后不要再献血,其行为属于政府行政指令,侵犯了其献血权。故郭某向法院提起行政诉讼,要求市中心血站撤销该行政指令,赔偿其相应损失。

【不同观点】

观点一:某市中心血站是由人民政府设立,接受政府卫生行政部门监督管理的机构,同时执行各级政府行政部门交办的具体事务,其行为代表了同级行政部门,其指令属行政指令。故法院应当受理该行政诉讼。

观点二:某市中心血站是采集、提供临床用血的机构,是不以营利为目的的公益性组织,其有权按《血站技术操作规程》《献血者健康检查要求》的规定对献血者的血液进行检验,并应将检验结果及是否适宜献血告知献血者,此告知行为系中心血站按规范履行正当职责的行为,不属行政指令。故而法院不应当受理该行政诉讼。

【争议焦点】

血站的性质是什么? 血站作出禁止献血者献血的决定是否属于行政指令?

【法律分析】

血站是不以营利为目的的采集、制备、储存血液、并向临床提供血液的公益性卫生机构。为了确保血液安全,规范血站执业行为,促进血站的建设与发展,2005年,卫生部发布了《血站管理办法》,同年又下发了《采供血机构设置规划指导原则》。血站是献血者和临床用血的中介,作为集专业性与责任性为一体的社会公益性机构,在地方各级政府的支持和管理下依法做好采集、提供临床用血的工作。

卫生部根据全国医疗资源的配置和临床用血的需求,统一制定全国的采供血机构设置规划,并负责全国血站建设规划的指导。各省、自治区、直辖市人民政府卫生行政部门根据本行政区域具体情况制定本行政区域血站设置规划,报同级人民政府批准,并报卫生部备案。由此可知,血站是一个公益性卫生机构,其设立要经人民政府批准,但其并不是一级行政机构。

血站的职责有哪些?根据《血站管理办法》第八条的规定,血液中心的主要职责是:"(一)按照省级人民政府卫生行政部门的要求,在规定范围内开展无偿献血者的招募、血液的采集与制备、临床用血供应以及医疗用血的业务指导等工作;(二)承担所在省、自治区、直辖市血站的质量控制与评价;(三)承担所在省、自治区、直辖市血站的业务培训与技术指导;(四)承担所在省、自治区、直辖市血液的集中化检测任务;(五)开展血液相关的科研工作;(六)承担卫生行政部门交办的任务。血液中心应当具有较高综合质量评价的技术能力。"《血站管理办法》第九条规定中心血站的主要职责是:"(一)按照省级人民政府卫生行政部门的要求,在规定范围内开展无偿献血者的招募、血液的采集与制备、临床用血供应以及医疗用血的业务指导等工作;(二)承担供血区域范围内血液储存的质量控制;(三)对所在行政区域内的中心血库进行质量控制;(四)承担卫生行政部门交办的任务。"同时,《血站管理办法》第十条也规定了中心血库的主要职责是:"按照省级人民政府卫生行政部门的要求,在规定范围内开展无偿献血者的招募、血液的采集与制备、临床用血供应以及医疗用血业务指导等工作。"由此可知,血站的基本职责就是采集和供应血液,其并无行政执法权力。

血站在采集血液过程中应当根据医疗机构临床用血需求,制定血液采集、制备、供应计划,保障临床用血安全、及时、有效。血站必须按照注册登记的项目、内容、范围,开展采供血业务,必须严格遵守各项技术操作规程和制度,并为献血者提供各种安全、卫生、便利的条件。根据《献血法》的规定,血站在采血前,必须按照国务院卫生行政部门制定的《献血者健康检查标准》对献血者进行体格检查和血液检验,经检查发现献血者的身体状况不符合献血条件的,血站应当向其说明情况,不得采集血液。血站应当按照国务院卫生行政部门的有关规定,采集献血者的血液,并在《无偿献血证》及献血档案中记录献血者的姓名、出生日期、血型、献血时间、地点、献血量、采血者签字,并加盖该血站采血专用章等。严禁采集冒名顶替者的血液。血站采集血液必须严格遵守有关操作规程和制度,采血必须由具有采血资格的医务人员进行。一次性采血器材用后必须销毁,不得再次使用。血站对采集的血液必须进行检测,检测的各种指标都应符合国务院卫生行政部门制定的标准。没有检测或者检测结果不符合标准的,均不得向医疗机构提供。血站应当保证发出的血液质量、品种、规格、数量无差错。由此可知,血站对献血者的血液进行检验,并将检验结果及是否适宜献血告知献血者,此种告知行为系血站按规范履行正当职责,不属行政指令。同时,根据《血站管理办法》第二十四条的规定,血站应当建立献血者信息保密制度,为献血者保密。如果血站私自发布献血者信息,给献血者造成损害后果的,应当承担赔偿责任。

【本案评析】

该案中,郭某认为某市中心血站书面指令其以后不要再献血,其行为属于政府行政指令,侵犯了郭某的献血权,故向法院提起行政诉讼。由上述分析可知,血站的性质是公益性卫生机构,并非行政机关,其本身不具备行政执法权力,其职权主要是采集和供应临床用血。而某市中心血站作出禁止郭某以后献血的行为,只是其按规范履行相关职责,并非行政指令。根据《行政诉讼法》第四十九条第四项的规定,提起行政诉讼应当符合“属于人民法院受案范围和受诉人民法院管辖”的条件,而公民在自愿献血过程中产生的纠纷系平等主体之间的纠纷,不属于行政诉讼的受案范围。但某市中心血站将郭某血液为梅毒阳性的检测结论挂在全国献血网站上,给郭某造成严重影响,侵害了其人身权、荣誉权,郭某可以提起相关民事诉讼,要求某市中心血站赔礼道歉,赔偿损失。

【相关法律】

1.《血站管理办法》

第二条 本办法所称血站是指不以营利为目的,采集、提供临床用血的公益性卫生机构。

第八条　血液中心应当设置在直辖市、省会市、自治区首府市。其主要职责是：

（一）按照省级人民政府卫生行政部门的要求，在规定范围内开展无偿献血者的招募、血液的采集与制备、临床用血供应以及医疗用血的业务指导等工作；

（二）承担所在省、自治区、直辖市血站的质量控制与评价；

（三）承担所在省、自治区、直辖市血站的业务培训与技术指导；

（四）承担所在省、自治区、直辖市血液的集中化检测任务；

（五）开展血液相关的科研工作；

（六）承担卫生行政部门交办的任务。

血液中心应当具有较高综合质量评价的技术能力。

第九条　中心血站应当设置在设区的市。其主要职责是：

（一）按照省级人民政府卫生行政部门的要求，在规定范围内开展无偿献血者的招募、血液的采集与制备、临床用血供应以及医疗用血的业务指导等工作；

（二）承担供血区域范围内血液储存的质量控制；

（三）对所在行政区域内的中心血库进行质量控制；

（四）承担卫生行政部门交办的任务。

直辖市、省会市、自治区首府市已经设置血液中心的，不再设置中心血站；尚未设置血液中心的，可以在已经设置的中心血站基础上加强能力建设，履行血液中心的职责。

第十条　中心血库应当设置在中心血站服务覆盖不到的县级综合医院内。其主要职责是，按照省级人民政府卫生行政部门的要求，在规定范围内开展无偿献血者的招募、血液的采集与制备、临床用血供应以及医疗用血业务指导等工作。

第二十四条　血站采集血液应当遵循自愿和知情同意的原则，并对献血者履行规定的告知义务。

血站应当建立献血者信息保密制度，为献血者保密。

2.《中华人民共和国行政诉讼法》

第四十九条 提起诉讼应当符合下列条件：

（一）原告是符合本法第二十五条规定的公民、法人或者其他组织；

（二）有明确的被告；

（三）有具体的诉讼请求和事实根据；

（四）属于人民法院受案范围和受诉人民法院管辖。

3.《中华人民共和国侵权责任法》

第二条 侵害民事权益,应当依照本法承担侵权责任。

本法所称民事权益,包括生命权、健康权、姓名权、名誉权、荣誉权、肖像权、隐私权、婚姻自主权、监护权、所有权、用益物权、担保物权、著作权、专利权、商标专用权、发现权、股权、继承权等人身、财产权益。

七、生产销售有毒、有害食品罪的认定

【案情简介】

全某一直从事黄豆芽、绿豆芽的生产活动,其生产的豆芽都售往当地一家超市。2015年,某县检察院以全某在生产豆芽的过程中添加4-氯苯氧乙酸钠、6-苄基腺嘌呤、赤霉素等物质为由,以涉嫌生产、销售有毒、有害食品罪提起公诉。同年,某县法院一审认为,全某在生产、销售豆芽过程中使用有毒、有害的"无根水"(含6-苄基腺嘌呤),其行为构成生产、销售有毒、有害食品罪,且情节特别严重,判处全某有期徒刑10年零6个月。全某不服一审人民法院判决提起上诉。某市中级人民法院二审认为在未查清6-苄基腺嘌呤是否属于有毒、有害的非食品原料情况下,原判认定原审被告人全某构成生产、销售有毒、有害食品罪,事实不清、证据不足。二审裁定,撤销某县法院一审判决,发回重新审判①。

---

① 参见福建省福州市中级人民法院刑事裁定书,(2015)榕刑终字第515号。

【不同观点】

观点一：豆芽制发过程属于食品生产，而在食品生产过程中禁止使用含有4-氯苯氧乙酸钠、6-苄基腺嘌呤成分的植物添加剂。故而全某应被判处生产、销售有毒、有害食品罪。

观点二：豆芽制发过程属于农产品培育种植，在农产品培育种植的过程中允许使用含有4-氯苯氧乙酸钠、6-苄基腺嘌呤成分的植物添加剂。故而全某不应被判处生产、销售有毒、有害食品罪。

【争议焦点】

豆芽制发过程属于食品生产还是农产品种植？添加剂中所含有的4-氯苯氧乙酸钠、6-苄基腺嘌呤等物质，是否为食品生产过程中禁止使用的"有毒、有害的非食品原料"或者是农产品种植中"禁用的物质或者其他有毒、有害物质"？用"无根水"泡制豆芽是否构成生产、销售有毒、有害食品罪？

【法律分析】

首先，关于豆芽的属性存在很大争议。有人认为豆芽属于加工食品，而卫生部早已于2011年就明令禁止食品生产企业使用含有4-氯苯氧乙酸钠、6-苄基腺嘌呤成分的植物添加剂。所以，在生产豆芽的过程中就不能再使用这种添加剂。相反，如果豆芽属于农产品，那么，其生产则应当严格执行农业部门颁发的相关农产品生产安全规章制度。而卫生部在2004年发布的《关于制发豆芽不属于食品生产经营活动的批复》中明确说明了豆芽生产属于农产品种植。国家质检总局在2009年发布的《关于对豆芽生产环节监管意见的复函》中也明确说明豆芽属于农产品。在《食品安全国家标准　食品添加剂使用标准》（GB2760—2014)中显示，豆芽菜应该属于新鲜蔬菜，在《食品安全国家标准　食品中农药最大残留限量》（GB2763—2016)中将绿豆芽、黄豆芽等归类于蔬菜。此外，在《中华人民共和国农产品质量安全法》中将农产品概括为来源于农业的初级产品，即在农业生产过程中获得的植物、动物、微生物及其产品。根据这一标准可知，豆芽属于农产品。综上分析，笔者认为豆芽应属于农产品，所以豆芽制发应属于农产品的种植生产，而不是食品生产活动，其生产、销售活动应当遵守《中华人民共和国农产品质量安全法》的规定。

其次,含有4-氯苯氧乙酸钠、6-苄基腺嘌呤等物质的添加剂是否有毒?根据《刑法》第一百四十四条的规定:"在生产、销售的食品中掺入有毒、有害的非食品原料的,或者销售明知掺有有毒、有害的非食品原料的食品的,处五年以下有期徒刑,并处罚金;对人体健康造成严重危害或者有其他严重情节的,处五年以上十年以下有期徒刑,并处罚金;致人死亡或者有其他特别严重情节的,依照本法第一百四十一条的规定处罚。""有毒有害的非食品原料"是指该原料含有毒物质或者对人体有害的成分所以不能作为食品配料和食品添加剂。而《食品安全国家标准 食品添加剂使用标准》(GB2760—2014)中明确规定,4-氯苯氧乙酸钠、6-苄基腺嘌呤是禁止添加使用的,有些观点据此认为,这两种物质是有毒、有害的。但在有些学者看来,这种观点是牵强的,国家规定禁止使用不等于上述物质是有毒有害的。事实上,4-氯苯氧乙酸钠、6-苄基腺嘌呤的半数致死量均大于每公斤体重5克,而食盐为3克,其急性毒性低于盐。同时,没有确实、充分的证据证明这两种物质能致癌、致畸、致突变。在食用安全性方面,欧盟给6-苄基腺嘌呤制定的安全剂量为每公斤体重0.01毫克,相当于每天至少要吃6斤豆芽,而实际生活中这种情况几乎是不可能出现的。同时,2011年之前的食品安全国家标准中明确规定4-氯苯氧乙酸钠、6-苄基腺嘌呤作为食品生产加工助剂可以用于黄豆芽和绿豆芽的生产中,并且无需限定使用量和残留量。而2011年的食品安全国家标准中将这两种物质删除的原因,并不是因为其是有毒有害物质,根据卫生部在《政府信息公开告知书》中的说明,该物质已被作为植物生长调节剂,因而不再具有食品添加剂之必要性,所以将其从《食品安全国家标准 食品添加剂使用标准》(GB2760—2011)中删除。显然,4-氯苯氧乙酸钠、6-苄基腺嘌呤没有出现在食品安全国家标准中不能作为认定其有毒、有害的依据。

最后,"毒豆芽"是否真有社会危害性。犯罪是否成立,必须要具有如下三个基本特征:一是严重的社会危害性;二是刑事违法性;三是应受刑罚处罚性。其中,严重的社会危害性是犯罪的最本质特征。那么"毒豆芽"的危害性如何呢?经科学鉴定,使用添加剂生产的豆芽中含有的物质都属于植物生长调节物质,能调节植物的生长发育,促使细胞更好地分裂,保证稳产增产。植物激素无法对人体起作用。此外,这些植物生长调节物质也被广泛运用到农业、果树、园艺、作物中,在增产、保鲜两方面取得了良好效果。"无根水"在豆芽制发过程中是具有自限性的,用多了会导致豆芽的品相不好,甚至无法生长,同时其实际残留于豆芽的量非常低,即使按照最大风险评估,人们的实际摄入量也远远低于安全剂量。并没有证据显示这种豆芽会对人体产生何种危害。综上所述,用"无根水"生产出来的豆芽不仅外观好看、生产效率高,而且未有直接证据证明对人体有毒害作用。

【本案评析】

本案中,全某一直从事黄豆芽、绿豆芽的生产活动,其在生产活动中一直添加4-氯苯氧乙酸钠、6-苄基腺嘌呤、赤霉素等物质。如前文分析,生产豆芽的活动应当是一种农产品的种植活动,而不应当被认定为一种食品生产活动,现有的法律和实验均未明确4-氯苯氧乙酸钠、6-苄基腺嘌呤是否为有毒物质,因此,用"无根水"生产出来的豆芽其社会危害性没有明确定论。根据罪刑法定的要求,全某的行为不符合刑法上生产、销售有毒、有害食品罪的规定,对其不应当处以刑罚处罚。但值得注意的是,2015年5月5日国家食品药品监督总局、农业部、国家卫计委联合发布公告称,豆芽制发过程中使用的添加剂,所含化学物质主要为4-氯苯氧乙酸钠、6-苄基腺嘌呤、赤霉素等,其安全性"尚无结论",严禁豆芽生产者使用以上物质制发豆芽,并严禁豆芽经营者经营含以上物质的豆芽。之后,如有类似案件,可以对其适用行政处罚,而不应当处以刑罚处罚。

【相关法律】

1.《中华人民共和国刑法》

第一百四十四条　在生产、销售的食品中掺入有毒、有害的非食品原料的,或者销售明知掺有有毒、有害的非食品原料的食品的,处五年以下有期徒刑,并处罚金;对人体健康造成严重危害或者有其他严重情节的,处五年以上十年以下有期徒刑,并处罚金;致人死亡或者有其他特别严重情节的,依照本法第一百四十一条的规定处罚。

2.《中华人民共和国食品安全法》

第二条　在中华人民共和国境内从事下列活动,应当遵守本法:

（一）食品生产和加工（以下称食品生产），食品销售和餐饮服务（以下称食品经营）；

（二）食品添加剂的生产经营；

（三）用于食品的包装材料、容器、洗涤剂、消毒剂和用于食品生产经营的工具、设备（以下称食品相关产品）的生产经营；

（四）食品生产经营者使用食品添加剂、食品相关产品；

（五）食品的贮存和运输；

（六）对食品、食品添加剂、食品相关产品的安全管理。

第二十八条　制定食品安全国家标准，应当依据食品安全风险评估结果并充分考虑食用农产品安全风险评估结果，参照相关的国际标准和国际食品安全风险评估结果，并将食品安全国家标准草案向社会公布，广泛听取食品生产经营者、消费者、有关部门等方面的意见。

食品安全国家标准应当经国务院卫生行政部门组织的食品安全国家标准审评委员会审查通过。食品安全国家标准审评委员会由医学、农业、食品、营养、生物、环境等方面的专家以及国务院有关部门、食品行业协会、消费者协会的代表组成，对食品安全国家标准草案的科学性和实用性等进行审查。

第一百五十条　本法下列用语的含义：

食品，指各种供人食用或者饮用的成品和原料以及按照传统既是食品又是中药材的物品，但是不包括以治疗为目的的物品。

3.《中华人民共和国农产品质量安全法》

第二条 本法所称农产品，是指来源于农业的初级产品，即在农业活动中获得的植物、动物、微生物及其产品。

本法所称农产品质量安全，是指农产品质量符合保障人的健康、安全的要求。

八、食品安全惩罚性赔偿适用的条件

【案情简介】

2015年12月，郭某为送家人礼物去某福茗茶销售有限公司购买某福茗茶一盒,后郭某发现茶叶外包装上缺失茗茶等级标识,且某福茗茶销售有限公司私自在其商标上加注了"中国驰名商标"字样,郭某认为某福茗茶销售有限公司存在虚假宣传,且其所购买产品的标签上仅仅标示了"茶叶"二字,未标示成分或配料、等级。后郭某将某福茗茶销售有限公司诉至法院,要求某福茗茶销售有限公司支付价款十倍的赔偿金。

【不同观点】

观点一:应适用《中华人民共和国食品安全法》(以下简称《食品安全法》)第一百四十八条第二款的规定对该福茗茶销售有限公司实行惩罚性赔偿。因为其销售了不符合食品安全标准的食品,产品未标示相关等级,且标示的驰名商标既不符合食品安全国家标准,也误导了消费者,故应当承担价款十倍赔偿。

观点二:不应适用《食品安全法》第一百四十八条第二款惩罚性赔偿的规定,应适用《食品安全法》第六十七条之规定,因为本案涉及的问题并非食品安全问题,不影响商品的食用,也未对郭某造成人身或财产损失,郭某以此要求某福茗茶销售有限公司予以十倍赔偿的诉讼请求无法律依据。

【争议焦点】

本案是否适用《食品安全法》第一百四十八条第二款惩罚性赔偿的规定?

【法律分析】

对食品的生产者和经营者实施惩罚性赔偿的规定体现在《食品安全法》第一百四十八条第二款,该条规定:"生产不符合食品安全标准的食品或者经营明知是不符合食品安全标准的食品,消费者除要求赔偿损失外,还可以向生产者或者经营者要求支付价款十倍或者损失三倍的赔偿金;增加赔偿的金额不足一千元的,为一千元。"

所谓食品标签,根据《食品安全国家标准 预包装食品标签通则》(GB7718—2011)的规定,是指食品包装上的文字、图形、符号及一切说明物。《食品安全法》第六十七条规定:"预包装食品的包装上应当有标签。标签应当标明下列事项:(一)名称、规格、净含量、生产日期;(二)成分或者配料表;

(三)生产者的名称、地址、联系方式;(四)保质期;(五)产品标准代号;(六)贮存条件;(七)所使用的食品添加剂在国家标准中的通用名称;(八)生产许可证编号;(九)法律、法规或者食品安全标准规定必须标明的其他事项。"

此外,《食品安全国家标准 预包装食品标签通则》(GB7718—2011)4.1.1规定:"直接向消费者提供的预包装食品标签标示应包括食品名称、配料表、净含量和规格、生产者和(或)经销者的名称、地址和联系方式、生产日期和保质期、贮存条件、食品生产许可证编号、产品标准代号及其他需要标示的内容。"由此可知,食品标签应当包括上述标明事项。然而标签缺失某些标明事项是否一定导致食品安全问题呢?《食品安全法》第一百五十条对"食品安全"术语的含义规定为:"食品安全,指食品无毒、无害,符合应当有的营养要求,对人体健康不造成任何急性、亚急性或者慢性危害。"根据《食品安全法》第二十六条的规定,食品安全标准应当包括下列内容:"(一)食品、食品添加剂、食品相关产品中的致病性微生物,农药残留、兽药残留、生物毒素、重金属等污染物质以及其他危害人体健康物质的限量规定;(二)食品添加剂的品种、使用范围、用量;(三)专供婴幼儿和其他特定人群的主辅食品的营养成分要求;(四)对与卫生、营养等食品安全要求有关的标签、标志、说明书的要求;(五)食品生产经营过程的卫生要求;(六)与食品安全有关的质量要求;(七)与食品安全有关的食品检验方法与规程;(八)其他需要制定为食品安全标准的内容。"其中,第四项即是关于标签的内容,而能构成食品安全标准的标签仅仅与卫生、营养等有关,言下之意不是任何标签都是与食品安全有关的。因此缺失某些标签不会必然导致食品安全问题,也就不会必然导致适用《食品安全法》第一百四十八条的规定,由生产者或经营者承担支付价款十倍或者损失三倍的赔偿金的责任。

【本案评析】

本案中郭某在某福茗茶销售有限公司购买商品,某福茗茶销售有限公司出具购货发票,二者之间形成买卖关系,郭某即为消费者。

如上文分析,郭某所举证据不足以证明涉案食品未标示等级违反了食品安全标准对预包装食品标签的强制性要求。涉案食品系普洱茶,虽然未在标签上标明"成分"或"配料表"字样,标签存在瑕疵,但标明了产品名称,其主要成分在产品名称中即可知晓，一般人仍能知悉产品成分而不会发生误解。郭某以其所购产品的标签未标示成分或配料、等级为由要求某福茗茶销售有限公司支付价款十倍的赔偿金的主张不能成立。

至于本案中商品的商标并非驰名商标，却标示了"中国驰名商标"字样，存在虚假宣传的情况，已由某省工商行政管理局对某福茗茶销售有限公司作出了行政处罚。虚假宣传对消费者构成欺诈的，应由《中华人民共和国消费者权益保护法》《合同法》等法律进行调整；而适用价款十倍或者损失三倍的赔偿金的法律依据是《食品安全法》。郭某以其所购产品商标标注存在虚假宣传为由要求某福茗茶销售公司支付价款十倍的赔偿金的主张亦不能成立。

综上所述，郭某以其所购福茗茶标签缺失和虚假宣传为由，要求某福茗茶销售有限公司支付价款十倍赔偿金的请求不能成立。

【相关法律】

1.《中华人民共和国食品安全法》

第二十六条　食品安全标准应当包括下列内容：

（一）食品、食品添加剂、食品相关产品中的致病性微生物，农药残留、兽药残留、生物毒素、重金属等污染物质以及其他危害人体健康物质的限量规定；

（二）食品添加剂的品种、使用范围、用量；

（三）专供婴幼儿和其他特定人群的主辅食品的营养成分要求；

（四）对与卫生、营养等食品安全要求有关的标签、标志、说明书的要求；

（五）食品生产经营过程的卫生要求；

（六）与食品安全有关的质量要求；

（七）与食品安全有关的食品检验方法与规程；

（八）其他需要制定为食品安全标准的内容。

第六十七条　预包装食品的包装上应当有标签。标签应当标明下列事项：

（一）名称、规格、净含量、生产日期；

（二）成分或者配料表；

（三）生产者的名称、地址、联系方式；

（四）保质期；

（五）产品标准代号；

（六）贮存条件；

（七）所使用的食品添加剂在国家标准中的通用名称；

（八）生产许可证编号；

（九）法律、法规或者食品安全标准规定应当标明的其他事项。

专供婴幼儿和其他特定人群的主辅食品，其标签还应当标明主要营养成分及其含量。

食品安全国家标准对标签标注事项另有规定的，从其规定。

第一百四十七条　违反本法规定，造成人身、财产或者其他损害的，依法承担赔偿责任。生产经营者财产不足以同时承担民事赔偿责任和缴纳罚款、罚金时，先承担民事赔偿责任。

第一百四十八条　消费者因不符合食品安全标准的食品受到损害的，可以向经营者要求赔偿损失，也可以向生产者要求赔偿损失。接到消费者赔偿要求的生产经营者，应当实行首负责任制，先行赔付，不得推诿；属于生产者责任的，经营者赔偿后有权向生产者追偿；属于经营者责任的，生产者赔偿后有权向经营者追偿。

生产不符合食品安全标准的食品或者经营明知是不符合食品安全标准的食品，消费者除要求赔偿损失外，还可以向生产者或者经营者要求支付价款十倍或者损失三倍的赔偿金；增加赔偿的金额不足一千元的，为一千元。但是，食品的标签、说明书存在不影响食品安全且不会对消费者造成误导的瑕疵的除外。

2.《中华人民共和国消费者权益保护法》

第八条　消费者享有知悉其购买、使用的商品或者接受的服务的真实情况的权利。

消费者有权根据商品或者服务的不同情况，要求经营者提供商品的价格、产地、生产者、用途、性能、规格、等级、主要成份、生产日期、有效期限、检验合格证明、使用方法说明书、售后服务，或者服务的内容、规格、费用等有关情况。

第二十条　经营者向消费者提供有关商品或者服务的质量、性能、用途、有效期限等信息,应当真实、全面,不得作虚假或者引人误解的宣传。

经营者对消费者就其提供的商品或者服务的质量和使用方法等问题提出的询问,应当作出真实、明确的答复。

经营者提供商品或者服务应当明码标价。

第五章　医疗技术发展
带来的法律问题

一、冷冻胚胎的法律地位

【案情简介】

沈某与刘某于 2010 年 10 月 13 日登记结婚,于 2012 年 4 月 6 日取得生育证明。2012 年 8 月,沈某与刘某因"原发性不孕症、外院反复促排卵及人工授精失败",要求在南京市鼓楼医院(以下简称"鼓楼医院")施行体外受精—胚胎移植助孕手术;鼓楼医院在治疗过程中,获卵 15 枚,受精 13 枚,分裂 13 枚。在此期间,刘某曾与鼓楼医院签订《辅助生殖染色体诊断知情同意书》,刘某在该同意书中明确对染色体检查及相关事项已经了解清楚,同意进行该检查;愿意承担因该检查可能带来的各种风险;所取样本如有剩余,同意由鼓楼医院按国家相关法律、法规的要求代为处理等。2012 年 9 月 3 日,沈某、刘某与鼓楼医院签订《配子、胚胎去向知情同意书》,载明两人在鼓楼医院生殖医学中心实施了试管手术,获卵 15 枚,移植 0 枚,冷冻 4 枚,继续观察 6 枚胚胎;对于剩余配子(卵子、精子)、胚胎,两人选择同意丢弃;对于继续观察的胚胎,如果发展成囊胚,两人选择同意囊胚冷冻。同日,沈某、刘某与鼓楼医院签订《胚胎和囊胚冷冻、解冻及移植知情同意书》,鼓楼医院在该同意书中明确,胚胎不能无限期保存,目前该中心冷冻保存期限为一年;如果超过保存期,沈某、刘某选择同意将胚胎丢弃。2013 年 3 月 20 日,沈某驾驶车辆途中发生交通事故,造成刘某当日死亡,沈某于同年 3 月 25 日死亡的后果。现沈某、刘某的 4 枚受精胚胎仍在鼓楼医院生殖中心冷冻保存。后因对上述 4 枚受精胚胎的监管权和处置权发生争议,沈某父母诉至法院,认为其子沈某与儿媳刘某死亡后,根据法律规定和风俗习惯,胚胎的监管权和处置权应由其行使,要求法院判决冷冻胚胎由其保管。问:沈某父母的诉讼请求能否得到支持?①

【不同观点】

观点一:沈某父母的诉讼请求应得到支持。

观点二:沈某父母的诉讼请求不应得到支持。

【争议焦点】

冷冻胚胎的法律地位。

【法律分析】

冷冻胚胎是指将通过试管培育技术得到的胚胎,置于低温液氮环境保持,以备辅助生育之用的技术。目前是一种较为成熟、应用较广的辅助生殖技术,利用该项技术生育出来的婴儿称为"试管婴儿"。从比较法的视野看,美国22个州的法律禁止胚胎研究。德国1990年颁布的《胚胎保护法》规定禁止人胚胎研究,不允许用已死亡人的精子或卵子进行体外受精,而且不允许提前鉴定胎儿性别。英国的《人生育和胚胎法》规定允许研究14天以前的胚胎,禁止研究14天以后的胚胎。对于胚胎的冷藏和保管问题,英国《人工授精和胚胎学》规定,配子的最长保管期为10年,胚胎的保管期为5年,任何配子和胚胎的保管期都不能超过其法定保管期限。法国的《生命科学与人权》法律草案建议,冷冻胚胎在保持5年后,在其亲生父母由于死亡、离婚、分居而不再是夫妻后必须销毁,但也可以转赠给其他夫妇。我国为了规范人类辅助生殖技术的应用和管理,解决一系列人类辅助生殖技术带来的法律问题,陆续出台了《医疗机构管理条例》《人类辅助生殖技术管理办法》《人类精子库管理办法》《人类辅助生殖技术和人类精子库技术规范、基本标准和伦理原则》《人类辅助生殖技术与人类精子库校验实施细则》等行政法规和规则。《人类辅助生殖技术管理办法》和《人类精子库管理办法》确立了我国对人类辅助生殖技术和精子库实行严格准入制度,明确规定由卫生部主管全国人类生殖技

---

①参见江苏省无锡市中级人民法院民事判决书,(2014)锡民终字第01235号。

术应用和人类精子库的日常监督工作,县以上卫生行政部门负责本行政区域内的人类生殖技术运用和人类精子库的日常监督工作,但是对于冷冻胚胎的法律定位、权利归属及监管等问题并没有给予明确的规定。

关于冷冻胚胎的问题,在不同的学术领域均有探讨。哲学家认为,胚胎与成年人并无区别,从受孕起,胚胎即被赋予了灵魂,具有了人的本质,生物学或医学领域亦持相近的观点。法学领域关于冷冻胚胎的法律地位争论已久,现行主要有以下几种观点:①主体说。主体说认为冷冻胚胎可以被认定为早期阶段的自然人,是法律关系的主体,应适用法律对于人的规定,因此,主体说对冷冻胚胎的保护力度最大。②客体说。客体说认为冷冻胚胎仅是精子和卵子捐赠者的财产,应将其视为民事法律关系的客体,因此,应适用法律对于物的规定。③中间说。中间说主张胚胎处于人与物的中间位置,既不是一项单纯的法律关系客体,也不是一个法律认可的自然人。因此,既不能完全适用法律对于人的规定,也不能完全适用法律对于物的规定,应适用特别规定。

上述学说侧重点有所不同,均有其合理之处。但是中间说将冷冻胚胎看作是一种具有特殊性的过渡存在,更贴近社会、法律、伦理,能为大家所普遍接受。此观点也得到了理论界部分学者的支持。杨立新教授指出:"人体具有特殊的性质,是人格的载体,不能将其简单地视为物。但人体器官脱离人体后,用于移植的器官和用于利用的人体组织应当属于物的范畴,可以在这些物上建立所有权,但是这种所有权的行使应当受到法律的限制。"冷冻胚胎不宜被看作法律上的人,不应当享有生命权等具有自然属性的权利。冷冻胚胎虽然具有发育成自然人的潜在可能,但是归根结底还不是人。相反,如果将胚胎作为人,那医生将胚胎丢弃或扼杀,是否构成刑法上的故意杀人罪?这显然与社会现实相违背。胚胎是介于人和物之间的过渡存在,本质上是具有生命特征的特殊物,兼有物权属性和人格属性,应当得到法律的特殊尊重和保护。对于冷冻胚胎的处置问题,司法界并没有明确的规定。基于法理,应遵循公序良俗和共同处置原则。

【本案评析】

沈某、刘某生前与鼓楼医院签订相关知情同意书,约定胚胎冷冻保存期为一年,超过保存期同意将胚胎丢弃,现沈某、刘某意外死亡,合同因发生了当事人不可预见且非其所愿的情况而不能继续履行,鼓楼医院不能根据知情同意书中的相关条款单方面处置涉案胚胎。

在我国现行法律对胚胎的法律属性没有明确规定的情况下,结合本案实际,应考虑以下因素以确定涉案胚胎的相关权利归属:一是伦理。施行体外受精胚胎移植手术过程中产生的受精胚胎,具有潜在的生命特质,不仅含有沈某、刘某的DNA等遗传物质,而且含有双方家族的遗传信息,沈某、刘某的父母与涉案胚胎亦具有生命伦理上的密切关联性。二是情感。白发人送黑发人,乃人生至悲之事,更何况暮年遽丧独子、独女,沈某、刘某意外死亡,其父母承欢膝下、纵享天伦之乐不再,"失独"之痛,非常人所能体味。而沈某、刘某遗留下来的胚胎,则成为双方家族血脉的唯一载体,承载着哀思寄托、精神慰藉、情感抚慰等人格利益。涉案胚胎由双方父母监管和处置,既合乎人伦,亦可适度减轻其丧子失女之痛楚。三是特殊利益保护。胚胎是介于人与物之间的过渡存在,具有孕育成生命的潜质,比非生命体具有更高的道德地位,应受到特殊尊重与保护。在沈某、刘某意外死亡后,其父母不但是世界上唯一关心胚胎命运的主体,而且亦应当是胚胎之最近、最大和最密切倾向性利益的亨有者。

此外,根据卫生部的相关规定,胚胎不能买卖、赠送和实施代孕,但并未否定权利人对胚胎享有的相关权利,且这些规定是卫生行政管理部门对相关医疗机构和人员在从事人工生殖辅助技术时的管理规定,鼓楼医院不得基于部门规章的行政管理规定对抗当事人基于私法所享有的正当权利。

综上,沈某、刘某父母享有冷冻胚胎的监管权和处置权于情于理是恰当的。当然,沈某、刘某父母在行使监管权和处置权时,应当遵守法律且不得违背公序良俗和损害他人之利益。

【相关法律】

《中华人民共和国民法总则》

第十三条　自然人从出生时起到死亡时止,具有民事权利能力,依法享有民事权利,承担民事义务。

第十六条　涉及遗产继承、接受赠与等胎儿利益保护的,胎儿视为具有民事权利能力。但是胎儿娩出时为死体的,其民事权利能力自始不存在。

二、代孕的法律性质

【案情简介】

A 与 B 是夫妻关系,但两人结婚多年没有生育。后经朋友"指点",A 与 B 找到了离异的 C 小姐,希望 C 代孕,C 同意。于是双方签订了一份协议书,协议书约定:C 帮 A 与 B 夫妇代孕生子,在 C 代孕成功后,孩子归 A 与 B 抚养,A 与 B 一次性支付给 C 补偿费十二万元人民币。该协议十八个月以内有效,协议到期,双方从此相互不来往,不得打扰对方的生活。协议签订后,A 与 B 为 C 准备好一切待孕条件。后医院将 A 与 B 的精子和卵子提取培植成胚胎后植入了 C 的子宫内,C 成功怀孕,在 10 个月后 C 生育一男孩。小孩出生后,C 不舍,于是要将 A 与 B 夫妇给的代孕钱全部退回,由自己独立抚养小孩,A 与 B 夫妇认为小孩应由其抚养,于是双方就小孩抚养权的归属问题发生了纠纷。问:代孕所生婴儿的抚养权应归谁?

【不同观点】

观点一:代孕所生婴儿抚养权应归属于代孕女 C。

观点二:代孕所生婴儿抚养权应归属于 A 与 B 夫妇。

【争议焦点】

代孕协议的效力及代孕所生婴儿抚养权的归属。

【法律分析】

1.代孕的概念

关于代孕的概念,目前学术界尚没有统一的界定。究其原因在于代孕情况复杂、种类多样。一般意义而言,代孕是指将受精卵子植入孕母子宫,由孕母替他人完成分娩的过程。妇女代孕时需植入他人的受精卵子,精子与卵子在人体外的结合,须辅助实施人类辅助生殖技术。

2.代孕的国外立法模式

（1）完全开放代孕法律规制。一般来说，大陆法系国家立法在代孕问题上多采取了禁止的态度，英美法系国家立法多采取了肯定的态度。在印度，自2002年起，商业性代孕就已经属于合法行为。2008年，印度还专门出台了一项规范代孕市场的法律。据报道，在印度政府的政策推动下，目前印度的代孕产业年收入接近3亿英镑。此外，美国从1981年起代孕就合法化，不少州均容许代母产子（但美国目前仍有包括纽约、新泽西和密歇根在内的12个州拒绝承认代孕合法）。

（2）完全禁止代孕法律规制。法国、瑞士等则对代孕不加区分，一概禁止，以避免伦理和法律纷争。在法国，1991年最高法院根据"人体不能随意支配"原则，颁布了禁止代孕的条例，并在1994年通过了生命伦理法律，全面禁止了代孕的做法，组织、策划代孕的协会或医生将面临3年监禁和4.5万欧元的罚款。此外，即使那些不育夫妇到允许代孕的国家寻找代孕母亲并顺利得到与之有血缘关系的孩子，出生在国外的孩子也无法获得法国国籍。在瑞士，所有形式的代孕和借腹生子行为都是法律禁止的。即使在国外签署了代孕协议，根据法律，瑞士官方也无权认可。此外，所有瑞士大使馆也无权为代孕母亲生的孩子发放护照及旅行证件。

（3）限制开放代孕法律规制。即符合法律规定的某种特定条件时方被允许进行代孕行为，例如我国香港特别行政区、澳大利亚、英国的立法。由于历史原因我国香港地区的立法在很大程度上受到英美法系国家立法的影响，在代孕问题上我国香港地区的立法也采取了英美法系国家的立场即允许非商业代孕。2000年6月，香港立法会通过的《人类生殖科技条例》中明确规定代孕合法，但同时规定禁止商业性代孕。早在1982年7月，英国政府就成立了特别调查委员会研究人工生殖问题。而经过两年的研究，该委员会向政府提交了著名的《瓦诺克报告》，该报告以16:14的多数对代孕进行了否定，即禁止任何形式的代孕。因此，1985年7月，英国通过并开始实施《代孕安排法》，该法明确禁止商业代孕，但并不禁止非商业性代孕。但是，该法对代孕契约的效力及代孕子女的法律地位并未做出规定。

3.代孕合同的法律效力

"代理生育是不孕不育夫妇与提供子宫来为他们生育孩子的妇女之间的一种生物学契约"[①]。我国立法及学术界均对代孕合同持否定态度,认为代孕合同违背了公序良俗原则,严重侵犯了妇女的身体权,是对妇女人格尊严的藐视和侮辱,完全把妇女当作生殖的机器。公序良俗系公共秩序与善良风俗的简称,所谓公序,即社会一般利益,包括国家利益、社会经济秩序和社会公共利益;而所谓良俗,即一般道德观念或良好道德风尚,包括社会公德、商业道德和社会良好风尚。《民法总则》第八条明确规定了公序良俗原则。"权利不可滥用"原则系公序良俗原则的应有之义。而"权利不可滥用"则意味着民事主体行使权利时,其行为应符合善良风俗习惯,并不损害政治国家和市民社会一般的公共秩序要求。尤其是在法律不足以评价主体行为时,公序良俗原则可限制民事主体的意思自治及权利滥用。代孕合同虽然是双方当事人经平等协商,意思表示一致的结果,但是其主要内容系代孕母亲同意在出生时放弃对孩子的抚养进而获得一定报酬。梁慧星先生就认为,"代孕合同违反了具有强行法性质的公序良俗原则,而且对家庭关系会造成极大的危害,是无效合同。"也有少数学者认为并不是所有代孕行为均违反公序良俗原则而必然无效,代孕双方以代孕契约为合作基础,代孕母提供自己的子宫或卵子帮助不孕夫妇孕育子女,通过代孕行为,不孕方拥有了自己的孩子,能够享受天伦之乐。因此,代孕协议并不违背公序良俗原则,应当认定为有效。

4.代孕情形下父母子女关系认定标准

在代孕情形下,判断谁是代孕所生婴儿法律上的母亲是比较困难的,学术界并无统一的观点,国外司法实践中亦出现过截然相反的判决。现行主要有以下几种观点:(1)血统说。血统说更加强调生物学意义,提倡尊重自然事实和规律,以卵子提供者作为认定代孕所生婴儿母亲的依据。(2)子宫分娩说。子宫分娩说则主张"谁分娩,谁为母亲"。因为怀孕及分娩过程是受精卵转化成人的最重要的过程,在这一过程中,生物学意义上的母亲并未承担任何的风险,对胚胎或胎儿亦未尽到照看的义务,是分娩者让婴儿诞生,而婴儿出生后,其对分娩者的依赖也更明显和迫切。(3)契约说。契约说认可代孕协

[①] 参见黄丁全:《医疗法律与生命伦理》,法律出版社,2007年版,第459页。

议的效力,主张代孕协议是双方当事人的真实意思表示,因此,对于婴儿母亲的认定,亦应当遵守代孕协议的约定。(4)子女最佳利益说。子女最佳利益说借鉴了夫妻离婚时判定孩子抚养权归属的法律精神,不再从代孕协议双方考虑孩子抚养权的归属,而是从有利于婴儿成长的角度出发,结合代孕协议双方的情况,综合认定。

相较于其他三种学说而言,子女最佳利益说更多从婴儿角度出发,更为合理。且父母对子女的监护与抚养,虽然是以抚养权和监护权的形式表现,但究其实质,上述权利更多体现为责任。如我国《婚姻法》第二十一条就规定,父母对子女有抚养教育的义务。因此,在认定代孕所生婴儿的父母时,应更多考虑代孕所生婴儿利益。

【本案评析】

A、B与C所签订的代孕协议宜认定无效,协议所约定内容对双方无法律上的约束力,但是A、B对于C之损害应适当赔偿。A、B与C所签订的代孕协议将C之身体作为履行双方合同义务的载体,违背民法基本原则中的公序良俗原则,此外,《人类辅助生殖技术管理办法》亦明确禁止实施代孕措施,因此,A、B与C所签订的代孕协议宜认定无效。代孕协议虽然无效,但是,因为A、B对于C身体之损害存在过错,应予以赔偿。考虑到C作为成年人,对于自己身体之损害亦存在过错,根据《侵权责任法》第二十六条"被侵权人对损害的发生也有过错的,可以减轻侵权人的责任"之规定,应适当减轻A、B的赔偿责任。

从婴儿利益出发,C代孕所生之婴儿的抚养权应归属于A、B。本案给出的信息并不能准确确定谁抚养婴儿对其成长更有利。但是从社会一般观念而言,一个完整的家庭相较于一个离异的单身女性家庭,前者显然更有利于孩子健康成长。此处之婴儿利益的考量,应不仅仅是物质生活的考量,更应包括家庭氛围等成长坏境之考量。因此,将婴儿交由A、B抚养,从一般意义而言更有利于婴儿的成长。

【相关法律】

1.《中华人民共和国民法总则》

第八条　民事主体从事民事活动,不得违反法律,不得违背公序良俗。

2.《中华人民共和国妇女儿童权益保障法》

第五十一条　妇女有按照国家有关规定生育子女的权利,也有不生育的自由。

3.《人类辅助生殖技术管理办法》

第二十二条　开展人类辅助生殖技术的医疗机构违反本办法,有下列行为之一的,由省、自治区、直辖市人民政府卫生行政部门给予警告、3万元以下罚款,并给予有关责任人行政处分;构成犯罪的,依法追究刑事责任:

(一)买卖配子、合子、胚胎的;

(二)实施代孕技术的;

(三)使用不具有《人类精子库批准证书》机构提供的精子的;

(四)擅自进行性别选择的;

(五)实施人类辅助生殖技术档案不健全的;

(六)经指定技术评估机构检查技术质量不合格的;

(七)其他违反本办法规定的行为。

三、死亡的标准

【案情简介】

胡某在与其丈夫文某发生争吵后忽然倒地,送到医院时,胡某心跳骤停已经超过80分钟,没有自主呼吸,瞳孔放大,情况非常严重。家属要求尽全力抢救,医院采用了所有能采用的关于心肺脑复苏的手段,胡某的循环功能有改善,但是脑功能没有恢复,已经进入不可逆阶段,医院诊断为脑死亡。当天下午,文某进入ICU探视胡某,被护士告知"没有明显好转,情况不乐观"。于是,文某趁护士不备,拔去了胡某的呼吸机管,并阻止医护人员实施抢救行为,10分钟后,胡某脸色发青,医生宣告胡某死亡。问:文某的行为应如何定性?

【不同观点】

观点一:文某的行为构成故意杀人罪。

观点二:文某的行为不构成犯罪。

【争议焦点】

脑死亡算不算死亡?

【法律分析】

脑死亡概念的提出已经有五十年的历史了,它是医学科学深入发展所认识并揭示的科学现象。脑死亡概念首先产生于法国。1959年,法国学者 P. Mollaret 和 M.Goulon 在第23届国际神经学会上首次提出"昏迷过度"的概念,并开始使用"脑死亡"一词[①]。他们的报告提示:凡是被诊断为"昏迷过度"的病人,苏醒可能性几乎为零。1966年,法国确定"脑死亡"为死亡标志。在1968年第22届世界医学大会上,美国哈佛医学院脑死亡定义审查特别委员会提出了"脑功能不可逆性丧失"作为新的死亡标准,并制定了世界上第一个脑死亡诊断标准:1.不可逆的深度昏迷;2.无自主呼吸;3.脑干反射消失;4.脑电波消失(平坦)。凡符合以上标准,并在24小时或72小时内反复测试,多次检查,结果无变化,即可宣告死亡。但需排除体温过低($<32.2℃$)或刚服用过巴比妥类及其他中枢神经系统抑制剂两种情况。同年,由世界卫生组织建立的国际医学科学组织委员会规定死亡标准为:1.对环境失去一切反应;2.完全没有反射和肌张力;3.停止自主呼吸;4.动脉压陡降;5.脑电图平直。后美国、德国、英国、奥地利等国家均通过立法确定脑死亡为死亡的标志。我国《民法总则》第十三条规定:"自然人从出生时起到死亡时止,具有民事权利能力,依法享有民事权利,承担民事义务。"第十五条规定,自然人的死亡时间,以死亡证明记载的时间为准;没有死亡证明的,以户籍登记或者其他有效身份登记记载的时间为准。有其他证据足以推翻以上记载时间的,以该证据证明的时间为准。死亡时间的认定,确定了《中华人民共和国刑法》第二百三十二条规定的故意杀人罪所保护的"人"的时间范围,即构成故意杀人罪的前提是被杀害的对象应首先是法律上的人。

---

①参见李淑迦:《护理与法》,北京大学医学出版社,2008年版,第172页。

【本案评析】

1.胡某属于法律所保护的人的范畴

我国医学界对于应将脑死亡作为认定死亡的标准问题基本上已达成共识。但是,上述学术共识并未上升为法律标准。胡某虽被诊断为进入不可逆的脑死亡阶段,但是医生并未宣告其死亡,且胡某此时尚有非自主的呼吸与心跳,因此,其仍然属于法律所保护的人。

2.文某的行为构成故意杀人罪,但是属于情节较轻的情形,应减轻处罚

文某在胡某尚有非自主的呼吸与心跳的情况下,明知其行为会导致胡某死亡,依然实施了拔掉呼吸机管,阻止医护人员抢救胡某的行为,最终导致胡某的死亡。因此,其行为完全符合《刑法》关于故意杀人罪的规定,依法应构成故意杀人罪。但是因其实施上述行为的出发点是不想看到胡某再受到折磨,且胡某经诊断已处于不可逆的脑死亡状态,因此,文某的故意杀人行为情节较轻,应当在三年到十年之间量刑。

【相关法律】

1.《中华人民共和国民法总则》

第十三条　自然人从出生时起到死亡时止,具有民事权利能力,依法享有民事权利,承担民事义务。

第十五条　自然人的出生时间和死亡时间,以出生证明、死亡证明记载的时间为准;没有出生证明、死亡证明的,以户籍登记或者其他有效身份登记记载的时间为准。有其他证据足以推翻以上记载时间的,以该证据证明的时间为准。

2.《中华人民共和国刑法》

第二百三十二条　故意杀人的,处死刑、无期徒刑或者十年以上有期徒刑;情节较轻的,处三年以上十年以下有期徒刑。

四、器官的法律地位

【案情简介】

某医院冰箱里储存的角膜因时间过长已经坏死,如果找不到新的角膜,一位烧碱烫伤的病人眼球就很快会腐烂失明,只有从新鲜的尸体上才可以获取有用的角膜。于是,出于挽救病人的目的,该医院的主治医师王某在死者家属毫不知情的情况下,摘取刚刚去世的患者眼球,给自己的烧碱烫伤病人进行移植。问:王某及医院应承担怎样的法律责任?

【不同观点】

观点一:医院和医生不仅承担民事侵权责任,还可能承担刑事责任.

观点二:医院和医生仅承担民事侵权责任,不承担刑事责任。

【争议焦点】

死者器官的法律保护问题。

【法律分析】

1.尸体及尸体上器官的法律性质

所谓尸体,是指自然人死亡后所遗留的躯体。对尸体及尸体上器官的界定,学术界争议已久。关于尸体及尸体上器官的法律性质,主要有以下几种学说:

(1)非物说。梅迪库斯认为,无论如何,有关物的一般规则不适用于尸体,除非尸体已经变成"非人格化"的木乃伊或骨骼。因此,死者家属对尸体不享有所有权,而只具有一项不同于所有权的死者照管权利(及义务)。这一法律地位以死者安葬为限。根据其观点,木乃伊或骨骼才算是物,尸体因仍具有人格因素,不能成为物。德国的《火葬法》也采取了这种立场,作了相应的规定。我国台湾地区也有部分学者认为,对尸体丧主无所有权,唯有依习惯法为管理及葬仪之权利及义务。因此,尸体非物,不得为继承人所继承,应以法律或习惯以定其处置。这一学说不承认尸体为物,如果把尸体作为权利客体,作为物,则继承人可以使用、收益并可以抛弃,是与法律和道德相违背的。

（2）可继承物说。日本部分学者认为,身体权本身就是公民对自己身体的所有权。公民死亡后,由其所有的身体变为尸体,其所有权理应由其继承人继承,进而由其继承人所有。他人损害以及非法利用该尸体,即侵害了继承人的尸体所有权。按照《日本民法典》第897条的规定,应由死者祭祀者继承尸体之所有权。依日本判例,"遗骨为物,为所有权之目的,归继承人所有,然其所有权限于埋葬及祭祀之权能,不许放弃"。我国台湾地区民法通说也认为尸体是物,构成遗产,属于继承人共同共有。但是尸体毕竟与其他物不同,应以尸体之埋葬、管理、祭祀及供养为目的,不得自由使用、收益及处分。这种观点认为尸体是物,且是继承的标的,继承人享有所有权,只不过这种所有权受到一定的限制,因为这种所有权的客体即尸体毕竟是特殊之物,而不是一般的物。

（3）非所有权客体说。有的学者认为,尸体虽然是物,但它是一种特殊的物,它不能作为所有权客体。如果将尸体处分权确定为所有权会导致尸体商品化,因为传统的所有权观念经过长期潜移默化已为社会大众普遍了解和接受,对于自己拥有所有权的物品可以依法进行流通(包括买卖、抵押、租赁等)已成为一种常识,将尸体处分权确认为所有权会产生错误的观念导向,使人们误认为尸体和他们所拥有的其他物品一样可以自由流通,这可能会引发针对尸体的违法犯罪行为。因此,不能将尸体处分权当成所有权,若一定要给尸体处分权定性,那么尸体处分权只能是民法上的一种新型的、特殊的不完全物权,在尸体处分中最多包含对尸体的占有、使用、处分权。这种观点与"可继承物说"的观点基本一致,都认为尸体是物,不同的是认为尸体不能成为所有权的客体,否则有可能导致尸体商品化。

（4）延伸保护的人格利益说。我国有学者提出了一个新的观点,认为尸体作为丧失生命的人体物质形态,其本质在民法上表现为身体权客体在权利主体死亡后的延续法益,简称为身体的延续利益。法律对其进行保护,是保护身体权的延续利益。

上述四种学说均有其合理成分,不同的国家立法亦采取了不同的学术理论。我国的立法更多采纳了"延伸保护的人格利益说"。《最高人民法院关于确定民事侵权精神损害赔偿责任若干问题的解释》第三条就规定,"自然人死亡后,其近亲属因下列侵权行为遭受精神痛苦,向人民法院起诉请求赔偿精神损害的,人民法院应当依法予以受理:(一)以侮辱、诽谤、贬损、丑化或者违反社会公共利益、社会公德的其他方式,侵害死者姓名、肖像、名誉、荣誉;(二)非法披露、利用死者隐私,或者以违反社会公共利益、社会公德的其他方式侵害死者隐私;(三)非法利用、损害遗体、遗骨,或者以违反社会公共利益、社会公德的其他方式侵害遗体、遗骨。"上述司法解释对死者姓名、隐私、遗体、遗骨的法律保护,就是将其放在人格权保护的条文中予以规定的。但是,上述司法解释仅仅说明了如何保护的理论基础,而对尸体以及遗体、遗骨的法律属性并没有作出回答。

2.尸体及尸体上器官所涉及的法律问题

基于上述理论争议,涉及尸体及尸体上器官的法律行为,主要会涉及以下法律问题:

(1)故意伤害罪。根据《刑法》第二百三十四条之规定,故意伤害他人身体的,处三年以下有期徒刑、拘役或者管制。本条法律规定保护的对象是人的健康权,而尸体及尸体上器官显然已经不能界定为人,因此,无法适用本条法律规定对尸体及尸体上器官予以保护。(2)侮辱尸体罪与盗窃尸体罪。2011年5月1日,《中华人民共和国刑法修正案(八)》施行之前,对于针对尸体上器官的行为有时很难界定为犯罪行为,但是2011年刑法修改后改变了这一尴尬局面。《刑法》第二百三十四条之一第三款规定了"违背本人生前意愿摘取其尸体器官,或者本人生前未表示同意,违反国家规定,违背其近亲属意愿摘取其尸体器官的,依照本法第三百零二条的规定定罪处罚"。而《刑法》第三百零二条规定:"盗窃、侮辱、故意毁坏尸体、尸骨、骨灰的,处三年以下有期徒刑、拘役或者管制。"盗窃、侮辱尸体罪是选择性罪名,盗窃尸体罪,是指秘密窃取尸体,置于自己实际支配下之行为。侮辱尸体罪,是指以暴露、猥亵、毁损、涂划、践踏等方式损害尸体的尊严或者伤害有关人员感情的行为。本罪侵犯的直接客体是社会风尚,行为对象是尸体。(3)民事侵权。《最高人民法院关于确定民事侵权精神损害赔偿责任若干问题的解释》第七条规定:"自然人因侵权行为致死,或者自然人死亡后其人格或者遗体遭受侵害,死者的配偶、父母和子女向人民法院起诉请求赔偿精神损害的,列其配偶、父母和子女为原告;没有配偶、父母和子女的,可以由其他近亲属提起诉讼,列其他近亲属为原告。"上述司法解释明确将自然人死亡后其人格或者遗体遭受侵害的行为列为民事侵权行为。只是,因死者已不具备法律上的权利能力及诉讼主体资格,因此,将死者近亲属作为提起侵权诉讼的主体。

【本案评析】

从民事角度来看,王某在死者家属毫不知情的情况下,摘取刚刚去世的患者眼球,给自己的烧碱烫伤病人进行移植,其行为构成对死者人格利益的侵犯。但因其行为系职务行为,应当由其所在医院对死者的近亲属予以赔偿。

从刑事角度来看,王某在死者家属毫不知情的情况下,摘取刚刚去世的患者眼球,给自己的烧碱烫伤病人进行移植,如未能取得死者近亲属同意,其行为则符合《刑法》第二百三十四条之一第三款之规定,即"违背本人生前意愿摘取其尸体器官,或者本人生前未表示同意,违反国家规定,违背其近亲属意愿摘取其尸体器官的,依照本法第三百零二条的规定定罪处罚",但是因其主观目的系在情况危急之下挽救病人,可以从轻或者免除处罚。

【相关法律】

1.《中华人民共和国民法总则》

第十三条　自然人从出生时起到死亡时止,具有民事权利能力,依法享有民事权利,承担民事义务。

2.《中华人民共和国刑法》

第二百三十四条　故意伤害他人身体的,处三年以下有期徒刑、拘役或者管制。

第二百三十四条之一　组织他人出卖人体器官的,处五年以下有期徒刑,并处罚金;情节严重的,处五年以上有期徒刑,并处罚金或者没收财产。

未经本人同意摘取其器官,或者摘取不满十八周岁的人的器官,或者强迫、欺骗他人捐献器官的,依照本法第二百三十四条、第二百三十二条的规定定罪处罚。

违背本人生前意愿摘取其尸体器官，或者本人生前未表示同意，违反国家规定，违背其近亲属意愿摘取其尸体器官的，依照本法第三百零二条的规定定罪处罚。

第三百零二条　盗窃、侮辱、故意毁坏尸体、尸骨、骨灰的，处三年以下有期徒刑、拘役或者管制。

五、变性手术带来的法律问题

【案情简介】

高某已婚，婚后其与被告南京某医院签订协议书，约定由该医院免费为高某实施变性手术，高某则配合医院进行宣传。合同签订后，高某按合同约定，配合医院接受了各大新闻媒体的采访，而医院亦为高某实施了变性手术。问：高某变性后，其与配偶的婚姻效力如何？

【不同观点】

观点一：高某变性后其与配偶之间婚姻关系无效。

观点二：高某变性后其与配偶之间婚姻关系有效。

【争议焦点】

婚内变性对婚姻效力的影响。

【法律分析】

1.变性的概念及原因

"变性人"指的是心理性别与生物学性别不符的人，通过医疗手段改变外生殖器达到性别变更的行为。

形成变性的原因多种多样，就现实情况来看可分为以下两大部分：(1)先天因素：基因导致染色体的紊乱或者变异。(2)后天因素：①幼年时期家庭教育对性别认知不足。很多人在孩童时期由于家庭中男女比例严重不均，大人往往给孩子的教育打扮方面趋向于性别多的一方,因此性别占极少数的一方可能在性格上向反方向发展,长大后可能会想着改变自己的性别。②环境影响。由于家庭或者社会的原因,一个人总是被别人欺负或被人冷嘲热讽,那么对于他们的心理来说是个巨大的打击,他们可能会下意识地寻找保护伞,在他们心里女生是弱势群体有着男人的保护,那么由于自己性格的懦弱,他们可能想变成娇弱的女性,这样会有男性的保护就不用自己承受来自社会的压力了,他们渴望通过变性来逃避他们的软弱。③性教育不足。在中国这个相对保守的国家,几乎不谈性教育问题,因为在传统观念中,谈到有关性的问题是羞耻的,可能会引发部分人对于性的好奇心,希望去尝试变性手术来变成相反性别的人。

2.变性的现状及立法体系

自从1931年世界首例变性手术后,要求变性的人相继涌入变性手术的热潮。当然,每个人的情况也是不尽相同的,各个国家的规定也不一样。泰国对变性群体持开放的态度,变性群体也是泰国的部分经济来源,泰国是全球变性人比例最高的国家。但是,在泰国男变女后,法律上仍然为男性,也不可以与男性结婚。马来西亚是禁止变性行为的,甚至会出动警察去抓捕那些变性人以及穿着所谓的"异服"在街上走动的人。美国是一个包容性和开放性较强的国家,亦出台了允许士兵变性的法律,为他们的变性行为提供了保障。在英国,人们是可以通过变性手术改变性别然后变更性别登记后结婚的,这也是对变性人的一种包容的态度。印度出台了一系列保障变性人合法权益的法案,并且承认第三性别的存在,这对那些变性人来说是极大的福利。荷兰是第一个承认同性婚姻合法的国家,从2014年7月开始,荷兰人不再需要各种医学手术证明自己的变性人身份,只需要有关专家的证明即可,这是对变性认定得越来越放松的做法。

3.变性人对婚姻关系的影响

我国《婚姻法》第二条规定我国实行婚姻自由、一夫一妻、男女平等的婚姻制度。因此,通常而言,夫妻系指一男一女。生物学意义上的男性是指人类两性之一,以骨骼粗大、音调浑厚和具有胡须、喉结、阴茎及能产生精子为特征,而女性则是以骨骼纤小、音调尖细、皮下脂肪丰富和具有阴道、子宫及能产生卵子为特征。

从学理上讲，我国的性别认定有五种：染色体性别、性腺性别、解剖性别、心理性别、社会性别。前三类属于生物学性别，其中染色体性别的检测方法最为复杂。实践中，我国通常按照解剖性别来认定性别，医生是通过解剖性别填写出生证明的，公安机关根据出生证明进行户籍登记。公安部的答复也认为："自愿做变性手术是公民的个人权利，相应户籍等证件更换由当地公安部门直接办理。"由此可看出，我国相应的法律支持解剖学性别标准。这一界定标准具有操作的合理性，因为这样的变更避免了身份证上的性别与社会性别不同造成的尴尬，同时也保护了婚姻法夫妻制的确立，如果不变更登记而与户籍上的异性结婚，实质上却是"同性婚姻"，对于性取向正常的人来说也相当于剥夺了其结婚权。

当夫妻一方在婚姻尚未解除的情况下做了变性手术，此时的婚姻关系效力如何呢？学界学者观点不一，大致可以分为以下几种：部分学者认为婚内夫妻一方变性后婚姻双方是同性，我国禁止同性婚姻，所以该婚姻无效；部分学者认为可以依照夫妻一方死亡的情形处理，因为变性人是脱胎换骨地成为另一种性别的人，婚姻赖以存在的法律基础和属性就没有了；还有部分学者认为婚姻的缔结符合婚姻法，它的实质要件和形式要件都是符合法律法规的要求的，因此即使婚内变性也不能任意地解除婚姻关系，而是要通过正当的程序，即必须通过法定程序才能解除婚姻关系。

的确，在变性前夫妻是由一男一女按照自主的意愿，去民政部门办理婚姻登记组成的，其结合是符合我国有关婚姻的法律法规的规定的，因此婚姻是合法有效的。虽然变性后婚姻的实质要件发生了变化，但是不能因此说婚姻无效。因为根据《婚姻法》第十条之规定，有下列情形之一的，婚姻无效：（一）重婚的；（二）有禁止结婚的亲属关系的；（三）婚前患有医学上认为不应当结婚的疾病，婚后尚未治愈的；（四）未到法定婚龄的。婚内变性很显然并不属于上述法律规定的婚姻无效的情形。司法实践亦倾向于上述观点，在杨某（女）诉游某（男）离婚纠纷中，因游某经过医院的诊断并进行变性手术之后，游某带着相关证明去户籍地办理了性别变更登记将其性别变更为女性。然后她们向婚姻登记机关申请撤销婚姻关系，但当地婚姻登记机关并没有处理过这种事件,同时也没有相关的法律依据可以用来处理这个案例。民政部在接到地方请示后,经商最高人民法院和公安部后答复如下:杨某和游某在办理结婚登记手续时符合结婚的实质要件和形式要件,结婚登记合法有效,当事人要求登记机关撤销婚姻关系的请求不应支持。如果双方对财产问题没有争议,登记机关可以参照协议离婚处理,离婚的效力自婚姻关系解除之日起算。双方因财产分割发生争议起诉至人民法院的,人民法院在解除当事人婚姻关系的同时一并解决财产问题。上述答复认为,婚内一方变性只有通过协议或法院判决离婚才能结束婚姻状态,换句话说,如果不协议离婚或者经法院判决离婚,婚姻关系就不会解除。如果变性者与配偶不愿解除婚姻,那么他们的婚姻则继续有效。

【本案评析】

高某与配偶领取结婚证时符合缔结婚姻的要件,其婚姻合法有效。虽然后来高某到医院实施了变性手术,但是因其与配偶的婚姻并不符合法律规定的婚姻无效的条件,其婚姻从形式上仍然系合法婚姻。如高某与其配偶双方达成一致意见,可协议解除婚姻关系。如一方同意离婚,另一方不同意,则应由同意离婚一方向法院提起离婚诉讼,由人民法院判决离婚。

【相关法律】

1.《中华人民共和国婚姻法》

第二条　实行婚姻自由、一夫一妻、男女平等的婚姻制度。保护妇女、儿童和老人的合法权益。实行计划生育。

第七条　有下列情形之一的,禁止结婚:

(一)直系血亲和三代以内的旁系血亲;

(二)患有医学上认为不应当结婚的疾病。

第十条　有下列情形之一的,婚姻无效:

(一)重婚的;

(二)有禁止结婚的亲属关系的;

(三)婚前患有医学上认为不应当结婚的疾病,婚后尚未治愈的;

(四)未到法定婚龄的。

2.《婚姻登记条例》

第四条　内地居民结婚,男女双方应当共同到一方当事人常住户口所在地的婚姻登记机关办理结婚登记。

第六章　疾病预防与控制及精神卫生法律制度

一、传染病防治中的报告义务

【案情简介】

王某系某县疾病预防控制中心（以下简称"疾控中心"）干部，承担传染病等疫情的管理工作，2012年3月3日，王某所在地某县人民医院报告了一例麻疹疑似病例。王某接到报告后，指派专人去该院进行流行病学个案调查及采样，并同时告知该院不能进行网络直报，病历诊断上不能出现"麻疹"字样。在其后的多次会议上，王某强调在医院救治记录上不要出现"麻疹"字样，不能进行网络直报。后该县人民医院分管儿科的副院长交代儿科按疾控中心的要求在病历上不得出现"麻疹"字样，该院儿科医生在王某等人的指使下先后更改多份麻疹病历。其后医疗机构发现的每一例麻疹病例均按疾控中心等单位的要求，不进行网络直报，疾控中心采集的标本均存放于疾控中心冻库，没有及时送检。后导致疫情暴发，三个月期间，该县累计报告麻疹病例670例，排除25例，确诊645例，死亡1例。调查中发现，导致疫情发生、蔓延的原因之一就是"瞒报迟报疫情错过最佳处置时间"。该案中王某该承担何种法律责任？该县人民医院是否承担法律责任？

【不同观点】

观点一：王某的行为不构成犯罪，但应承担行政责任；

观点二：王某的行为构成犯罪，但在具体罪名的确定上，有人认为应构成妨害传染病防治罪,也有人认为构成传染病防治失职罪,同时应追究其行政责任。

【争议焦点】

王某的行为是否构成犯罪? 构成何罪?

【法律分析】

1.传染病防治失职罪与妨害传染病防治罪

传染病防治失职罪,是指从事传染病防治的政府卫生行政部门的工作人员和代表其从事公务的人员,严重不负责任,不履行或不认真履行传染病防治监管职责导致传染病传播或者流行,情节严重的行为[1]。本罪的主体为特殊主体,即从事传染病防治的政府卫生行政部门工作人员。2003年5月《最高人民法院、最高人民检察院关于办理妨害预防、控制突发传染病疫情等灾害的刑事案件具体应用法律若干问题的解释》第十六条规定:"在预防、控制突发传染病疫情等灾害期间,从事传染病防治的政府卫生行政部门的工作人员,或者在受政府卫生行政部门委托代表政府卫生行政部门行使职权的组织中从事公务的人员,或者虽未列入政府卫生行政部门人员编制但在政府卫生行政部门从事公务的人员,在代表政府卫生行政部门行使职权时,严重不负责任,导致传染病传播或者流行,情节严重的,依照刑法第四百零九条的规定,以传染病防治失职罪定罪处罚。"从该条可以看出,传染病防治失职罪的主体还包括受政府委托行使职权的公务人员。本罪侵犯的客体是国家对传染病防治的管理制度。主观方面是过失,故意不构成该罪。客观方面必须是行为人严重不负责任,不履行或不认真履行传染病防治监管职责导致传染病传播或者流行,情节严重的行为。对于"情节严重"的认定,前述《最高人民法院、最高人民检察院关于办理妨害预防、控制突发传染病疫情等灾害的刑事案件具体应用法律若干问题的解释》中规定了四种情形:"在国家对突发传染病疫情等灾害采取预防、控制措施后,具有下列情形之一的,属于刑法第四百零九条规定的'情节严重':(一)对发生突发传染病疫情等灾害的地区或者突发传染病病人、病原携带者、疑似突发传染病病人,未按照预防、控制突发传

---

[1] 参见高铭暄、马克昌:《刑法学》,北京大学/高等教育出版社,2010年版,第753页。

染病疫情等灾害工作规范的要求做好防疫、检疫、隔离、防护、救治等工作,或者采取的预防、控制措施不当,造成传染范围扩大或者疫情、灾情加重的;(二)隐瞒、缓报、谎报或者授意、指使、强令他人隐瞒、缓报、谎报疫情、灾情,造成传染范围扩大或者疫情、灾情加重的;(三)拒不执行突发传染病疫情等灾害应急处理指挥机构的决定、命令,造成传染范围扩大或者疫情、灾情加重的;(四)具有其他严重情节的。"2006年7月26日公布施行的《最高人民检察院关于渎职侵权犯罪案件立案标准的规定》针对刑法第四百零九条的传染病防治失职罪规定了八种情形下应予立案:①导致甲类传染病传播的;②导致乙类、丙类传染病流行的;③因传染病传播或者流行,造成人员重伤或者死亡的;④因传染病传播或者流行,严重影响正常的生产、生活秩序的;⑤在国家对突发传染病疫情等灾害采取预防、控制措施后,对发生突发传染病疫情等灾害的地区或者突发传染病病人、病原携带者、疑似突发传染病病人,未按照预防、控制突发传染病疫情等灾害工作规范的要求做好防疫、检疫、隔离、防护、救治等工作,或者采取的预防、控制措施不当,造成传染范围扩大或者疫情、灾情加重的;⑥在国家对突发传染病疫情等灾害采取预防、控制措施后,隐瞒、缓报、谎报或者授意、指使、强令他人隐瞒、缓报、谎报疫情、灾情,造成传染范围扩大或者疫情、灾情加重的;⑦在国家对突发传染病疫情等灾害采取预防、控制措施后,拒不执行突发传染病疫情等灾害应急处理指挥机构的决定、命令,造成传染范围扩大或者疫情、灾情加重的;⑧其他情节严重的情形。

妨害传染病防治罪,是指违反传染病防治法规定,引起甲类传染病传播或者有传播严重危险的行为。本罪的主体为一般主体,客体是国家关于传染病防治的管理制度,主观方面表现为过失。根据我国《刑法》第三百三十条的规定,行为人违反传染病防治法的规定,实施下列行为之一,引起甲类传染病传播或者有传播严重危险的,即可构成该罪。这四种情形是:"(一)供水单位供应的饮用水不符合国家规定的卫生标准的;(二)拒绝按照卫生防疫机构提出的卫生要求,对传染病病原体污染的污水、污物、粪便进行消毒处理的;(三)准许或者纵容传染病病人、病原携带者和疑似传染病病人从事国务院卫生行政部门规定禁止从事的易使该传染病扩散的工作的;(四)拒绝执行卫生防疫机构依照传染病防治法提出的预防、控制措施的。"

2.传染病发展中相关主体的报告义务

传染病是指由于致病性微生物,如细菌、病毒、立克次体、寄生虫等侵入,发生使人体健康受到某种损害以及危及生命的一种疾病。我国根据各种传染病的传染性强弱、传播途径难易、传播速使的快慢、人群易感范围等因素将传染病分为三类:甲类传染病、乙类传染病和丙类传染病。根据《传染病防治法》及相关法律、法规规定,目前传染病的种类有39种。甲类传染病2种:鼠疫、霍乱;乙类传染病26种:传染性非典型肺炎、艾滋病、病毒性肝炎、脊髓灰质炎、人感染高致病性禽流感、麻疹、流行性出血热、狂犬病、流行性乙型脑炎、登革热、炭疽、细菌性和阿米巴性痢疾、肺结核、伤寒和副伤寒、流行性脑脊髓膜炎、百日咳、白喉、新生儿破伤风、猩红热、布鲁氏菌病、淋病、梅毒、钩端螺旋体病、血吸虫病、疟疾、甲型H1N1流感;丙类传染病11种:流行性感冒、流行性腮腺炎、风疹、急性出血性结膜炎、麻风病、流行性和地方性斑疹伤寒、黑热病、包虫病、丝虫病,除霍乱、细菌性和阿米巴性痢疾、伤寒和副伤寒以外的感染性腹泻病、手足口病。

对这三类传染病,根据其传播速度和危险性,国家采取不同的管理措施,对甲类传染病采取强制管理,对乙类传染病采取严格管理,对丙类传染病采取检测管理。为了预防和控制传染病的发生、传播和暴发,法律中规定了政府、卫生行政部门、疾病控制机构、医疗机构的职责,并规定了传染病疫情的报告、通报和公布制度。在发现传染病病人或者疑似传染病病人时,任何单位和个人都有及时向附近的疾病预防控制机构或者医疗机构报告的义务。疾病预防控制机构、医疗机构和采供血机构及其执行职务的人员发现《传染病防治法》规定的传染病疫情或者发现其他传染病暴发、流行以及突发原因不明的传染病时,应当遵循疫情报告属地管理原则,按照国务院或者国务院卫生行政部门规定的内容、程序、方式和时限进行报告。疾病预防控制机构在接到甲类、乙类传染病疫情报告或者发现传染病暴发、流行时,应当立即报告当地卫生行政部门,当地卫生行政部门应立即向当地人民政府报告,同时报告上级卫生行政部门和国务院卫生行政部门。军队医疗机构向社会公众提供医疗服务时,发现前述传染病疫情时,应当按照国务院卫生行政部门的规定报告。港口、机场、铁路疾病预防控制机构以及国境卫生检疫机关发现甲类传染病病人、病原携带者、疑似传染病病人时,应当按照国家有关规定立即向国境口岸所在地的疾病预防控制机构或者所在地县级以上地方人民政府卫生行政部门报告并互相通报。县级以上地方人民政府卫生行政部门应当及时向本行政区域内的疾病预防控制机构和医疗机构通报传染病疫情以及监测、预警的相关信息。接到通报的疾病预防控制机构和医疗机构应当及时告知本单位的有关人员。此外,作为疾病预防控制机构,还应当主动收集、分析、调查、核实传染病疫情信息,承担传染病监测、预测、流行病学调查以及其他预防、控制工作,报告传染病监测信息,预测传染病的发生、流行趋势。作为医疗机构,必须严格执行国务院卫生行政部门规定的管理制度、操作规范,防止传染病的医源性感染和医院感染,应确定专门的部门或者人员,承担传染病疫情报告、本单位的传染病预防、控制以及责任区域内的传染病预防工作;承担医疗活动中与医院感染有关的危险因素监测、安全防护、消毒、隔离和医疗废物处置工作。

3.各主体违反报告义务的责任

法律中规定了政府、卫生行政部门、疾病预防控制机构、医疗机构在传染病预防和控制中的职责,但如果某主体在执行职务时,违反相关规定,如何承担责任?《传染病防治法》第八章用了十三个条款,进行了专章规定,其中第六十八条规定了疾病预防控制机构违反法律规定,具有法定情形的,由县级以上人民政府卫生行政部门责令限期改正,通报批评,给予警告;对负有责任的主管人员和其他直接责任人员,依法给予降级、撤职、开除的处分,并可以依法吊销有关责任人员的执业证书;构成犯罪的,依法追究刑事责任。这些情形包括:①未依法履行传染病监测职责的;②未依法履行传染病疫情报告、通报职责,或者隐瞒、谎报、缓报传染病疫情的;③未主动收集传染病疫情信息,或者对传染病疫情信息和疫情报告未及时进行分析、调查、核实的;④发现传染病疫情时,未依据职责及时采取本法规定的措施的;⑤故意泄露传染病病人、病原携带者、疑似传染病病人、密切接触者涉及个人隐私的有关信息、资料的。

《传染病防治法》第六十九条规定了医疗机构违反法律规定,具有法定情形的,由县级以上人民政府卫生行政部门责令改正,通报批评,给予警告;造成传染病传播、流行或者其他严重后果的,对负有责任的主管人员和其他直接责任人员,依法给予降级、撤职、开除的处分,并可以依法吊销有关责任人员的执业证书;构成犯罪的,依法追究刑事责任。这些情形是:①未按照规定承担本单位的传染病预防、控制工作、医院感染控制任务和责任区域内的传染病预防工作的;②未按照规定报告传染病疫情,或者隐瞒、谎报、缓报传染病疫情的;③发现传染病疫情时,未按照规定对传染病病人、疑似传染病病人提供医疗救护、现场救援、接诊、转诊的,或者拒绝接受转诊的;④未按照规定对本单位内被传染病病原体污染的场所、物品以及医疗废物实施消毒或者无害化处置的;⑤未按照规定对医疗器械进行消毒,或者对按照规定一次使用的医疗器具未予销毁,再次使用的;⑥在医疗救治过程中未按照规定保管医学记录资料的;⑦故意泄露传染病病人、病原携带者、疑似传染病病人、密切接触者涉及个人隐私的有关信息、资料的。

【本案评析】

本案中王某的行为应构成传染病防治失职罪,除承担刑事责任外,同时还应追究其行政责任。首先,王某的行为符合传染病防治失职罪构成要件。王某身为依法从事传染病防治的国家工作人员,在履行传染病防治职责过程中,严重不负责任,对麻疹疫情瞒报迟报,使上级有关部门没有及时掌握疫情动态,致使错过麻疹疫情最佳防控时机,导致传染病麻疹传播和流行,造600多人感染,1人死亡的严重后果,情节严重。符合我国《刑法》第四百零九条关于传染病防治失职罪的规定。另外,根据《传染病防治法》第六十八条的规定应依法给予其降级、撤职、开除的处分,并可以依法吊销其执业证书。

其次,对该案中的医疗机构及其相关人员也应给予行政处罚。作为医疗机构,在治疗中发现传染病疑似案例时,应按照规定履行报告义务,不得隐瞒、谎报、缓报传染病疫情,并按照规定对传染病患者进行救治,对本单位内被传染病病原体污染的场所、物品以及医疗废物实施消毒或者无害化处置。而本案中某县医院的分管院长在发现传染病确诊病例或疑似病例时,却按照疾控中心王某的指示采取修改病历等方式进行隐瞒,对传染病在该地区的暴发具有一定责任。因而,根据《传染病防治法》第六十九条的规定,对该县医

院应责令改正,并通报批评。对该县医院的分管院长应依法给予降级、撤职、开除的处分,并可以依法吊销其执业证书

【相关法律】

1.《中华人民共和国传染病防治法》

第六十八条 疾病预防控制机构违反本法规定,有下列情形之一的,由县级以上人民政府卫生行政部门责令限期改正,通报批评,给予警告;对负有责任的主管人员和其他直接责任人员,依法给予降级、撤职、开除的处分,并可以依法吊销有关责任人员的执业证书;构成犯罪的,依法追究刑事责任:

(一)未依法履行传染病监测职责的;

(二)未依法履行传染病疫情报告、通报职责,或者隐瞒、谎报、缓报传染病疫情的;

(三)未主动收集传染病疫情信息,或者对传染病疫情信息和疫情报告未及时进行分析、调查、核实的;

(四)发现传染病疫情时,未依据职责及时采取本法规定的措施的;

(五)故意泄露传染病病人、病原携带者、疑似传染病病人、密切接触者涉及个人隐私的有关信息、资料的。

第六十九条 医疗机构违反本法规定,有下列情形之一的,由县级以上人民政府卫生行政部门责令改正,通报批评,给予警告;造成传染病传播、流行或者其他严重后果的,对负有责任的主管人员和其他直接责任人员,依法给予降级、撤职、开除的处分,并可以依法吊销有关责任人员的执业证书;构成犯罪的,依法追究刑事责任:

(一)未按照规定承担本单位的传染病预防、控制工作、医院感染控制任务和责任区域内的传染病预防工作的;

(二)未按照规定报告传染病疫情,或者隐瞒、谎报、缓报传染病疫情的;

(三)发现传染病疫情时,未按照规定对传染病病人、疑似传染病病人提供医疗救护、现场救援、接诊、转诊的,或者拒绝接受转诊的;

(四)未按照规定对本单位内被传染病病原体污染的场所、物品以及医疗废物实施消毒或者无害化处置的;

(五)未按照规定对医疗器械进行消毒,或者对按照规定一次使用的医

器具未予销毁,再次使用的;

(六)在医疗救治过程中未按照规定保管医学记录资料的;

(七)故意泄露传染病病人、病原携带者、疑似传染病病人、密切接触者涉及个人隐私的有关信息、资料的。

2.《中华人民共和国刑法》

第三百三十条 违反传染病防治法的规定,有下列情形之一,引起甲类传染病传播或者有传播严重危险的,处三年以下有期徒刑或者拘役;后果特别严重的,处三年以上七年以下有期徒刑:

(一)供水单位供应的饮用水不符合国家规定的卫生标准的;

(二)拒绝按照卫生防疫机构提出的卫生要求,对传染病病原体污染的污水、污物、粪便进行消毒处理的;

(三)准许或者纵容传染病病人、病原携带者和疑似传染病病人从事国务院卫生行政部门规定禁止从事的易使该传染病扩散的工作的;

(四)拒绝执行卫生防疫机构依照传染病防治法提出的预防、控制措施的。

单位犯前款罪的,对单位判处罚金,并对其直接负责的主管人员和其他直接责任人员,依照前款的规定处罚。

甲类传染病的范围,依照《中华人民共和国传染病防治法》和国务院有关规定确定。

第四百零九条 从事传染病防治的政府卫生行政部门的工作人员严重不负责任,导致传染病传播或者流行,情节严重的,处三年以下有期徒刑或者拘役。

二、非自愿医疗的权利主体问题

【案情简介】

病人A,46岁,无业,未婚,居委会干部称其虽有弟、妹,但他们对A并未关心照顾。A病情日益严重,基本处于病态,与人敌对。他无法照顾自己,长期以捡拾饭店泔水、水果摊烂水果、菜市场烂叶为食,房间脏臭不堪。他不停将垃圾拾回家里,甚至包括工厂废弃罐、有害物品、易燃易爆品等,对小区造成安全隐患。庄某住在A家对门,感觉受到安全威胁,终日提心吊胆。2013年8月20日,庄某致函当地镇政府,反映A的情况,并请求镇政府将A强制医疗。

【不同观点】

观点一:当地镇政府有权将A强制送诊和治疗。既然A处于无人监管、照顾的状态,且病情日益严重,与人敌对,疑似精神障碍,有近邻证明其对周围环境安全和他人安全造成威胁,政府就应该履行保护社区安全和公众安全的义务,将其送诊送治。

观点二:任何人无权强制医疗A。公民的自由权是宪法和国际宪章共同保障的首要人权,它对个人意义非凡,国家应尽最大努力保障公民的自由。本案中,相关信息显示A只是因个人生活方式被近邻庄某所嫌弃,并不能因此就认为其有精神障碍而需要强制医疗。

观点三:当地镇政府无权强制治疗A,但可以由A的弟、妹自愿将其送诊送治。因为A已被近邻庄某证明可能患有精神障碍,从亲属关怀和帮助的角度考虑,A的弟、妹可以将其送到精神医疗机构进行诊断,若诊断结论非严重精神障碍,则应该加强对其关怀和生活照料,必要时可以帮其联系其他住所,以有效提升A的生活质量。

【争议焦点】

镇政府是否有权将A强制医疗?

【法律分析】

强制医疗是旧的说法,现行《中华人民共和国精神卫生法》(以下简称《精神卫生法》)并未提及强制医疗的概念,与其相对应的称呼应该为非自愿医疗。《精神卫生法》规定,精神障碍者的就诊治疗以自愿为原则,只有在特殊情况下,相关主体才可以依法在违背疑似精神障碍者本人意志的情况下将其送诊,由精神科执业医师对其进行专业的检查与诊断,对于诊断为严重精神障碍的患者,由医疗机构依法对其进行非自愿治疗。故,现行《精神卫生法》所规定的非自愿医疗权有三个层次的内涵：一是在必要时，相关主体对疑似精神障碍者的送诊权①；二是精神科执业医师的专业检查与诊断权②；三是医疗机构的治疗权③。该案发生在 2013 年 8 月，《精神卫生法》已正式生效，因此，该案中的当地镇政府显然不具有非自愿的检查诊断权，也不具有决定和实施非自愿治疗权，该案真正的争议焦点在于镇政府是否有对 A 的送诊权？

为了有效遏制"被强制医疗"的不利影响，最大限度保障精神障碍者的人身自由，现行《精神卫生法》第四条规定："精神障碍患者的人格尊严、人身和财产安全不受侵犯。"第五条规定："全社会应当尊重、理解、关爱精神障碍患者。任何组织或者个人不得歧视、侮辱、虐待精神障碍患者，不得非法限制精神障碍患者的人身自由。"上述规定从总体上规定了国家对精神障碍者的关爱、尊重和保护原则。

《精神卫生法》第二十七条规定："精神障碍的诊断应当以精神健康状况为依据。除法律另有规定外，不得违背本人意志进行确定其是否患有精神障碍的医学检查。"第二十八条规定："除个人自行到医疗机构进行精神障碍诊断外，疑似精神障碍患者的近亲属可以将其送往医疗机构进行精神障碍诊断。对查找不到近亲属的流浪乞讨疑似精神障碍患者，由当地民政等有关部门按照职责分工，帮助送往医疗机构进行精神障碍诊断。疑似精神障碍患者发生伤害自身、危害他人安全的行为，或者有伤害自身、危害他人安全的危险的，其近亲属、所在单位、当地公安机关应当立即采取措施予以制止，并将其送往医疗机构进行精神障碍诊断。"上述两个条文对精神障碍者的送诊作出了明确规定，其中第二十七条是自愿诊断的原则性规定，第二十八条规定的是由他人或组织非自愿送诊的具体情形。

民法强调意思自治原则，在不涉及他人和公共利益的情况下，应当尊重个体的选择和生活方式，其他社会主体要履行适当的容忍义务。在当前的社会现实生活中精神病诊断和治疗往往会对当事人出现社会污名化的结果，精神障碍治疗不仅涉及对患者的人身自由限制，药物治疗的副作用也非常大，

---

① 具体见《精神卫生法》第二十八条第一款、第二款。

② 具体见《精神卫生法》第二十五条、第二十六条、第二十七条、第二十八条第三款、第二十九条。

③ 具体见《精神卫生法》第三十条、第三十五条第二款和第三款、第三十六条第二款。

因此,对疑似精神障碍者的送诊和非自愿的诊断治疗,必须在个人自由与社会安全保障之间进行最佳的平衡,均应谨慎实施。所以,《精神卫生法》第三十条明确规定:"精神障碍的住院治疗实行自愿原则。"只有当诊断结论、病情评估表明就诊者为严重精神障碍患者并具有下列情形之一,才能对其实施住院治疗:(一)已经发生伤害自身的行为,或者有伤害自身的危险;(二)已经发生危害他人安全的行为,或者有危害他人安全的危险。对于无社会危害性的精神障碍者,《精神卫生法》第三十一条明确规定:"精神障碍患者有本法第三十条第二款第一项情形的,经其监护人同意,医疗机构应当对患者实施住院治疗;监护人不同意的,医疗机构不得对患者实施住院治疗。监护人应当对在家居住的患者做好看护管理。"

【本案评析】

在本案中,A 是否符合《精神卫生法》第二十八条第二款规定的由他人送诊的条件是问题的关键,即 A 的行为是否对他人和公共安全造成威胁或已经造成伤害,或者使其自身处于非常不利的状态。本案中,庄某主张 A 无法照顾自己,长期以捡拾饭店泔水、水果摊烂水果、菜市场烂叶为食,房间脏臭不堪。他不停将垃圾拾回家里,甚至包括工厂废弃罐、有害物品、易燃易爆品等,对小区造成安全隐患,自己住在 A 家对门,感觉受到安全威胁,终日提心吊胆。但基于上述原因,却并不能认为 A 具备非自愿送诊的条件。A 的行为虽不同于常人,但对于其给周围环境造成的影响,完全可以由其亲属或居委会等相关部门介入处理。而且 A 虽然与人敌对,但并未实施任何侵害他人的行为,也没有对他人实施暴力恐吓威胁,所以这种敌对更多的只是表现为对待他人的一种冷漠态度,拒绝他人的关怀、帮助,也拒绝他人对其我行我素行为方式的劝阻。因此,庄某感觉自身安全受到威胁并不是构成《精神卫生法》第二十八条第二款规定情形的充分理由。但考虑到根据近邻庄某和居委会的描述,A 很可能患有精神障碍,对于其精神障碍的严重程度及所需的治疗有待专业机构和人员作出判断,从关怀和帮助的角度考虑,依照《精神卫生法》第二十八条第一款的规定,可以由 A 的弟、妹将其送到精神医疗机构进行诊断。如果 A 的弟、妹拒绝履行相应的"监护"①职责,庄某可向当地的民政部门提出申请,请求其以"临时监护人"身份将 A 送诊。当地镇政府并无非自愿送诊的法律身份。

【相关法律】

1.《中华人民共和国精神卫生法》

第四条　精神障碍患者的人格尊严、人身和财产安全不受侵犯。

精神障碍患者的教育、劳动、医疗以及从国家和社会获得物质帮助等方面的合法权益受法律保护。

有关单位和个人应当对精神障碍患者的姓名、肖像、住址、工作单位、病历资料以及其他可能推断出其身份的信息予以保密;但是,依法履行职责需要公开的除外。

第五条　全社会应当尊重、理解、关爱精神障碍患者。

任何组织或者个人不得歧视、侮辱、虐待精神障碍患者,不得非法限制精神障碍患者的人身自由。

新闻报道和文学艺术作品等不得含有歧视、侮辱精神障碍患者的内容。

第二十五条　开展精神障碍诊断、治疗活动,应当具备下列条件,并依照医疗机构的管理规定办理有关手续:

(一)有与从事的精神障碍诊断、治疗相适应的精神科执业医师、护士;

(二)有满足开展精神障碍诊断、治疗需要的设施和设备;

(三)有完善的精神障碍诊断、治疗管理制度和质量监控制度。

从事精神障碍诊断、治疗的专科医疗机构还应当配备从事心理治疗的人员。

---

① 我国《民法总则》第二十四条规定:"不能辨认或者不能完全辨认自己行为的成年人,其利害关系人或者有关组织,可以向人民法院申请认定该成年人为无民事行为能力人或者限制民事行为能力人。"第二十八条规定:"无民事行为能力或者限制民事行为能力的成年人,由下列有监护能力的人按顺序担任监护人:(一)配偶;(二)父母、子女;(三)其他近亲属;(四)其他愿意担任监护人的个人或者组织,但是须经被监护人住所地的居民委员会、村民委员会或者民政部门同意。"依照《民法总则》的规定,只有经法院确认 A 为无民事行为能力人或限制民事行为能力人之后,才会依法确定监护人。因此,在 A 尚未被法院确认行为能力有瑕疵的情况下,其弟、妹以及民政部门尚不是法律意义上的监护人。

第二十六条　精神障碍的诊断、治疗,应当遵循维护患者合法权益、尊重患者人格尊严的原则,保障患者在现有条件下获得良好的精神卫生服务。

精神障碍分类、诊断标准和治疗规范,由国务院卫生行政部门组织制定。

第二十七条　精神障碍的诊断应当以精神健康状况为依据。

除法律另有规定外,不得违背本人意志进行确定其是否患有精神障碍的医学检查。

第二十八条　除个人自行到医疗机构进行精神障碍诊断外,疑似精神障碍患者的近亲属可以将其送往医疗机构进行精神障碍诊断。对查找不到近亲属的流浪乞讨疑似精神障碍患者,由当地民政等有关部门按照职责分工,帮助送往医疗机构进行精神障碍诊断。

疑似精神障碍患者发生伤害自身、危害他人安全的行为,或者有伤害自身、危害他人安全的危险的,其近亲属、所在单位、当地公安机关应当立即采取措施予以制止,并将其送往医疗机构进行精神障碍诊断。

医疗机构接到送诊的疑似精神障碍患者,不得拒绝为其作出诊断。

第二十九条　精神障碍的诊断应当由精神科执业医师作出。

医疗机构接到依照本法第二十八条第二款规定送诊的疑似精神障碍患者,应当将其留院,立即指派精神科执业医师进行诊断,并及时出具诊断结论。

第三十条　精神障碍的住院治疗实行自愿原则。

诊断结论、病情评估表明,就诊者为严重精神障碍患者并有下列情形之一的,应当对其实施住院治疗:

(一)已经发生伤害自身的行为,或者有伤害自身的危险的;

(二)已经发生危害他人安全的行为,或者有危害他人安全的危险的。

第三十一条　精神障碍患者有本法第三十条第二款第一项情形的,经其监护人同意,医疗机构应当对患者实施住院治疗;监护人不同意的,医疗机构不得对患者实施住院治疗。监护人应当对在家居住的患者做好看护管理。

第三十五条　再次诊断结论或者鉴定报告表明,不能确定就诊者为严重精神障碍患者,或者患者不需要住院治疗的,医疗机构不得对其实施住院治疗。

再次诊断结论或者鉴定报告表明,精神障碍患者有本法第三十条第二款第二项情形的,其监护人应当同意对患者实施住院治疗。监护人阻碍实施住院治疗或者患者擅自脱离住院治疗的,可以由公安机关协助医疗机构采取措施对患者实施住院治疗。

在相关机构出具再次诊断结论、鉴定报告前,收治精神障碍患者的医疗机构应当按照诊疗规范的要求对患者实施住院治疗。

第三十六条　诊断结论表明需要住院治疗的精神障碍患者,本人没有能力办理住院手续的,由其监护人办理住院手续;患者属于查找不到监护人的流浪乞讨人员的,由送诊的有关部门办理住院手续。

精神障碍患者有本法第三十条第二款第二项情形,其监护人不办理住院手续的,由患者所在单位、村民委员会或者居民委员会办理住院手续,并由医疗机构在患者病历中予以记录。

第四十九条　精神障碍患者的监护人应当妥善看护未住院治疗的患者,按照医嘱督促其按时服药、接受随访或者治疗。村民委员会、居民委员会、患者所在单位等应当依患者或者其监护人的请求,对监护人看护患者提供必要的帮助。

第五十六条　村民委员会、居民委员会应当为生活困难的精神障碍患者家庭提供帮助,并向所在地乡镇人民政府或者街道办事处以及县级人民政府有关部门反映患者及其家庭的情况和要求,帮助其解决实际困难,为患者融入社会创造条件。

第八十三条　本法所称精神障碍,是指由各种原因引起的感知、情感和思维等精神活动的紊乱或者异常,导致患者明显的心理痛苦或者社会适应等功能损害。

本法所称严重精神障碍,是指疾病症状严重,导致患者社会适应等功能严重损害、对自身健康状况或者客观现实不能完整认识,或者不能处理自身事务的精神障碍。

本法所称精神障碍患者的监护人,是指依照民法通则的有关规定可以担任监护人的人。

2.《中华人民共和国民法总则》

第二十四条　不能辨认或者不能完全辨认自己行为的成年人,其利害关系人或者有关组织,可以向人民法院申请认定该成年人为无民事行为能力人或者限制民事行为能力人。

第二十八条　无民事行为能力或者限制民事行为能力的成年人,由下列有监护能力的人按顺序担任监护人:

(一)配偶;

(二)父母、子女;

(三)其他近亲属;

(四)其他愿意担任监护人的个人或者组织,但是须经被监护人住所地的居民委员会、村民委员会或者民政部门同意

第三十一条　对监护人的确定有争议的,由被监护人住所地的居民委员会、村民委员会或者民政部门指定监护人,有关当事人对指定不服的,可以向人民法院申请指定监护人;有关当事人也可以直接向人民法院申请指定监护人。

居民委员会、村民委员会、民政部门或者人民法院应当尊重被监护人的真实意愿,按照最有利于被监护人的原则在依法具有监护资格的人中指定监护人。

依照本条第一款规定指定监护人前,被监护人的人身权利、财产权利以及其他合法权益处于无人保护状态的,由被监护人住所地的居民委员会、村民委员会、法律规定的有关组织或者民政部门担任临时监护人。

监护人被指定后,不得擅自变更;擅自变更的,不免除被指定的监护人的责任。

第三十二条　没有依法具有监护资格的人的,监护人由民政部门担任,也可以由具备履行监护职责条件的被监护人住所地的居民委员会、村民委员会担任。

三、刑事强制医疗的适用条件问题

【案情简介】

2002年,在街上流浪的六岁孩子童某被一男子白某捡回家,后卖于另一男子陈某,陈某经常无故打骂童某。2013年某日,陈某又像往常一样打骂童某,当日14时,全家人出门做农活,留童某在家照顾一名小孩,其间小孩大哭无法制止,于是童某随手拿起手机充电线将小孩残忍勒死。公安机关立案侦查后,怀疑童某为犯罪嫌疑人。经鉴定,童某为智力低下的精神分裂患者。于是拟出强制医疗意见书,移送人民检察院,检察院向人民法院提出强制医疗申请后,法院以童某根本不可能治愈为由,决定不予对其强制医疗,责令其养父陈某对其严加看管和治疗。在此期间,陈某提出不愿意做童某监护人,于是法院只好判决当地民政局为童某的监护人。因经费不足,民政局颇有怨言。

【不同观点】

观点一:同意上述法院判决,虽然《刑事诉讼法》第二百八十四条规定:"实施暴力行为,危害公共安全或者严重危害公民人身安全,经法定程序鉴定依法不负刑事责任的精神病人,有继续危害社会可能的,可以予以强制医疗。"但强制医疗的制度设计并不是为了对被申请人实施刑事制裁,以达到惩戒目的,而是为了治愈其精神疾病,使其获得正常生活的能力,不至于危害自身与社会。由此,童某作为智力低下的精神分裂症者,不具有刑事责任能力,不能也不应该承担刑事责任,也不应该被限制自由,放在精神病院忍受折磨和痛苦,因为这种症状在现代医学条件下根本没有治愈可能,若将其强制医疗,反而是不人道的。

观点二:同意上述法院做法,但理由并非因为童某的精神疾病症状具有不可治愈性。在严格审查被申请人的症状是否符合强制医疗的条件时,不应该以其精神疾病是否可以治愈为依据,而应该本着对精神病人最有利的原则来作出正确的选择。一方面,童某作为智力低下的精神分裂患者,强制医疗更不利于其身心健康。不管何种精神疾病都是受到一定的刺激所致,童某由于父母的抛弃,对其造成了心理阴影,将其作为正常人看待,也许对病情好转更有利。另一方面,从应实施暴力行为的起因和经过来看,童某实施杀人行为的根本原因源于陈某的频繁施暴,该暴力行为触发了童某内心的恐惧,造成心灵崩溃、精神紊乱,由于对陈某行为的模仿,对比其弱小的对象施以报复,才酿成了惨案。

观点三:应该对童某实施强制医疗。理由是《刑事诉讼法》第二百八十四条规定:"实施暴力行为,危害公共安全或者严重危害公民人身安全,经法定程序鉴定依法不负刑事责任的精神病人,有继续危害社会可能的,可以予以强制医疗。"在该案中,童某用极其残忍的手段杀死了由其看护的小孩,其暴行不仅造成被害人死亡的恶劣后果,给被害人的亲属造成了极大的痛苦和创伤,同时也对周围社区的安全造成了严重威胁。依照案情所述,童某被父母抛弃,遭遇收养人施暴,由此可以证明童某缺乏能对其实施有效监管的人。虽然法院判决由民政局做其监护人,但实际执行难度过大,民政局作为政府部门,有其固有的职责范围,而且其人员配置和财政负担能力有限,面对一个刚实施过杀人行为的重症精神障碍者,财政局必须安排专人24小时不间断照看,这是很难持续的。因此,童某对社会安全的威胁是持续存在的,人民法院应依据《刑事诉讼法》第二百八十四条的规定,判令对童某予以强制医疗。

【争议焦点】

童某是否应该被强制医疗?

【法律分析】

我国《刑法》第十八条明确规定:"精神病人在不能辨认或者不能控制自己行为的时候造成危害结果,经法定程序鉴定确认的,不负刑事责任,但是应当责令他的家属或者监护人严加看管和医疗;在必要的时候,由政府强制医疗。"至于是否对精神病人进行强制医疗,以及如何强制医疗,《刑事诉讼法》专设一章特别程序,对此问题进行了明确规定。《刑事诉讼法》第二百八十四条规定:"实施暴力行为,危害公共安全或者严重危害公民人身安全,经法定程序鉴定依法不负刑事责任的精神病人,有继续危害社会可能的,可以予以强制医疗。"并在第二百八十五条进一步明确了对精神病人的强制医疗,由人民法院决定。根据《刑事诉讼法》第二百八十四条的规定,强制医疗的适用必须同时符合以下几个条件:一是行为人必须实施了暴力行为,危害公共安全或者严重危害公民人身安全①。二是行为人必须属于经法定程序鉴定依法不负刑事责任的精神病人②。三是行为人必须有继续危害社会可能。对于实施了暴力行为,危害公共安全或者严重危害公民人身安全,经过法定程序鉴定确认属于不能辨认或者不能控制自己行为的精神病人,必须有继续危害社会可能的,才能对其进行强制医疗。如果行为人虽然实施了暴力行为,但不再具有继续危害社会可能的,如已经严重残疾等,丧失了继续危害社会的能力,则不需要再对其进行强制医疗。但在这种情况下,也应当责令其家属或者监护人严加看管和医疗,而不能放任不管。行为人必须同时符合以上三个条件,才可以予以强制医疗。

【本案评析】

本案中,童某实施暴力侵害行为时已经年满16周岁,但经过公安机关组织的精神司法鉴定,其为智力低下的精神分裂患者。是否应该对童某实施强制医疗的关键在于其是否具有"继续危害社会可能",而非其精神疾病是否具有可治愈性,因为童某虽属于智力低下者,这属于无法治愈的精神障碍,但其精神分裂症却是可以通过有效的医疗手段予以缓解的。刑事强制医疗的对

---

① 这里的"暴力行为"是指以人身、财产等为侵害目标,采取暴力手段,对被害人的身心健康和生命财产安全造成极大的损害,直接危及人的生命、健康及公共安全的行为,如放火、爆炸等。"危害公共安全"是指危害广大群众生命健康和公私财产的安全,足以使多人死伤或使公私财产遭受重大损失。"人身安全"有广义和狭义之说,广义的人身安全一般包括人的生命、健康、自由、住宅、人格、名誉等安全,狭义的人身安全,一般仅指人的生命、健康安全。这里所说的"严重危害公民人身安全"的行为一般是指杀人、伤害、强奸、绑架等严重侵害公民生命、健康安全的行为。

② 这里的"法定程序鉴定",是根据《刑事诉讼法》和《全国人民代表大会常务委员会关于司法鉴定管理问题的决定》的规定,对精神病人的鉴定应当由符合条件的鉴定机构和鉴定人按照法律规定的程序进行鉴定。鉴定人进行鉴定后,应当写出鉴定意见,并且签名。"依法不负刑事责任的精神病人",根据《刑法》第十八条的规定,是指在不能辨认或者不能控制自己行为的时候造成危害结果,经法定程序鉴定确认不负刑事责任的精神病人。对于间歇性的精神病人在精神正常的时候犯罪,或者尚未完全丧失辨认或者控制自己行为能力的精神病人犯罪的,应当负刑事责任,即不属于"依法不负刑事责任的精神病人"。

象为实施了暴力行为,对他人人身财产与社会公共利益造成了极大的危害的自然人,虽然基于人道主义豁免了对其适用刑事处罚,但基于保障社会安全的考虑,若放任其回归社会将继续存在安全隐患时,则必须通过强制医疗予以消解,反之,则不需进行强制医疗。本案中,童某是否具有继续危害社会的可能,这不仅需要精神医学专家的判断,也需要听取心理专家的意见,因为童某不幸的幼年遭遇可能是诱发其精神分裂症及本案中暴力行为的根源,在此基础上,由法官根据庭审情况进行综合判断,做出最终决策。如果法院是依照上述正当程序做出的决定,则笔者同意第二种观点。对精神障碍者的处遇方式是体现社会文明水平的一个标杆。在丧失行为控制能力的情况下,精神障碍者所实施的危害行为本质上不具有社会可责性。是否对其进行强制医疗,取决于社会安全秩序维护和精神障碍者自身利益最大化的衡平考量。第一种观点仅仅考虑到了精神障碍者利益最大化的考量,却忽视了社会安全利益的维护;第三种观点却更多地考量了社会公共利益的维护,而对涉案的精神障碍者的最佳利益缺乏更为妥当的照顾;第二种观点较好地处理了这种冲突,现实地考量了涉案精神障碍者的病因与实施暴力行为的缘由,并由此主张不应该被强制医疗。但对第二种观点,笔者认为还有补充的余地:笔者赞同对于该案中的精神障碍者的处理,应该尽快联系其亲属,在自然监管缺失的情形下,应由民政部门承担起监管责任,可以考虑将其暂时放在福利院中。反之,如果法院是仓促做出的不予强制医疗决定,既没有充分听取精神专家与心理专家的意见,也没有综合考虑童某的庭审表现,即以不具有治愈可能性而做出不予强制医疗的决定,则建议由专业心理辅导人员对童某进行辅导,并且在其情绪稳定后,由专业精神科医师重新进行精神病诊断,若诊断结果依然认定为重症精神障碍且需住院医疗,则宜由检察院依照其监督权重新启动强制医疗程序。

【相关法律】

1.《中华人民共和国精神卫生法》

第三十条　精神障碍的住院治疗实行自愿原则。

诊断结论、病情评估表明,就诊者为严重精神障碍患者并有下列情形之一的,应当对其实施住院治疗:

（一）已经发生伤害自身的行为，或者有伤害自身的危险的；

（二）已经发生危害他人安全的行为，或者有危害他人安全的危险的。

2.《中华人民共和国刑法》

第十八条　精神病人在不能辨认或者不能控制自己行为的时候造成危害结果，经法定程序鉴定确认的，不负刑事责任，但是应当责令他的家属或者监护人严加看管和医疗；在必要的时候，由政府强制医疗。

间歇性的精神病人在精神正常的时候犯罪，应当负刑事责任。

尚未完全丧失辨认或者控制自己行为能力的精神病人犯罪的，应当负刑事责任，但是可以从轻或者减轻处罚。

3.《中华人民共和国刑事诉讼法》

第二百八十四条　实施暴力行为，危害公共安全或者严重危害公民人身安全，经法定程序鉴定依法不负刑事责任的精神病人，有继续危害社会可能的，可以予以强制医疗。

第二百八十五条　根据本章规定对精神病人强制医疗的，由人民法院决定。

公安机关发现精神病人符合强制医疗条件的，应当写出强制医疗意见书，移送人民检察院。对于公安机关移送的或者在审查起诉过程中发现的精神病人符合强制医疗条件的，人民检察院应当向人民法院提出强制医疗的申请。人民法院在审理案件过程中发现被告人符合强制医疗条件的，可以作出强制医疗的决定。

对实施暴力行为的精神病人，在人民法院决定强制医疗前，公安机关可以采取临时的保护性约束措施。

四、精神病患者婚姻关系解除问题

【案情简介】

原告邵某，40岁，患精神疾病6年，近两年病情恶化，彻底失去理智，家人看管不周，即外出伤人。其丈夫陈某无奈之下将其锁在一间小屋里，大小便均在屋内解决。由于长期不见阳光,也无法与外界交流,邵某病情愈来愈重。后来,陈某由于要外出打工,将邵某交给其18岁的女儿和邵某70多岁的老父亲照料。不久,陈某认识了同在县城打工的杨女士,自感两人情投意合。为达到与杨女士结婚的目的,陈某单方在民政局办理了离婚证。得知情况后,邵某的父亲以邵某名义向法院起诉要求撤销陈某的离婚证。

【不同观点】

观点一:精神障碍者在丧失行为能力,尤其是在失去生活能力后,一般也就丧失了法律上的意思自治机会,这时候,配偶作为其监护人,可以代理其法律行为,因此,不需考虑其他家属的意见,精神障碍者的配偶有权解除彼此的婚姻关系。

观点二:精神障碍者在丧失行为能力,尤其是在失去生活能力后,其配偶主张解除彼此的婚姻关系,已不适合做精神障碍者的监护人,这时候应该由其他家属担任监护人,当监护人代理精神障碍者不同意解除婚姻关系时,就无法协议离婚,只能通过离婚诉讼解决。

观点三:精神障碍者在丧失行为能力,尤其是在失去生活能力后,其配偶不能主张解除彼此的婚姻关系。因为婚姻法规定夫妻之间具有扶养义务,配偶主张离婚就是在逃避这种扶养义务。

【争议焦点】

失去生活自理能力的精神障碍患者,其配偶是否有权在患者家属不同意的情况下解除彼此的婚姻关系?

【法律分析】

依据《婚姻登记条例》第十二条第二项规定,无民事行为能力人或者限制民事行为能力人办理离婚登记的,婚姻登记机关不予受理。因此,精神障碍者本人或者配偶要求离婚的,只能以向法院提起诉讼的方式离婚。《婚姻法》第三十二条规定,对于感情破裂的婚姻,应判决离婚。离婚诉讼中,精神障碍者的民事诉讼活动需通过其法定代理人代为进行。也就是说,精神障碍者可通过间接方式参与民事诉讼活动,法院应当依法传唤精神障碍者的法定代理人到庭参加诉讼。怎样认定离婚诉讼中一方为精神障碍者？在司法实务中，对精神障碍者的认定，法院一般委托精神司法鉴定机构进行鉴定。是否患有精神障碍，以及精神障碍程度，均应以精神司法鉴定为根据，即采用医学鉴定标准确定。精神障碍者在诉讼中能否被确认为无民事行为能力人或限制民事行为能力人，直接关系到精神障碍者在诉讼中的各项诉讼活动是否具有合法性和有效性，以及如果离婚，对方应一次性给予精神障碍者多少经济帮助金。

离婚，是合法有效夫妻关系的消灭，夫妻间的扶养义务亦随之消失。考虑现实中女性对婚姻家庭的付出往往比较多，《婚姻法》第三十九条规定，判决离婚时应该在财产分配中对女方权益予以适度照顾。第四十二条还规定，离婚时一方生活困难，另一方应从其住房等个人财产中给予适当帮助，具体办法由双方协议。精神障碍者不管被确认为完全不能自理、大部分不能自理、还是部分不能自理，根据《最高人民法院关于适用〈中华人民共和国婚姻法〉若干问题的解释（一）》第二十七条第一款的规定，均符合法律规定的"一方生活困难"的情形，对方在离婚时应给予一次性的经济帮助或者一定的财产，以保障精神障碍者离婚后的正常生活，维护社会秩序。因此，在离婚诉讼中，法院分割离婚财产时，应对女性精神障碍者给予适当照顾，尽量多分。同时，我国《婚姻法》第二十条规定："夫妻双方有互相扶养的义务。一方不履行扶养义务时，需要扶养的一方，有要求对方付给扶养费的权利。"在离婚诉讼中，对于未在婚姻关系存续期间对精神障碍者尽扶养义务的，就精神障碍者因治疗所支出的医疗费，以及必要的、合理的生活费，精神障碍者及其利害关系人有权向法院行使给付请求权，要求对方及时支付。此外，根据《婚姻法》第二十一条和第三十条的规定，成年子女对父母的赡养义务不因父母婚姻关系的改变而发生变化，对于生活困难的一方，在离婚后依然可以请求成年子女继续履行赡养义务。总之，上述诸规定的目的均是为了切实保护离婚诉讼中弱势群体一方的各项合法权益。

【本案评析】

就本案而言，笔者同意第二种观点。法律的首要追求是公平、正义。在精神障碍者的离婚问题上，既要考虑保障作为弱势的精神障碍者的合法权益,也要考虑其配偶的利益。对于完全丧失行为能力的精神障碍者的配偶而言,夫妻关系名存实亡,婚姻的主要功能已被瓦解,此时其主张解除婚姻是应该被支持的。考虑到邵某作为女性,与陈某育有一女已经十八岁,在近二十年的婚姻生活中,邵某对家庭的付出和目前的身体状况,在离婚时的财产分割中对邵某应多分。另外,邵某患病后,陈某只是将其简单禁闭,"由于长期不见阳光,也无法与外界交流,邵某病情愈来愈重",可见,陈某并未尽到夫妻间应有的扶养照顾义务,应该在离婚判决中对邵某进行必要的经济补偿。但考虑到陈某经济承受能力和当地的生活水准,如一次性经济补偿确有困难,可采取分期偿付的方式。邵某与陈某之女已经年满十八周岁,无论与哪一方继续生活,均应对邵某承担照顾与赡养义务。

【相关法律】

1.《中华人民共和国民法总则》

第二十一条　不能辨认自己行为的成年人为无民事行为能力人,由其法定代理人代理实施民事法律行为。

第二十四条　不能辨认或者不能完全辨认自己行为的成年人,其利害关系人或者有关组织,可以向人民法院申请认定该成年人为无民事行为能力人或者限制民事行为能力人。

第二十八条　无民事行为能力或者限制民事行为能力的成年人,由下列有监护能力的人按顺序担任监护人:

(一)配偶;

(二)父母、子女;

(三)其他近亲属;

(四)其他愿意担任监护人的个人或者组织,但是须经被监护人住所地的居民委员会、村民委员会或者民政部门同意

2.《中华人民共和国婚姻法》

第二十条　夫妻有互相扶养的义务。

一方不履行扶养义务时,需要扶养的一方,有要求对方付给扶养费的权利。

第二十一条　父母对子女有抚养教育的义务;子女对父母有赡养扶助的

义务。

父母不履行抚养义务时,未成年的或不能独立生活的子女,有要求父母付给抚养费的权利。

子女不履行赡养义务时,无劳动能力的或生活困难的父母,有要求子女付给赡养费的权利。

禁止溺婴、弃婴和其他残害婴儿的行为。

第三十条　子女应当尊重父母的婚姻权利,不得干涉父母再婚以及婚后的生活。子女对父母的赡养义务,不因父母的婚姻关系变化而终止。

第三十二条　男女一方要求离婚的,可由有关部门进行调解或直接向人民法院提出离婚诉讼。

人民法院审理离婚案件,应当进行调解;如感情确已破裂,调解无效,应准予离婚。有下列情形之一,调解无效的,应准予离婚:

(一)重婚或有配偶者与他人同居的;

(二)实施家庭暴力或虐待、遗弃家庭成员的;

(三)有赌博、吸毒等恶习屡教不改的;

(四)因感情不和分居满二年的;

(五)其他导致夫妻感情破裂的情形。

一方被宣告失踪,另一方提出离婚诉讼的,应准予离婚。

第三十九条　离婚时,夫妻的共同财产由双方协议处理;协议不成时,由人民法院根据财产的具体情况,照顾子女和女方权益的原则判决。

第四十二条　离婚时,如一方生活困难,另一方应从其住房等个人财产中给予适当帮助。具体办法由双方协议;协议不成时,由人民法院判决。

3.《最高人民法院关于适用〈中华人民共和国婚姻法〉若干问题的解释(一)》

第二十七条　婚姻法第四十二条所称"一方生活困难",是指依靠个人财产和离婚时分得的财产无法维持当地基本生活水平。

一方离婚后没有住处的,属于生活困难。

离婚时,一方以个人财产中的住房对生活困难者进行帮助的形式,可以是房屋的居住权或者房屋的所有权。

4.《婚姻登记条例》

第十条　内地居民自愿离婚的,男女双方应当共同到一方当事人常住户口所在地的婚姻登记机关办理离婚登记。

第十二条　办理离婚登记的当事人有下列情形之一的,婚姻登记机关不予受理:

（一）未达成离婚协议的;

（二）属于无民事行为能力人或者限制民事行为能力人的;

（三）其结婚登记不是在中国内地办理的。

五、父母对已婚精神病子女的抚养义务问题

【案情简介】

沙某39岁,因婚后夫妻双方感情不和,长期精神抑郁,2002年患上精神病,由于未得到及时治疗致病情加重,经鉴定丧失全部劳动能力,生活不能自理。其丈夫朱某不愿承担扶养和照顾义务。沙某患病后,长期居住于父母处,靠其父用极其微薄的退休金维持生活。2010年,其父在一起交通事故中死亡,沙某失去了生活来源。沙某作为死者家属诉请法院判决肇事方承担被抚养人生活费。

【不同观点】

观点一:没有法定抚养义务。本案中,沙某父母对患病女儿的抚养应为无因管理。夫妻之间有互相扶养的义务,沙某患病后,朱某应当履行相应的扶养义务。但朱某未适当履行该法定义务,而由沙某父母代其履行,必然产生一定的生活费用,因此沙某父母与朱某之间即形成无因管理之债。由于其父母不承担法定抚养义务,因此,沙某主张肇事方承担被抚养人生活费的诉讼请求不应被支持。

观点二:没有法定抚养义务。沙某父母对患病女儿的抚养应为道义上的扶助行为。沙某已婚,在婚姻关系存续期间,其父母的法定抚养义务被自然

免除,其丈夫应承担法定扶养义务,因此,沙某主张肇事方承担被抚养人生活费的诉讼请求同样不应被支持。

观点三:有法定抚养义务。根据《婚姻法》及其解释的相关规定,父母对不能独立生活的子女仍应承担抚养义务,该义务不因子女已婚的事实而被自然免除,因此沙某的抚养人包括配偶和父母。在沙某父亲因交通事故死亡后,法院应判决肇事方承担三分之一的被抚养人生活费。

【争议焦点】
父母对已婚精神病子女有无法定抚养义务。

【法律分析】
首先,《婚姻法》第二十一条规定:"父母对子女有抚养教育的义务;子女对父母有赡养扶助的义务。父母不履行抚养义务时,未成年的或不能独立生活的子女,有要求父母付给抚养费的权利。"《最高人民法院关于适用〈中华人民共和国婚姻法〉若干问题的解释(一)》第二十条规定:"婚姻法第二十一条规定的'不能独立生活的子女',是指尚在校接受高中及其以下学历教育,或者丧失或未完全丧失劳动能力等非因主观原因而无法维持正常生活的成年子女。"可见,父母对丧失独立生活能力的精神病子女具有抚养义务。其次,根据《中华人民共和国继承法》第十条和《婚姻法》第二十四条的规定,若已婚子女死亡,父母是第一顺序继承人,从权利义务相一致的角度看,父母对已婚不能独立生活的子女,也应该是第一顺序的抚养义务人。最后,从《民法总则》关于成年人的监护人的规定看,配偶和父母、子女及其他近亲属均有对丧失行为能力的精神病人的监护权,这种监护权可以协商处理,而且监护职责的确定并不影响扶养、赡养义务的履行。因此,父母对已婚精神病子女有法定抚养义务。

法律规定父母子女间的权利义务关系,不仅基于无法改变的自然血亲关系,更基于维系社会基本细胞稳定的需要。夫妻、父母子女等特别的人伦关系不是出于功利的目的而创设和存在的,由亲属身份所派生的财产关系也不体现直接的经济目的,它所反映的主要是亲属共同生活和家庭职能的要求,带有某种社会保障和社会福利的色彩。同样,设定父母对已婚成年子女的法定抚养义务,在社会保障尚不完善的现阶段,能增强家庭抵御风险的能力,给予弱者更多的扶助,符合《婚姻法》的立法本意,反映出婚姻家庭法律制度人文关怀的一面和身份法的特质,在理论上和实践上都是可行的。

【本案评析】

就本案而言,笔者同意第三种观点。沙某因婚后夫妻双方感情不和,长期精神抑郁,2002年患上精神病,由于未得到及时治疗致病情加重,经鉴定丧失全部劳动能力,生活不能自理。其丈夫朱某不愿承担扶养和照顾义务,沙某患病后长期居住于父母处,靠其父用极其微薄的退休金维持生活。在这个具体的案件中,沙某虽然有婚姻关系的存续,但其配偶朱某并未承担事实上的扶养照顾义务,而且在沙某患病后的七年中,因为分居而使得婚姻关系名存实亡。沙某主要依靠其父抚养的事实非常清晰,但鉴于沙某与朱某的婚姻关系依然没有解除,朱某在法律上依然是沙某的扶养人之一,所以法院只能判决肇事方承担沙某的部分抚养费用。

【相关法律】

1.《中华人民共和国民法总则》

第二十八条　无民事行为能力或者限制民事行为能力的成年人,由下列有监护能力的人按顺序担任监护人:

(一)配偶;

(二)父母、子女;

(三)其他近亲属;

(四)其他愿意担任监护人的个人或者组织,但是须经被监护人住所地的居民委员会、村民委员会或者民政部门同意。

第三十条　依法具有监护资格的人之间可以协议确定监护人。协议确定监护人应当尊重被监护人的真实意愿。

第三十七条　依法负担被监护人抚养费、赡养费、扶养费的父母、子女、配偶等,被人民法院撤销监护人资格后,应当继续履行负担的义务。

2.《中华人民共和国继承法》

第十条　遗产按照下列顺序继承:

第一顺序：配偶、子女、父母。

第二顺序：兄弟姐妹、祖父母、外祖父母。

继承开始后，由第一顺序继承人继承，第二顺序继承人不继承。没有第一顺序继承人继承的，由第二顺序继承人继承。

本法所说的子女，包括婚生子女、非婚生子女、养子女和有扶养关系的继子女。

本法所说的父母，包括生父母、养父母和有扶养关系的继父母。

本法所说的兄弟姐妹，包括同父母的兄弟姐妹、同父异母或者同母异父的兄弟姐妹、养兄弟姐妹、有扶养关系的继兄弟姐妹。

3.《中华人民共和国婚姻法》

第二十条　夫妻有互相扶养的义务。

一方不履行扶养义务时，需要扶养的一方，有要求对方付给扶养费的权利。

第二十一条　父母对子女有抚养教育的义务；子女对父母有赡养扶助的义务。

父母不履行抚养义务时，未成年的或不能独立生活的子女，有要求父母付给抚养费的权利。

子女不履行赡养义务时，无劳动能力的或生活困难的父母，有要求子女付给赡养费的权利。

禁止溺婴、弃婴和其他残害婴儿的行为。

第二十四条　夫妻有相互继承遗产的权利。

父母和子女有相互继承遗产的权利。

4.《最高人民法院关于适用〈中华人民共和国婚姻法〉若干问题的解释（一）》

第二十条　婚姻法第二十一条规定的"不能独立生活的子女"，是指尚在校接受高中及其以下学历教育，或者丧失或未完全丧失劳动能力等非因主观原因而无法维持正常生活的成年子女。

六、精神病医院的民事责任问题(一)

【案情简介】

某村村民陈某,2007年起患精神分裂症。2014年5月25日,陈某因病情发作,持刀朝其母亲头部猛砍,其母逃跑时,陈某又追着朝其头部连砍3刀,后被同村村民制止。当天上午11时许,其户籍所在地的派出所民警和村委会干部与陈某的亲属一起,将其送至某医院住院治疗。经法医鉴定,陈某母亲的伤情为轻微伤。同年6月18日,医院通知陈某的亲属将其接回家。陈某的母亲认为陈某病情没有好转,次日上午,亲属又把陈某送回医院。医院与陈某亲属就是否再次接收陈某入院治疗问题产生分歧,双方发生争执。在此期间,陈某受到刺激,趁陪同人员不注意,来到医院住院部七楼,破门而出,跳楼自杀。经多方抢救,陈某虽捡回一命,但身上多处骨折,左小腿截肢。经鉴定,陈某身体损伤情况为:一处五级伤残、两处九级伤残、一处十级伤残。事发后,相关部门组织双方多次协商未果。陈某监护人遂将该医院诉至当地人民法院,要求其赔偿各项损失34万余元。

【不同观点】

观点一:医院应承担赔偿责任。医院拒绝患者回院治疗,就是推卸治病职责,存在过错。并且,被告作为精神病专业医院,对发病期患者的极端行为应当有职业判断能力,应当对患者采取防范措施,但被告却疏于防范,应承担相应责任。

观点二:医院不应承担赔偿责任。医院与陈某没有医疗关系,亦没有收治陈某的义务,陈某跳楼自杀系其亲属未尽看管义务所致。并且,陈某是踢烂住院部七楼锁上的大门才得以跳楼,医院已采取应有防范措施,对其跳楼致伤不负任何责任。

【争议焦点】

医院对陈某跳楼造成的后果是否应承担损害赔偿责任?

【法律分析】

《精神卫生法》第三十条规定："精神障碍的住院治疗实行自愿原则。诊断结论、病情评估表明，就诊者为严重精神障碍患者并有下列情形之一的，应当对其实施住院治疗：（一）已经发生伤害自身的行为，或者有伤害自身的危险的；（二）已经发生危害他人安全的行为，或者有危害他人安全的危险的。"第三十一条规定："精神障碍患者有本法第三十条第二款第一项情形的，经其监护人同意，医疗机构应当对患者实施住院治疗；监护人不同意的，医疗机构不得对患者实施住院治疗。监护人应当对在家居住的患者做好看护管理。"本案中，陈某长期患精神分裂症，属于上述严重精神障碍患者，且因其持刀砍伤母亲的行为而具备了非自愿住院治疗的条件，在其母与众人送治的情况下，医院的接诊与治疗合法。

《精神卫生法》第三十五条规定："再次诊断结论或者鉴定报告表明，不能确定就诊者为严重精神障碍患者，或者患者不需要住院治疗的，医疗机构不得对其实施住院治疗。再次诊断结论或者鉴定报告表明，精神障碍患者有本法第三十条第二款第二项情形的，其监护人应当同意对患者实施住院治疗。监护人阻碍实施住院治疗或者患者擅自脱离住院治疗的，可以由公安机关协助医疗机构采取措施对患者实施住院治疗。在相关机构出具再次诊断结论、鉴定报告前，收治精神障碍患者的医疗机构应当按照诊疗规范的要求对患者实施住院治疗。"由上述规定可以看出，精神病院有收治严重精神障碍者的义务。

【本案评析】

本案中，医院是否承担赔偿责任的关键在于医院要求陈某家属将其接回的决定是否正当。医院和家属的观点的分歧在于：陈某经入院治疗一段时间后，医院一方认为陈某症状缓解，可以出院；家属认为治疗不足一月，病情未见好转。因此，要判断医院的决定是否正当，就应该交由第三方鉴定机构对陈某被通知出院时的精神状况进行鉴定。若经过精神鉴定，陈某当时依然处于《精神卫生法》第三十五条第二款规定的情形，则医院仍然负有义务继续收治陈某并对其进行治疗，直至其病情稳定，其医患关系从2014年5月25日开始建立，至发生跳楼事件时并未中断，因其错误决定而导致陈某跳楼，应由其承担赔偿责任。若经过精神鉴定,陈某被通知出院时,医院的诊断无误,陈某当时的病情的确已经缓解,可能在出院之后又受到其他刺激导致病情反复,尚不符合我国《精神卫生法》规定的收治标准的,则医院无过错,不需要承担赔偿责任。

精神疾病治疗时间长、费用高、效果差,加上因疾病导致的思维、情感、行为障碍等情况,使患者无法与家庭成员充分沟通,患者本身十分敏感脆弱、容易行为失控,稍受刺激,就可能激起暴力伤人或自伤行为。特别是有攻击行为的精神病患者,易伤人毁物,破坏性大,对社会稳定有一定的影响。因此,除了精神病院的治疗之外,社会公众、相关部门和患者家庭应该给精神病患者更多的关心和帮助,让其得到基本的尊重和善待,使其得到良好的治疗和监护,尽可能消除精神病患者给社会或者自身带来的安全隐患。

【相关法律】

《中华人民共和国精神卫生法》

第二十八条　除个人自行到医疗机构进行精神障碍诊断外,疑似精神障碍患者的近亲属可以将其送往医疗机构进行精神障碍诊断。对查找不到近亲属的流浪乞讨疑似精神障碍患者,由当地民政等有关部门按照职责分工,帮助送往医疗机构进行精神障碍诊断。

疑似精神障碍患者发生伤害自身、危害他人安全的行为,或者有伤害自身、危害他人安全的危险的,其近亲属、所在单位、当地公安机关应当立即采取措施予以制止,并将其送往医疗机构进行精神障碍诊断。

医疗机构接到送诊的疑似精神障碍患者,不得拒绝为其作出诊断。

第三十条　精神障碍的住院治疗实行自愿原则。

诊断结论、病情评估表明,就诊者为严重精神障碍患者并有下列情形之一的,应当对其实施住院治疗:

(一)已经发生伤害自身的行为,或者有伤害自身的危险的;

(二)已经发生危害他人安全的行为,或者有危害他人安全的危险的。

第三十一条　精神障碍患者有本法第三十条第二款第一项情形的,经其监护人同意,医疗机构应当对患者实施住院治疗;监护人不同意的,医疗机构不得对患者实施住院治疗。监护人应当对在家居住的患者做好看护管理。

第三十五条　再次诊断结论或者鉴定报告表明,不能确定就诊者为严重精神障碍患者,或者患者不需要住院治疗的,医疗机构不得对其实施住院治疗。

再次诊断结论或者鉴定报告表明,精神障碍患者有本法第三十条第二款第二项情形的,其监护人应当同意对患者实施住院治疗。监护人阻碍实施住院治疗或者患者擅自脱离住院治疗的,可以由公安机关协助医疗机构采取措施对患者实施住院治疗。

在相关机构出具再次诊断结论、鉴定报告前,收治精神障碍患者的医疗机构应当按照诊疗规范的要求对患者实施住院治疗。

第三十八条　医疗机构应当配备适宜的设施、设备,保护就诊和住院治疗的精神障碍患者的人身安全,防止其受到伤害,并为住院患者创造尽可能接近正常生活的环境和条件。

第四十四条　自愿住院治疗的精神障碍患者可以随时要求出院,医疗机构应当同意。

对有本法第三十条第二款第一项情形的精神障碍患者实施住院治疗的,监护人可以随时要求患者出院,医疗机构应当同意。

医疗机构认为前两款规定的精神障碍患者不宜出院的,应当告知不宜出院的理由;患者或者其监护人仍要求出院的,执业医师应当在病历资料中详细记录告知的过程,同时提出出院后的医学建议,患者或者其监护人应当签字确认。

对有本法第三十条第二款第二项情形的精神障碍患者实施住院治疗,医疗机构认为患者可以出院的,应当立即告知患者及其监护人。

医疗机构应当根据精神障碍患者病情,及时组织精神科执业医师对依照本法第三十条第二款规定实施住院治疗的患者进行检查评估。评估结果表明患者不需要继续住院治疗的,医疗机构应当立即通知患者及其监护人。

七、精神病医院的民事责任问题(二)

【案情简介】

原告高某因性格内向、情绪低落、沉默少语,父母怀疑其患有抑郁症,于2008年2月26日上午带其前往被告某精神病医院治疗。住院病案记载:患者高某衣冠不整,仪表不洁,由其母亲陪伴下步入病房,情绪低落,接触差,态度违拗,查体不配合,缘于2007年2月份,无明显诱因出现沉默少语,时有暴躁,乱骂人,伤人毁物,曾经有多次自杀自残史,如割腕(手腕、脚踝)、头撞墙等。由于激越行为,入院时由约束带保护在病床上,多次咬舌致舌流血,给予解除保护后,又实施了用头撞墙等自杀行为,数问不答,智能方面无法检查,无自知力。入院诊断:抑郁症。高某入院后完善相关辅助检查。被告医院的医生向高某的母亲建议MECT治疗,高某母亲同意后签字。2008年2月27日,被告为高某作了血、尿、生化及心电图、头颅CT、男全腹B超、脑电图及脑电地形图等检查,均大致正常。2008年2月28日09:10,高某至MECT室接受MECT治疗,09:50返回病房,家属发现其面色苍白,口唇紫绀。09:55高某瞳孔散大,直径约6mm,心跳、呼吸停止,医生立即给予心肺复苏抢救,10:08高某心跳及自主呼吸恢复,血压平稳,但意识未恢复,一直处于深昏迷状态,于2008年2月28日23:30转南京军区某医院进一步治疗。出院诊断:1.抑郁症;2.心肺复苏术后;3.缺血缺氧性脑病;4.癫痫。原告高某在南京军区某医院治疗一个月后未见好转,于2008年4月18日返回被告医院继续治疗。双方为此产生纠纷,原告认为被告精神病院治疗行为草率,对麻醉、电击治疗过程记录不全,造成原告变成植物人的严重后果,请求法院判决被告精神病院承担对原告损害的赔偿责任。该案经该市医学会鉴定,不存在医疗事故。经原告申请,法院委托某司法鉴定中心对原告的损伤进行司法鉴定,某司法鉴定中心于2009年3月31日作出司法鉴定意见书,鉴定结论为:1.该精神病院对被鉴定人高某的医疗行为存在过错难以排除;该过错与被鉴定人目前呈植物状态之间存在因果关系难以排除,其过错参与度为50%;2.被鉴定人高某目前呈植物状态,评定一级伤残。故,法院支持了原告的诉讼请求。

【不同观点】

观点一:精神病院应该承担对原告高某的赔偿责任,且应负全责。因为原告在精神病院接受MECT治疗前,各种检查均显示身体状况良好,却在接受治疗后一度心跳呼吸停止,经后续治疗,依然陷入深昏迷状态,被诊断为缺血性脑病、癫痫。在此案中,原告无任何过错,损失应该由精神病院承担。

观点二:精神病院不需要承担对原告的赔偿责任。在此案中,虽然原告并无过错,但精神病院的治疗过程亦是遵循了各项医疗常规和操作规则,是在正常规范的治疗过程中产生的损害,且医疗行为已经由该市医学会鉴定,不存在医疗事故,原告的损失属于特殊的医疗意外,医院承担治病救人的职责,不应该也没有能力对各种意外承担责任,故精神病院不承担对原告的赔偿责任。

观点三:精神病院应该承担对原告的赔偿责任,但只承担部分责任。首先,《医疗事故处理条例》中对医疗损害赔偿的规定条款已经被最高人民法院否定,从法理上看,基于上位法优于下位法、新法优于旧法的原理,应该考虑适用《侵权责任法》关于医疗侵权赔偿的规定。其次,侵权责任的追究,仅强调因果关系的相当性,而不考虑医疗行为与损害后果之间是否具有必然的联系。在本案中,虽然精神病院主张其操作是合法合规的,但其提交的相关证据却显示治疗过程中存在记录不全,病历不完整的情况,且精神病院没有合理理由排除人们的合理怀疑。因医疗风险无处不在,在没有其他证据的情况下,精神病院应该根据其过错程度承担部分责任。

【争议焦点】

精神病院是否应承担对原告的赔偿责任?

【法律分析】

《侵权责任法》第五十四条规定,患者在诊疗活动中受到损害,医疗机构及其医务人员有过错的,由医疗机构承担赔偿责任。因此,精神病院是否承担民事赔偿责任的关键在于其诊疗行为是否有过错。

《民事诉讼法》第六十四条规定,当事人对自己提出的主张,有责任提供证据。因此,患方要求医疗机构承担责任,首先需要举证证明己方的损害事实、医疗机构存在过错。《侵权责任法》第五十八条规定有下列情形之一的,推定医疗机构有过错:(一)违反法律、行政法规、规章以及其他有关诊疗规范的规定;(二)隐匿或者拒绝提供与纠纷有关的病历资料;(三)伪造、篡改或者销毁病历资料。《侵权责任法》第六条第二款规定,根据法律规定,推定行为人有过错,行为人不能证明自己没有过错的,应当承担侵权责任。也就是说,在医疗侵权诉讼中,患方只需举证证明存在上述三类可推定医疗机构存在过错的情形,即可基于法律的规定,直接认定医疗机构的医疗行为存在过错。这时,除非医疗机构举证证明存在《侵权责任法》第二十六条、第二十七条和第二十八条规定的情形,即患者的损害系自伤行为或第三人过错所致,从而切断医疗行为与患者损害之间的因果关联,或举证证明存在《侵权责任法》第二十九条、第三十条和第三十一条所规定的三种责任豁免情形,否则即依法承担侵权责任。

【本案评析】

本案是一起普通的医疗纠纷,只不过发生在精神障碍治疗过程中,故列举在此。本案中,被告精神病院主张患者患有抑郁症,经检查,患者症状符合MECT治疗(电击治疗)的适应症,无禁忌症,麻醉及MECT治疗符合操作规范,过程顺利。原告认为其在治疗过程中受到明显损害,且精神病院提供的病历资料不完整,精神病院应该承担民事赔偿责任。那么,依据《侵权责任法》,精神病院是否要承担对原告的赔偿责任,就取决于其是否有过错,以及该过错与原告的人身损害之间是否具有因果关系。

从具体案情看,原告高某接受治疗后呈植物人状态,损害事实现实存在。通过病历资料可见被告精神病院在对高某实施麻醉和MECT治疗过程中存在记录不全,病历资料不完整,违反病历资料书写、保存规范的情形。这种情况下,因病历资料记录不全,导致原告无法举证证明被告精神病院的医疗行为本身是否存在过错,即构成了原告事实上的举证障碍,应依照《侵权责任法》第五十八条的规定,直接推定被告精神病院存在过错。精神病院既无法证明因原告或第三人过错导致原告损害或者存在责任豁免的特殊情形,则应依法承担损害赔偿责任。鉴于人体和疾病机理的复杂性和医疗过程本身高风险性,过错推定只是一种法律拟制,并不一定完全符合事实真相,所以某司法鉴定中心的鉴定结论也只是认为精神病院的过错难以排除,而且该过错在其与患者损害事实之间的因果关系中的参与度也仅为50%,因此,法院只能判决精神病院承担部分民事赔偿责任。笔者同意第三种观点。

【相关法律】

1.《中华人民共和国侵权责任法》

第六条　行为人因过错侵害他人民事权益,应当承担侵权责任。

根据法律规定推定行为人有过错,行为人不能证明自己没有过错的,应当承担侵权责任。

第二十六条　被侵权人对损害的发生也有过错的,可以减轻侵权人的责任。

第二十七条　损害是因受害人故意造成的,行为人不承担责任。

第二十八条　损害是因第三人造成的,第三人应当承担侵权责任。

第二十九条　因不可抗力造成他人损害的,不承担责任。法律另有规定的,依照其规定。

第三十条　因正当防卫造成损害的,不承担责任。正当防卫超过必要的限度,造成不应有的损害的,正当防卫人应当承担适当的责任。

第三十一条　因紧急避险造成损害的,由引起险情发生的人承担责任。如果危险是由自然原因引起的,紧急避险人不承担责任或者给予适当补偿。紧急避险采取措施不当或者超过必要的限度,造成不应有的损害的,紧急避险人应当承担适当的责任。

第五十四条　患者在诊疗活动中受到损害,医疗机构及其医务人员有过错的,由医疗机构承担赔偿责任。

第五十八条　患者有损害,因下列情形之一的,推定医疗机构有过错:

(一)违反法律、行政法规、规章以及其他有关诊疗规范的规定;

(二)隐匿或者拒绝提供与纠纷有关的病历资料;

(三)伪造、篡改或者销毁病历资料。

2.《最高人民法院关于适用〈中华人民共和国侵权责任法〉若干问题的解释》

三、人民法院适用侵权责任法审理民事纠纷案件,根据当事人的申请或者依职权决定进行医疗损害鉴定的,按照《全国人民代表大会常务委员会关于司法鉴定管理问题的决定》《人民法院对外委托司法鉴定管理规定》及国家有关部门的规定组织鉴定。

3.《中华人民共和国民事诉讼法》

第六十四条　当事人对自己提出的主张,有责任提供证据。

当事人及其诉讼代理人因客观原因不能自行收集的证据,或者人民法院认为审理案件需要的证据,人民法院应当调查收集。

人民法院应当按照法定程序,全面地、客观地审查核实证据。

参考文献

一、著 作

[1]杨立新.疑难民事纠纷司法对策(第二集)[M].长春:吉林人民出版社,1998.

[2]梁慧星.民商法论丛:第9卷[M].北京:法律出版社,1998.

[3]杨立新.侵权法论(下册)[M].长春:吉林人民出版社,2000.

[4]赵相林,曹俊.国际产品责任法[M].北京:中国政法大学出版社,2000.

[5]李震山.人性尊严与人权保障[M].台湾:元照出版有限公司,2001.

[6]何颂跃.医疗纠纷与损害赔偿新释解[M].北京:人民法院出版社,2002.

[7]唐德华.《医疗事故处理条例》的理解与适用[M].北京:中国社会科学出版社,2002.

[8]张明楷.刑法学[M].北京:法律出版社,2003.

[9]杨立新.人身权法论(第三版)[M].北京:人民法院出版社,2006.

[10]植木哲.医疗法律学[M].冷罗生,陶芸,江涛,等译.北京:法律出版社,2006.

[11]黄丁全.医疗法律与生命伦理[M].北京:法律出版社,2007.

[12]高铭暄,马克昌.刑法学[M].北京:北京大学出版社/高等教育出版社,2009.

[13]尹志强.医疗损害责任例解与法律适用[M].北京:人民出版社,

2010.

[14]王利明,杨立新.人格权与新闻侵权[M].北京:中国方正出版社, 2010.

[15]中国生物技术发展中心.中国医疗器械科技创新与产业竞争力国际比较[M].北京:科学出版社,2010.

[16]黄丁全.医事法新论[M].北京:法律出版社,2013.

[17]王岳.医事法(修订)[M].北京:对外经济贸易出版社,2013.

[18]姜凤武.医疗损害责任制度比较研究[M].北京:法律出版社,2013.

[19]魏振瀛.民法[M].北京:北京大学出版社/高等教育出版社,2013.

[20]赖红梅.医疗损害法律问题研究[M].北京:法律出版社,2014.

二、论　文

[1]牛德.试论医疗责任事故犯罪的主观方面及其因果关系表现形态[J].青海社会科学,1994(5):107-110.

[2]赵秉志,曾朝晖.论医疗事故罪的构成特征[J].法学家,1998(5):29-45.

[3]屈茂辉,彭赛红.论医疗服务合同[J].中南工业大学学报(社会科学版),1999,5(3):255-258.

[4]李忆.对医疗责任事故犯罪案件中若干问题的思考[J].现代法学, 2000,22(2):87-90.

[5]邵山.论非法行医罪[J].人民司法,2000(2):28-31.

[6]叶高峰.略论医疗事故罪[J].郑州大学学报(社会科学版),2000,33(2):43-48.

[7]崔正军.论医疗事故罪的犯罪主体[J].法学评论,2001(6):110-113.

[8]汤怀世.关于医疗并发症的法律思考[J].中国医院,2002,6(5):43-45.

[9]李运华.医疗服务合同的特征分析及立法调整建议[J].中国卫生事业管理,2002(11):668-669.

[10]高玉玲.知情同意权的法律构成要件浅析[J].医学与社会,2003,16(3):50-51.

[11]高玉玲.关于完善患者知情同意权的几点法律思考[J].医学与哲学,2003,24(6):41-42.

[12]高玉玲.医疗行为中患者隐私权保护存在的问题和对策[J].中国卫生事业管理,2003(6):738-739.

[13]高玉玲.医患法律关系的性质——医疗纠纷解决的法律依据[J].中国卫生事业管理,2004(10):615-617.

[14]姜春玲.论患者的知情同意权——判例调查基础上的理论与立法检讨[J].南京大学法律评论,2006(秋季号):113-134.

[15]易建国,王昭振.非法行医罪的主观罪过问题新探[J].武汉理工大学学报(社会科学版),2007,20(2):232-236.

[16]王洪平,苏海健."错误出生"侵权责任之构成——一个比较法的视角[J].烟台大学学报(哲学社会科学版),2008,21(3):34-39.

[17]严然.非法行医罪之"医生执业资格"探析[J].法治论坛,2008(3):154-161.

[18]孙红卫.医疗事故罪罪状要素的司法认定[J].法学杂志,2009(3):91-94.

[19]原永红,裴绪胜.侵害患者知情同意权的损害赔偿研究[J].法学杂志,2009(7):75-78.

[20]季涛.谁是医疗关系中知情同意权的主体?[J].浙江社会科学,2010(2):10-13.

[21]周云涛,赵红玉.论错误出生损害赔偿请求权的法律适用[J].法律适用,2010(9):77-80.

[22]孟强.论我国《侵权责任法》上的患者隐私权[J].广东社会科学,2011(1):252-256.

[23]王瑞恒,任媛媛.论当事人对医疗事故鉴定和医疗损害司法鉴定的选择权[J].中国司法鉴定,2011(2):87-90.

[24]杨立新,王丽莎.错误出生的损害赔偿责任及适当限制[J].北方法

学,2011(2):13-22.

[25]吴祖祥.论医疗技术过错——以医疗技术损害责任的法律适用为视角[J].东岳论丛,2011,32(3):168-171.

[26]张驰.患者隐私权定位与保护论[J].法学,2011(3):41-48.

[27]金玄卿.韩国的医师说明义务与患者知情同意权[J].法学家,2011(3):153-163.

[28]廖焕国.论医疗过错的认定——以医疗损害侵权责任的理解与适用为视点[J].政治与法律,2010(5):18-27.

[29]张红.错误出生的损害赔偿责任[J].法学家,2011(6):54-66.

[30]王竹.解释论视野下的侵害患者知情同意权侵权责任[J].法学,2011(11):93-100.

[31]谢兼明.不构成医疗事故情形下医方责任的认定与处理[J].人民司法,2011(12):21-24.

[32]李希慧,宋久华.医疗事故罪之"严重不负责任"辨析[J].人民检察,2012(21):14-19.

[33]郭明龙.论患者隐私权保护——兼论侵害"告知后同意"之请求权基础[J].法律科学,2013(3):84-91.

[34]石旭雯.医疗过错的裁量因素[J].西部法学评论,2013(4):74-75.

[35]王安富,黄敏,李连宏.论过度性医疗、保护性医疗与防御性医疗的法律界定[J].医学与哲学,2013,34(5):67-69.

[36]韩祥波.探寻"错误出生案"的请求权基础[J].求索,2013(11):175-177.

[37]田野,焦美娇.从法院裁判看错误出生损害赔偿[J].西北工业大学学报(社会科学版),2014,34(2):4-11.

[38]马特.民事视域下知情同意权的权利基础及规则建构[J].江淮论坛,2014(5):132-137.

[39]肖柳珍.医疗损害鉴定一元化实证研究[J].现代法学,2014,36(4):176-183.

[40]郭超群.医疗损害鉴定制度一元化研究[J].内蒙古社会科学(汉文

版),2015,36(1):84-88.

[41]冯军.病患的知情同意与违法——兼与梁根林教授商榷[J].法学,
2015(8):108-125.

[42]时诚.医疗损害违约责任与侵权责任的竞合理论之重构——以《民
法总则》第186条为研究对象[J].荆楚理工学院学报,2017,32(3):72-76.